한국어로 내려온
New Bible

새로운
성 경

제70권

5부 | 총10부

하얀마음

하나님 말씀 중에서

1. 사랑의 하나님

- 세상을 창조하신 하나님은 모두를 사랑하신다. 인간만 특별히 더 사랑하지 않고, 우주 만물을 다 똑같이 사랑하신다. 그러니 하나님이 창조하신 천지 만물과 화친하고, 미물까지도 소중히 대하라.

- 하나님은 특정 종파나 민족만을 더 사랑하지 않으신다. 자기 자신만 구원받겠다는 욕심을 버리고, 자기 종파만 구원받는다는 편협한 교리에서 벗어나야 한다. 종파를 초월해서, 모두를 사랑하라.

- 원수까지 사랑하라 했으니, 이 세상에 사랑하지 못할 자가 누가 있겠는가? 종파가 다르다고 해서 부모 형제와 원수처럼 지내는 자는 인간의 근본을 모르는 자다. 가장 가까운 가족부터 사랑할 때 남도 진심으로 사랑할 수 있다.

- 한 사람을 원수같이 생각하던 마음에서 사랑하는 마음으로 돌리면, 자기 자신의 마음이 가장 기쁘고 행복하다. 하나님께서는 인간의 마음속에 무거움이 없이 기쁘고 행복한 삶을 살기를 바라신다.

- 이웃을 "내 몸처럼" 사랑하라 했으니, 마지막 한 장 남은 천국의 티켓도 이웃에게 양보하라. 자기 중심적인 신앙에서 벗어나서 남을 위해 살아야 한다.

- 독초도, 약초도, 이단도 사탄도 천사도 다 필요하기에 존재한다. 독초일지라도 극소량을 사용해서 생명을 살릴 수 있고, 약초라 하더라도 남용하면 생명을 잃을 수 있다.

- 세상 모든 것을 명약으로 활용하는 것은 인간의 지혜에 달렸다. 어떤 것이든 어떤 사람이든 적재적소에 꼭 필요한 명약으로 승화시키라.

- 사탄도 이단도 천사도 모두 하나님의 주관하에 존재한다. 진정한 하나님의 백성은 사탄과 마귀까지도 감화시켜서 천사로 거듭나게 한다.

2. 기도

- 하나님은 인간의 생각까지 모두를 다 알고 계신다. 우리의 소원도 이미 알고 계시기에, 소원의 기도를 할 필요가 없다. 우리가 받을 자격이 되면 내려 주신다.

- 죄를 짓고 아무리 회개를 해도 용서받지 못한다. 도둑질한 자는 용서해 달라고 기도하고, 도둑맞은 자는 도둑을 잡게 해 달라고 기도하면, 공의의 하나님은 누구의 편에 서시겠는가?

- 자기가 잘못한 것은 그 사람에게 직접 갚고 용서를 구하라. 그가 용서하면 하나님도 용서하신다. 땅에서 매면 하늘에서도 매이고, 땅에서 풀리면 하늘에서도 풀리는 이치다.

- "회당에서 기도하지 말고 골방에서 기도하라" 했다. 눈에 보이는 골방이 아니라, 골방과 같이 고요한 마음이다. 잡념을 버리고 하나님을 향해 마음을 집중하며, 사랑하고 용서하는 아름다운 생각만 나오도록 하라.

- "두드리면 열릴 것이다." 하는 것은 육의 소원을 위해 두드리라는 것이 아니라, 진리의 깨달음을 얻기 위해 두드리라는 것이다.

- 기도하는 방법: 생활 속에서 수시로 기도하는 삶을 살아야 한다.

- "저의 죄를 용서하여 주옵소서." 하는 회개의 기도를 하라.
- 범사에 "하나님! 감사합니다." 하라. 현재 가진 것에 감사하며, 과욕하지 말라. 자기 노력 이상의 것을 더 갖고자 기도하는 것은 도둑놈심보다. 공의의 하나님은 각자 노력한 만큼 주신다.
- "하나님 뜻대로 살아가겠나이다." 하며 마음의 각오를 다지라.

- 기도는 하나님의 말씀을 받아서 "행하는 것"이다. 하나님이 계심을 굳건히 믿고, 하늘을 향하여 한 점 부끄럼 없이 사는 삶 자체가 가장 위대한 기도이며, 삶이 곧 예배다.

3. 지도자

- 똑같이 사랑한다는 말을 해도, 순수하게 하는 말은 천사의 말이지만, 사기 쳐서 재산을 가로채려고 하는 말은 사탄의 말이다.

- 종교 지도자가 아무리 훌륭한 설교를 해도, 신도의 재물을 거둬서 더 큰 교회를 짓고 자기의 부귀영화를 바라며 설교하면 사탄의 가르침이 된다.

▪ "저희 교회는 만원사례요, 믿음은 다 같으니 이웃의 개척 교회에 가서 예배를 드리시오." 하며, 이웃 교회의 부흥을 먼저 생각하여 제 신도를 보내는 종교 지도자가 있다면 그를 따르라. 그가 하나님의 사랑을 실천하는 자다.

▪ "부자가 천국에 들어가는 것은 낙타가 바늘구멍을 통과하는 것보다 더 힘들다" 하였거늘, 지금의 교회에서는 부자가 되기만을 기도하고 소원하니, 이는 곧 천국을 포기하고 지옥 행 열차의 티켓을 사는 것과 같다.

▪ 예수는 빈손이었다. 종교 지도자가 예수보다 더 호화롭고 편안하게 살아간다면 잘못된 것이다. 부귀영화와 명예를 바라는 자는 절대로 갈 수 없는 좁고 협착한 길이 종교 지도자의 길이다.

▪ 종교 지도자는 유리로 비춰 봐 한 점의 부끄러움이 없이 살아야 한다. 의식주도 직접 일해서 해결하고, 예수의 가르침과 행함을 그대로 따라야 한다.

▪ 종말은 없다. 지금의 잘못 가는 종교 집단에게만 종말이 있다. 보이지 않는 하나님은 보이는 육의 종말은 관여하지 않으신다. 환경 파괴로 인간이 스스로 멸망을 자초하는 것이다. 종파끼리 싸우기 전에, 무너진 인성을 바로잡고 지구의 몸살을 해결하는 데 뜻을 모으는 게 급선무다.

4. 성전이란

▪ 이 세상 자체가 하나님께서 만드신 성전이다. 자연보다 더 아름다운 성전이 있는가? 보이는 건물이 성전이 아니라, 성스러운 마음가짐이 성전이다.

▪ 반석 위에 교회를 지으라 했다. 지상의 단단한 돌은 인간이 쪼갤 수 있으나, 마음속의 굳은 결의는 세상 무엇으로도 쪼갤 수 없다. 바르고 굳건한 믿음으로 성경의 가르침을 실천하는 것이 마음의 반석 위에 교회를 짓는 것이다.

▪ 손으로 지은 건물의 교회에 모여서 복음을 전하는 것이 아니라, 교회를 개인과 가정에 심어 주어야 한다. 무너지고 부서지는 건물을 짓지 말고, 마음속에 영원히 불변하는 참진리의 교회를 지으라.

5. 십계명

- 십계명은 인간이 죽어서 반드시 통과해야만 하는 열 개의 관문이다.

- 부모를 공경하지 아니한 자는 "네 부모를 공경하라." 하는 제5계명의 관문이 열리지 않으니 구원받을 수 없다.
- 살인, 간음, 거짓, 우상 등의 나머지 계명도 마찬가지다.

- 십계명은 하나님의 친필이다. 모기소리만 한 하나님의 음성이라도 들어 보겠다고 여기저기 찾아 헤매지 말고, 십계명부터 암송하고 지키라.

- 십계명은 영혼을 구원하는 양식이며, 십계명을 지키는 것이 구원을 받는 길이다. 인간이기에 지키고자 노력하고 또 노력한다면 지킬 수 있다.

- 십계명을 지키고 천사처럼 아름답게 살아가는 그 마음 하나면 세상에 이루어지지 않는 것이 없다.

6. 보물

- 하나님은 재물이 아니라 우리의 마음을 받으신다. 사랑을 실천하며 천사처럼 변하는 마음이 하나님께 바치는 보물이다.

- 보이지 않는 하나님께 재물을 바치려 하지 말고, 너희를 길러 준 부모에게 용돈 드리고, 찾아뵙고, 효성을 다하라. 그것이 하나님께 효도하는 것이다.

- 하늘에는 선과 악의 창고가 있다. 자기 창고에 선이 많으면 천국으로 구원을 받고, 악이 많으면 심판받아 지옥으로 간다. 그것이 바로 "선한 일을 행한 자는 생명의 부활로, 악한 일을 행한 자는 심판의 부활로" 나오는 것이다.

- "선악과를 따먹지 말라"는 것은 양심을 지키라는 것이다. 선과 악을 구분할 수 있는 양심을 최초에 인간에게 주셨다. 선한 열매는 취하고, 악한 열매는 버리며, 양심에 비추어 부끄럼 없는 삶을 살아가라.

- 가장 작은 거짓말을 하지 않고, 가장 작은 죄를 짓지 않으며, 가장 작은 선행을 하고, 가장 작은 악행을 멀리하는 것이 율법의 일점 일획도 빠뜨리지 말고 다 지키는 삶을 사는 것이다.

7. 우상

- 박물관에 있는 불상은 하나의 예술품이다. 그 조각품에 대고 제 소원을 빌 때 우상숭배가 된다. 십자가라 하여도 그 앞에서 소원을 빈다면 우상숭배하는 것이며, 하나님께 소원을 빈다면 하나님을 우상으로 전락시키는 것이다.

- 지금 기복신앙에 젖어 있는 모든 사람이 우상 앞에 절을 하고 있다. 조각품을 우상이라며 파괴하지 말고, 네 마음속에 있는 욕심의 우상을 무너트리라.

- 생수를 약초가 먹으면 약을 만들고 독사가 먹으면 독을 만든다. 같은 성경을 봐도 선한 지도자는 신도를 천사로 만드는 데 활용한다. 그러나 욕심이 가득한 지도자는 재물을 거두어들여 제가 부귀영화를 누리는 데 악용한다. 그가 바로 성경을 우상숭배의 도구로 전락시키는 거짓 선지자다.

- 성경을 한 획도 빼거나 더하지 말라는 것은, 그 가르침을 빠트리지 말고 온전히 지키라는 것이다. 성경 속에서 자기에게 유리한 구절만 보는 것은, 자기에게 불리한 구절들을 빼 버리는 것이다. 믿음이 제일이요, 행함은 구원과는 관계없다는 것은 자신에게 유리한 쪽으로 성경을 악용하는 것이다.

- 진정한 종교 지도자는 종파에 관계없이 어떤 종파든 어떤 책이든 접하고 보고 깨우쳐 견문을 넓히도록 인도한다. 참진리를 모르고 자신이 없는 자가 남을 이단이라며 배척하고, 신도들의 눈과 귀를 가린다.

8. 예수

- 예수의 재림은 없다. 예수가 다시 온다 해도, 과연 누가 그를 예수라고 믿겠는가? 예수와 같은 삶의 행함이 곧 예수의 재림이다. 각자 모두가 "재림 예수"가 되는, 차원 높은 믿음으로 가야 한다.

- 예수는 "주여 주여 하지 말고, 아버지의 뜻대로 행하라"고 했다. 예수가 전한 하나님의 뜻이 곧 "길이요, 진리요, 생명"이며, 그 가르침이 예수의 보혈처럼 소중한 것이다. 예수를 믿는 것은, 예수의 가르침을 믿고 따르는 것이다.

- 예수는 낮은 자로서 만백성을 섬기고자 했다. 만나는 모든 사람을 다 하나님이라 생각하라. 돈을 벌수록 겸손하고, 높은 지위를 얻을수록 낮아지라.

■ 예수는 종파를 만들지 않았다. 인간이 만든 종교와 인간의 교리를 따르지 말고, 예수를 통해 전한 하나님의 참진리를 연구하고 따르라.

■ 예수가 2천 년 전에 만백성을 위해 죽었으니, 지금 이 땅에는 예수의 가르침대로 사는 천사만 존재해야 한다. 예수가 죽어 가면서 바란 것은 만백성이 천사가 되어 예수의 자리를 채워 주는 것이지, 지금과 같이 재물을 바치면서 중언부언 제 소원만을 비는 백성들을 바란 것이 아니다.

9. 구원

■ 천사가 사는 천국에는 천사만 갈 수 있으니, 천사 같은 마음을 길러야 한다.

- "천국 열쇠를 네게 주리니 땅에서 무엇이든지 매면 하늘에서도 매일 것이라" 했다. 땅에서 천사같이 사는 자가 하늘에서도 천사가 되어 천국에 들어간다. 모든 사람에게 천사같다는 말을 듣는 삶을 살아야 한다.

■ 천사의 곱고 아름다운 마음은 부모를 공경하고 어른을 어른으로 대접하는 데에서 출발한다. 효도하는 자는 형제와 화목하게 지내기에 가정이 화목해지고, 이웃과 화목해지고, 국가가 화목해지고, 온 인류가 화목해진다.

- 그러므로 지상의 아름다운 소왕국은 가정에서부터 이루어야 한다.

■ 선택된 14만 명만 구원받는 것이 아니라, 천사처럼 변하고자 하는 14만 명을 기초로 온 인류가 천사처럼 거듭나는 영적인 개혁이 시작되는 것이다.

■ 천 년에 걸쳐서 하늘에서 이루어진 것같이 이 세상을 낙원으로 만들어, 만백성이 지상의 천국에서 살다가 죽어서 그대로 하늘의 천국으로 들어가는, 영원한 지상 낙원을 건설하는 것이 하나님의 계획이다.

- 이것이 구약과 신약에 이어 "새로운 성경"으로 역사하시는 하나님의 창조의 완성이다.

■ 지금의 믿음으로 구원받을 수 있다면 그 길을 가라. 그러나 자신이 없다면 하나님께서 직접 내리신 160권의 "새로운 성경"을 읽고 구원의 길을 보라!

하나님 머리말씀

이 새로운 성경을 읽는 너희 모두는
이 율법에 따라 행하면 영원히 구원받을 것이니라.

너희 인간이 수년, 수십 년, 평생
성서를 공부하고 기도하는 것은
하늘나라 나의 곁으로 오고 싶은 소망일진대,

몇천 년 전의 너희 인성과 생각이
지금의 너희와는 판이하게 다르니,

꺾여 가고 병들어 가는 너희를 고칠 수 있는 길은,
오늘 내가 선지자에게 내리는 새로운 성경과 같이
너희가 변화되는 것뿐이니라.

나의 예수가 태어난 것처럼
내가 아들 선지자를 선택하여
나의 새로운 성경을 온 세계에 전하고자 하니,

묵은 것은 버리고 새로운 것은 취하여,
너희 모두는
'여호와 하나님! 저의 죄를 용서하여 주옵소서.'
하는 기도문으로 기도하고, 죄를 뉘우치라.

이 새로운 성경은
수천 년간 내려온 성서를 요약한 것이니,
너희는 이 책을 정독하여 쉽게 깨달음을 얻고,
이대로 실천하여 하늘에 오르라.

대역자 머리말

■ 하나님의 율법을 지키는 선지자로 선택을 받도다.

저는 남들처럼 그저 열심히 살아온 평범한 사람이었습니다. 그러나 50대 중반에 사업에 실패하여 많은 부채에 시달렸으며, 건강도 악화되어 눈이 잘 안 보이고, 걷기도 어렵고, 두통이 심해서 잠을 이룰 수 없는 고통의 나날을 보냈습니다. 그때 제가 선택할 수 있는 것은 육의 삶을 끝내는 길뿐이었습니다.

죽기 직전에 그동안에 죄를 지은 이들에게 용서를 빌고 인생을 끝내기로 작정하였습니다. 어려서부터 지은 죄를 빌고 빌다 보니 끝이 없었고, 죽음으로도 그 많은 죄를 용서받을 길이 없다는 생각에 하염없이 눈물이 흘렀습니다. 그 순간 '재래식 화장실의 구더기는 죄를 짓지 않는데, 나는 인간으로서 구더기만도 못한 삶을 살았구나.' 하는 생각이 들면서 괴로움에 몸부림칠 때, 갑자기 하나님의 음성이 들렸습니다.

"나는 여호와 하나님이니라. 너는 십계명을 암송하고 내가 내려 주는 메시지를 받아 책으로 만들어 만백성을 구하라." 하시며, 제 눈을 손으로 문지르게 하시고, 아픈 머리와 다리를 손으로 두드리게 하셨습니다. 그러고 나니 눈도 잘 보이고 걸을 수 있었으며 머리의 통증도 말끔히 낫게 되었습니다. 그때부터 십계명을 암송하고 나면 들려주시는 말씀을 기록하였고, 1999년 8월부터 2004년 7월까지 권당 288쪽, 총 160권을 받아서 "새로운 성경"이라는 책으로 펴내게 되었습니다.

그러한 저에게 죽기보다도 힘든 길이 시작되었습니다. 모든 교인들이 저에게 사탄이요, 이단이요, 악마요, 마지막 시대에 온 거짓 선지자라 하면서 공격하였고, 저를 짐승을 보듯이 대하는가 하면, 편협한 종교 지도자들의 선동으로 신도들이 이 책을 직접 읽어 보고 평가할 기회마저 막아 버렸습니다. 그래서 하나님의 말씀을 세상에 내는 데 많은 어려움을 겪으며, 피를 토하는 심정으로 책을 전하고 있습니다.

그러나 아무리 인간의 힘으로 막으려 해도, 하나님의 뜻이 세상에 전해지는 위대한 역사는 계속될 것입니다. 책으로 전해지는 "하나님의 말씀"은 세상 끝날까지 항상 우리와 함께하실 것입니다. 사람은 죽어도, 책에 기록된 말씀은 영원히 남으니까요.

■ 따뜻한 실천

하나님께서는 어려운 사람들에게 삶의 터전을 마련해 주고, 미래를 열어 주는 것을 기뻐하십니다. 어려운 이웃이 스스로 자립할 수 있도록 이끌어 주는 것이 진정으로 이웃을 돕는 것이라고 말씀하셨습니다. 그래서 일자리가 없는 제자들에게 작은 사업장을 만들어 주는 "달란트 사업"을 하고 있습니다. 식당, 반찬 가게 등을 차려 주고, 기존의 어려운 사업장이 자립할 수 있도록 돕고 있습니다(커피숍, 미용실, 의상실 등).

하나님께서는 교회에 나와서 모든 시간과 재물을 쏟기를 원하지 않으시고, 그 시간과 재물을 교육에 투자하여 스스로 미래를 열어 가기를 원하십니다. 그래서 제때 공부하지 못한 제자들에게 학업을 이어 가도록 하였습니다. 중화요리 주방장을 하며 초등학교 검정고시부터 공부하여 2012년에 방통대를 졸업한 36세 남성, 만학도들의 2년제 중학교에 입학해서 2007년에 명지대학을 졸업한 38세 여성, 중학교 검정고시를 시작으로 숭의여자대학을 졸업한 47세 여성 등이 있습니다. 그밖에도 많은 제자들에게 나이를 초월하여 배우고 깨우쳐서 사회 속의 당당한 일원이 되도록 인도하고 있습니다.

학자금 대출로 힘겨워하는 젊은이들을 위해 "따뜻한 바람 장학회"를 발족하여(2016년 12월) 대출받은 학자금 전액을 매월 갚아 주고 있습니다. 또한, 다문화 가정을 위해 "다문화 가족 랜드"를 조성하여, 각종 시설을 무료로 활용하도록 하고 있습니다.

이러한 따뜻한 실천이 아직은 미약합니다. 그러나 책의 수입이 늘고, 저와 뜻을 같이하는 분들이 늘어나면 계속 확대할 것입니다. 지도자로서 신도의 재물을 헌금으로 거둬들여 착복하는 것이 아니라, 하나님께서 기뻐하시는 일에 사용하도록 중매 역할만 하며 살아가고자 합니다. 이런 제가 과연 사탄이고 이단인가요? 하나님께서 기뻐하시는 일이라면, 저에게 사탄이라 하든 거짓 선지자라 하든 굽히지 않고 실천해 나갈 것입니다.

끝으로, 일상의 삶 속에서 "지금 내가 하는 행동이 과연 하나님께서 기뻐하실까, 슬퍼하실까?" 생각하고, 매사에 하나님께서 기뻐하시는 길을 택하기 바랍니다. 교회에 모여서 집단적으로 예배 드리는 것이 아니라, 개인이나 가정 단위로 새로운 성경을 읽어 스스로 깨우치고 그대로 행하면 충분합니다. 그것이 마음속에 성전을 짓고, 신령과 진정으로 예배 드리는 길입니다. 그러면 천국의 문에 들어서게 됩니다.

2017. 2. 1.

하나님 말씀 대역자 김용철

차 례

십계명

이 책은 십계명을 암송하고 나면 내려 주시는 "하나님의 음성"을 듣고 그대로 받아쓴 기록입니다. 하나님께서 십계명을 모세에게 내려 주셨지만, 그것은 만백성에게 내려 주신 것입니다. 마찬가지로 이 책의 모든 말씀도 저에게 내려 주셨지만, 만백성 각자에게 들려주시는 말씀입니다. 여러분도 이 책을 접할 때마다 십계명을 암송하고 나서 정독해 주시기 바랍니다.

제일은, 너는 나 외에는 다른 신들을 네게 있게 말지니라.
제이는, 너를 위하여 새긴 우상을 만들지 말고, 또 위로 하늘에 있는 것이나, 아래로 땅에 있는 것이나, 땅 아래 물 속에 있는 것의 아무 형상이든지 만들지 말며, 그것들에게 절하지 말며, 그것들을 섬기지 말라.
제삼은, 너는 너의 하나님 여호와의 이름을 망령되이 일컫지 말라.
제사는, 안식일을 기억하여 거룩히 지키라.
제오는, 네 부모를 공경하라.
제육은, 살인하지 말지니라.
제칠은, 간음하지 말지니라.
제팔은, 도적질하지 말지니라.
제구는, 네 이웃에 대하여 거짓 증거하지 말지니라.
제십은, 네 이웃의 집을 탐내지 말지니라.

나 여호와가 존재함을 믿는 그 자체가 구원의 길에 들어서는 기본이요, 근본이며, 나의 새로운 성경을 가슴에 안고 정독하는 자, 반석 위에 서서 하늘에 오르는 찬란한 빛을 보게 되는 영광을 얻게 됨이니라. 진정 나를 따르고 믿는 자는 감히 사탄이나 마귀도 근접하지 못하느니라.

〈하나님 말씀〉

2003년 2월

5,139 번째 하나님 말씀

2003년 2월 22일 08시 49분

1 사랑하는 나의 아들아!
2 "네, 아버님! 말씀하옵소서."
3 너를 따르는 제자들과 그리고 나의 법
전을 읽고 깨우친 백성 너희들은 알아
야 할 것이니라.
4 지금 나의 아들이 법전을 받아 기록하
며 나로부터 직접 나의 뜻을 받으며
나의 음성을 들어 이 법전을 만들어
세상에 전한다 하니,
5 사람들이 말하기를 기이한 짓을 하는
것이며 사탄과 같은 짓을 하며, 귀신
이 장난하는 짓을 하고 있다 그리 말
하며, 괴팍한 짓을 하고 있다 그리 말
할 것이니라.
6 그리고 이는 나 여호와의 뜻이 아니
요, 제가 생각하는 것을 기록하여 제
마음대로 만들어 세상을 혼란케 한다
하여
7 이를 죽이고자 하며 이를 세상에 존재
하지 못하도록 하는 것이 지금의 종교
집단 너희들이 가지고 있는 생각일 것
이니라.
8 그리고 이는 용서할 수 없으며 이해할
수 없는 정신 나간 자가 하는 행위라
그리 말할 것이니라.
9 그러나 너희들은 여기서 깨우치라.
10 2천 년 전에 나의 아들 예수가 세상에
나가 그들을 깨우치고 다스리고자 하
였을 때, 그들 또한 그와 같이 나의 아
들 예수가 괴이한 짓을 한다 하였으며,
11 괴이한 짓을 하는 자이기에 그를 용서
할 수 없으며, 나의 아들이 아니며 저
희들과 같이 가는 백성이 아니라 하여
그를 그리 죽게 만들었음이니,
12 지금의 너희들이 하고 있는 행위나 2
천 년 전에 너희들의 조상이 예수에게
했던 그 행위나 그 모두가 다 똑같음
이니라.
13 나의 아들이 너희들이 잘못 가는 것을
바로잡고자 함이니,
14 너희들이 볼 때는 괴이한 짓이요, 미
친 자가 하는 짓이요, 정신 나간 자가
하는 짓이라 하나,
15 너희들 자신이 잘못되었으며,
16 너희들이 나의 뜻에 따라 행하는 것
이 아니요,
17 나의 뜻과 나의 아들 예수의 뜻에 따
라 그 이름으로 구원을 받는다 말을
하면서, 너희들이 하고 있는 행위는
나와 나의 아들과는 전혀 관계도 없는
그와 같은 짓을 하고 있음이니,
18 그를 바로잡고 다스리고자 하는 나의
아들의 오늘의 가르침이요, 깨우침이
너희들이 볼 때는 괴이한 짓이요, 용
서할 수 없는 그와 같은 행위로 들릴
것이니라.
19 너희들이 재물을 거둬들이려고 온갖
이름을 붙인 헌금이요, 십일조요, 그
모두를 행할 수 없으며, 그리 행하는
것은 죄악이라 그리 말하며, 지금 나
의 아들이 그와 같이 너희들에게 가르

침이니라.
20 너희들은 말로써 수다를 떨며, 달라
하며 울고불고하면 나 여호와가 다 줄
것이니, 그저 매달리고 울고불고하라
그와 같이 가르치는데,
21 나의 아들은 너희들이 아무리 울고불
고해도 나 여호와가 너희들에게 내리
지 아니하며,
22 행함이 소중하며, 상을 받을 수 있는
그와 같은 일을 했을 때 내가 너희들
에게 내려 준다 그리 말함이니,
23 이는 괴이한 것이 아니라 너희들이 민
망스러우며 너희들 자신이 부끄러우
며 창피한 그것을 너희 자신도 잘 알
것이니라.
24 그리하니 괴이하고 미친 자의 하는 짓
이 아니요,
25 부끄러운 너희들의 추한 모습을 들춰
냄이니, 감히 그 용기에 두려워 너희
들이 그를 몰아붙여 나의 법전을 세상
에 존재하지 못하도록 하며, 나의 아
들이 존재하지 못하도록 하고자 하는
것이 너희들의 뜻이 아니던가?
26 그 사악한 마음을 너희들은 자신도 모
르고 행하는지 모르겠으나, 나 여호와
는 너희들의 그 본성의 마음을 다 알
고 있음이니 너희들은 그리 알라.
27 이제 나의 아들을 따르는 제자들이요,
나의 법전을 읽고 깨우치고자 하는 만
백성 너희들은 두려워하지 말며 겁먹
지 말라.
28 이 모두는 다 한 번 겪어야 하는 과정
이며, 한 번은 그 소용돌이 속에 휘말
려 한 때의 고통과 역경을 겪어야 하
는 엄연한 사실임을 알라.
29 오죽하면 모든 기적과 역사를 이루었
던 나의 아들을 괴이한 자라 하여 그
를 죽였겠는가?
30 그보다 못한 고통으로써 너희들이 이
모든 역사를 이룰 수 있다 하면, 너희
들은 또한 행복이라 그리 생각하라.
31 예수와 그 제자들의 고통보다 오늘이
더 고통스럽고 어렵다 하면 나는 공의
의 하나님이 아니며,
32 예수를 따랐던 그 제자들이 고통과 시
련을 겪고 일어섰듯이, 그리고 또 따
르고자 했듯이,
33 너희들 또한 그보다도 더한 고통과 시
련을 견디고 이겨 나가면서 나의 뜻을
세상에 전하며 만백성을 구하는 그 역
사를 이룰 때 나 여호와는 공의의 하
나님이 아니던가?
34 예수의 시대와 지금의 시대 모두가 다
너희들이 시련의 고통 속에서 깨달음
을 얻게 되며,
35 지금의 백성이 너희들을 괴이한 자요,
미친 자요, 정신이 나간 자라 하는 그
와 같은 말을 지금도 너희들이 똑같이
듣게 되어 있음이니라.
36 그는 잘못 가는 것을 바로잡기 위해,
사악함 속에 살아가며 어둠 속에 사는
것을 광명의 빛으로 인도하여 참진리
를 깨우쳐 주는 자를 볼 때 그들이 바
로 그리 보이기 때문이니라.
37 도둑이 저를 잡는 자를 보고 미친 자
요, 정신 나간 자요, 사탄이라 말한다
고 그리했듯이,
38 지금 어둠 속에서 헤매며 지옥으로
가는 그 백성에게 광명으로 갈 수 있
는 길을 가르쳐 주는 너희들이 괴이한

짓이며, 너희들이 하는 짓을 용서할
수 없으며, 그를 받아들일 수 없는 것
이 그들이기 때문에,
39 2천 년 전에 나의 아들 예수가 목숨을
바쳐 죽어 갔듯이, 그 고통과 시련의
길을 지금의 너희들이 또 가야 함을
잊지 말라.
40 그 백성보다 더 잔인하며 더 사악한
속에서 그들을 너희들이 바로잡고자
함이니, 너희들의 고통이 그들보다 더
함이니라.
41 그리하여 나 여호와가 공의의 하나님
이요, 모두가 다 나의 뜻에 따라 이루
어진다 함을 여기서 너희들은 잊지 말
며,
42 그 전철과 그 고통을 같이 겪으면서
이루어 가야 하며 겪고 거치고 가야
할 길임을 잊지 말라.
43 그와 같은 고통과 그와 같은 시련을
너희들이 겪지 아니하고는 나의 피조
물 만백성을 깨우칠 수 없으며, 바로
잡을 수 없기 때문이니 그리 알라.

5,140 번째 하나님 말씀

2003년 2월 22일 08시 53분

1 사랑하는 나의 아들아!
2 "네, 아버님! 말씀하옵소서."
3 너를 따르는 제자들이요, 그리고 나의
법전을 읽고 깨우친 너희들은 나의 법
전을 읽고 접하되, 큰 뜻과 큰 마음으
로써 법전을 읽고 깨우쳐야 하며, 그
법전 속에 있는 것을 평가해야 함을
알라.
4 나의 법전에 기록되어 있는 그 모두는
나 여호와의 성령이요, 나의 뜻이니
오로지 이것은 참진리일 뿐이니라.
5 그러니 이 세상에 진리가 접하지 아니
하는 것이 없으며 참진리 위에서 역사
하지 아니하는 것이 없음이니,
6 너희들이 나의 법전에서 읽고 깨우치
는 그 모두가 참진리의 뜻이요, 그 참
진리를 기초로 하여 모두가 이루어짐
이니,
7 세상사 살아가는 데 어디에도 적용되
지 아니하는 것이 없음이니,
8 이는 큰 뜻과 큰 마음을 가지고 들여
다보며 이를 보고 읽어야 함을 너희들
은 잊어서는 아니 됨이니라.
9 그리하여 법전을 정독하는 너희들은
그 속의 모두는 나 여호와의 뜻이요,
내가 참진리를 기록하여 놓은 것이니,
10 이를 읽고 깨우치는 것은 큰 뜻으로
읽고 깨우쳐야 이를 볼 수 있음이니라.
11 너희들이 작은 뜻에서 작은 생각에서
나의 법전을 읽고 깨우친다면 거기에
기록되어 있는 내용을 그대로 읽는 것
외에는 더 깨달을 수가 없으며,
12 내가 너희들에게 나의 법전을 읽고 그
속에 있는 뜻을 깨우쳐 뼈에 살과 피
를 붙여 몸으로 만들라 그리 말했던
그 뜻을 행하지 못하는 자들이니라.
13 그러니 어떠한 것보다 위대하고 큰 뜻
을 가지고 법전을 보고 평가하라.
14 그리고 세상사 이치에 모두를 적용하
여 대입해 봤을 때, 법전이 원하는 것
이 무엇이며 이루고자 하는 것이 무엇
인가를 너희들이 알게 될 것이니라.
15 소인배의 작은 생각으로써 나의 법전
을 접해서는 아무것도 깨달을 수 없으

며, 진정한 나의 뜻을 볼 수 없음이니,
16 이제 너희들은 큰 뜻을 가슴에 안고 큰 마음을 가지고 나의 법전을 읽고 평가하고 깨우치도록 그리하라.
17 그리하는 것이 나의 법전의 진정한 뜻이요, 참진리를 알 수 있음을 알라.

5,141 번째 하나님 말씀

2003년 2월 22일 11시 58분

1 사랑하는 나의 아들아!
2 "네, 아버님! 말씀하옵소서."
3 인간 너희들이 생각하며 행동하는 그 자체가 천태만상으로 갈라지며 너희들이 말 한마디 하는 것도 천태만상으로 갈라지며 그 뜻이 다름을 너는 알겠는가?
4 "네, 아버님! 알고 있사옵니다."
5 그렇다면 나로부터 선택된 백성이요, 너와 너의 제자들은 과연 어떠한 마음으로 살아가야 하는가?
6 "네, 아버님!
7 똑같은 마음이요, 똑같은 행동을 하더라도 뒤에 계산하는 것이 없으며 순수한 마음으로써 그가 행동한다면 그것은 순수하고 아름다운 사랑의 행동이요, 사랑의 표시라 그리 느끼고 그리 깨닫고 있사옵나이다.
8 똑같은 말을 하더라도 독소를 품고 하는 그 말은 상대방을 저주하는 것이며 상대방을 아프게 하는 것이나,
9 똑같은 말도 부드럽고 유하게 했을 때는 그것은 양식이요, 상대방을 사랑하는 마음으로 변화되는 그와 같은 것으로 역사한다는 것을 알고 깨닫고 있사옵나이다."
10 그러니라, 나의 아들아!
11 모두를 너희들이 사랑하는 마음으로 행할 때는 그것은 사랑이요, 기쁨이요, 사랑의 표시이나,
12 너희들이 그와 같은 마음이 아닌 것으로써 행동할 때는 그 모두가 독소가 되며 서로 언쟁을 하며 서로 분쟁을 하는 그와 같은 결과가 이루어지는 것이니라.
13 그러니 너희들이 마음을 비우고 행하며 마음을 비우고 사는 것이 얼마나 소중하고 아름다운 것인가?
14 그러나 나의 피조물 만백성 너희들이 가지고 있는 생각이 천태만상이니라.
15 너희들이 숫자를 두고 따질 때 하나에 하나를 더하면 무엇이 되는가?
16 둘이 된다는 것은 누구나 다 알고 있음이니라.
17 그러나 그와 같이 하나를 더했을 때 하나가 둘이 된다는 것은 알고 그를 인정하는 백성이 있는가 하면,
18 어렵고 힘들 때는 그와 같은 것이 아니 되기를 바라는 사람도 있느니라.
19 저희들이 필요한 쪽으로 생각했을 때, 하나 더하기 하나는 둘이라고 했을 때 제가 유리하면 그와 같은 마음을 갖는 자가 있는가 하면,
20 제가 불리하다 생각하면 하나 더하기 하나는 둘이라는 것을 인정하지 아니하며 그를 거부하는 자,
21 그를 인정하지 아니하며 악을 쓰며 그리하여 질서를 파괴하는 그와 같은 백성이 지금 존재하고 너희들과 같이 이 세상에서 살아가고 있느니라.

22 그러니 깨닫는 백성이요, 변화되는 백
성이 얼마나 버티고 가기가 힘든 것이
며,
23 사악한 자들이 너희들을 무너뜨린다
는 것이, 여기에 나 여호와의 뜻이 있
음을 알라.
24 아무리 어린아이라도 하나 더하기 하
나는 둘이라는 것을 다 아느니라.
25 그러나 그것을 인정하지 아니하고 싶
은 자, 정녕 목숨을 걸고 그를 인정하
지 아니하며 악을 쓰는 자, 그리고 그
를 인정하는 자에게 어리석다 변명하
는 자, 그리고 그를 거부하는 자,
26 그와 같은 사악한 백성이요, 이해하지
못하며 용서하지 않으며 저 자신이 유
리한 쪽으로만 생각하며 저 자신을 위
해서 살아가는 백성이 이 세상에 있음
을 너희들은 알아야 할 것이니라.
27 지금 나의 피조물 만백성 너희들은 알
아야 할 것이니라.
28 너희들이야말로 하나 더하기 하나는
둘이라는 것을 인정하며 그를 수긍하
고 살아가는 것이 나로부터 선택된 백
성이요, 나의 법전을 읽고 깨우치는
바로 그와 같은 아름다운 백성이니라.
29 그리하니 하나 더하기 하나를 둘로 인
정하는 자만이 존재하며 그들이 있는
곳이 천국이요, 아름다운 세상이니라.
30 그러나 믿지 않는 모든 백성 그들은
나 여호와가 존재하는 듯 존재하지 아
니하는 듯 그리 말하니,
31 그들은 편의에 따라서 하나 더하기 하
나는 둘이 되지 않는다 말할 수 있는
자들이니라.
32 그러나 모든 종교 집단들과 지금 가르
치는 자, 그들은 바로 무엇이더냐?
33 하나 더하기 하나는 절대 둘이 될 수
없으며 둘이 아니라 악을 쓰는 것이니
라.
34 그와 같이 지금 종교 집단들이 가고
있는 행위가 억지를 쓰며 저희들의
편의대로 지금 악을 쓰고 광란의 짓을
하고 있으니,
35 그들의 집단이 크며 물리적인 힘이 세
며 그들이 가지고 있는 그 힘이 방대
하기에, 너희들이 감히 그를 거부하지
못하며 그를 틀렸다 말을 못 함이니,
36 그것이 지금 너희들이 살아가는 형국
이니라.
37 서로 싸울 때, 하나 더하기 하나는 둘
이라는 것을 아는 사람에게 증거하게
대답해 달라 하여도, 알면서도 대답하
지 아니하는 자, 알면서도 그 억지를
쓰는 자가 무서워, 그가 광란의 짓을
하는 것이 너무나도 무섭고 두려워 고
개 숙이고 말을 못 하는 그와 같은 백
성이 있음이니,
38 지금 바로 나의 법전을 읽고 깨우쳐
만백성에게 이 길이 하늘에 오르는 길
이라 그리 용감히 부르짖지 아니하며
너희들의 손을 잡아 주지 아니하는 자,
39 그와 같은 자들이 알면서 고개를 숙이
고 답을 회피하는 자들이니, 그것이
너희들의 심성이니라.
40 아무리 두렵고 무섭다 하여도, 하나
더하기 하나는 둘이라 말하는 자를 그
것이 맞다 하여 그의 손을 들어줄 때,
41 아니라고 억지를 쓰는 자도 다스릴
수 있으며 그가 누그러질 수 있으며
변할 수 있건만,

42 그와 같은 용기가 없는 것이 지금의 백성이니,
43 너희들이 얼마나 힘들고 고달프고 어려운 길을 가는가?
44 너희들은 그와 같은 자가 되어서는 아니 될 것이니라.
45 하나 더하기 하나는 둘이라는 그 정답을 알면 그것이 정답이라 지키고 가는 자가 바로 너희들이니라.
46 바로 이 세상의 승자가 될 수 있으며 승자가 되는 것이 너희들이 가는 길이니,
47 오늘의 힘들고 어려운 이 모두를 다 넘고 넘어야 함이니라.
48 강한 훈련과 강한 훈련 속에서만이 너희들이 바로 설 수 있기에, 너희들이 정신적이요, 육체적인 그 모든 훈련의 과정을 지금 거치고 있음을 알라.
49 내가 160권의 법전을 나의 아들을 통하여 내리는 것은 나 여호와의 성령이요, 나의 뜻이니 변함이 없음을 알라.
50 이 위대한 것을 너희들은 먼저 알아야 할 것이니,
51 그 누구도 역사할 수 없는 것을 지금 역사하고 있음이니, 이는 곧 나 여호와의 뜻이요, 내가 주관하여 존재하며 내가 이루고자 하는 것이기 때문에 그와 같은 것이 이루어짐을 알라.
52 내가 너희들을 사랑함이니, 오늘의 고통과 시련을 두려워하지 말라.
53 바로 하나 더하기 하나는 둘이라는 것을 아니라고 억지를 쓰는 그 백성을 너희들이 깨우치고 바로잡아야 함이니, 그 얼마나 힘들고 어려운 길이던가?
54 말이 통하지 아니하며 생각이 통하지 아니하며 이해하지 못하며 이해하지 아니하려는 그와 같은 자를 바로 세우기가 얼마나 힘들고 어려운 길이던가?
55 그것이 바로 죽음보다 더 어렵고 힘든 길이니, 그를 인내하고 다스려 깨우쳐 가는 것이 너희들이 가야 할 길이며 해야 할 본분이니,
56 너희들 앞에 겹겹이 쌓여 있는 그 고통과 힘든 것을 거부하지 말며, 정면으로 그를 치고 나가 만백성의 잘못된 그 마음이요, 자세요, 응어리진 옹벽보다 더 굳어져 있는 그 세계를 산산조각으로 부셔야 하는 것이 너희들이니,
57 그것을 할 수 있는 자는 너희들밖에 없음이니 그리 알라.

5,142 번째 하나님 말씀

2003년 2월 22일 12시 03분

1 사랑하는 나의 아들아!
2 "네, 아버님! 말씀하옵소서."
3 내가 이 세상에 성경을 내리며 새로운 법전을 내리며 내가 나의 아들을 통하여 너희들에게 내리는 모든 강론이요, 그 모두는 다 누구를 위하여 내린다 하였는가?
4 나의 피조물 만백성 나의 아들딸 너희들을 내가 사랑하기에 너희들을 위하여 그 뜻을 내린다 하였음이니라.
5 내가 평등한 입장에서 똑같이 그것을 누릴 수 있으며 그를 지키고 행하여 나에게 올 수 있는 그와 같은 역사를 하기 위하여 내가 너희들에게 그 길을

가도록 하였다 하였음이니, 너희들은
그것을 알아야 할 것이니라.
6 특권층의 백성이요, 특수한 백성만이
그 믿음을 가지는 것이며, 그것이 특
별히 소중하게 선택된 백성 너희들만
의 소유물이요, 사유의 재산인 것처럼
그리 착각하지 말라.
7 그 모두는 내가 모든 백성에게 똑같이
평등한 자격으로서, 내가 그들을 사랑
하기에 내려 준 것임을 알라.
8 나의 법전 또한 그러함을 너희들은 알
아야 할 것이니라.
9 나의 법전을 읽고 깨우친 백성이요,
너를 따르는 제자, 또 나의 법전을 읽
고 깨우친 소수의 너희들에게만 그것
이 한정된 것이며 너희들의 특별한 소
유물인 양 그리 착각하며 그리 가서
는 아니 되느니라.
10 나의 성령이요, 나의 율법이요, 나의
십계명이요, 지금 나의 아들을 통하여
내린 새로운 성경인 나의 법전은 만백
성 누구나 똑같이 사랑하기에 너희들
에게 내가 다 똑같이 분배해 줌이니,
11 이는 다 너희들이 주인이요, 너희들의
소유물임을 알아야 할 것이니라.
12 각자 동등한 자격으로서 관리하고 배
우고 깨우쳐 다스려야 함을 너희들은
알아야 할 것이니라.
13 다만, 이를 역이용하며 저희 것으로
하여 남들이 보지 못하게 하는 그와
같은 행위요, 너희들과 같이 가지 아
니하는 자는 이단이요, 사탄이라 그리
말하는 자,
14 그것을 읽고 깨우치는 자만이 너희들
과 동등한 자격이요, 같은 형제라 생
각하는 자,
15 그와 같은 특별 의식을 다 버려야 함
을 알라.
16 창조주 나 여호와가 나의 아들딸을 위
하여 내려보낸 것이니,
17 나의 성령이 너희들 것이요, 개인의
소유라는 그와 같은 생각과 그와 같은
착각에서 벗어나도록 그리하라.
18 그와 같은 마음을 가지고 있는 자 그
모두가 너희들의 욕심이니, 그 욕심을
버리도록 하라.
19 너희들이 그와 같은 마음을 가지고 사
는 자, 너희들만이 위대한 백성이며
특별한 백성이요, 너희들만이 나의 법
전을 가지고 소유했다 생각하고 가는
자, 그 욕심이 하늘에 닿았음이니,
20 너희들의 욕심이 하늘의 나에게 닿아
기록되어 있음을 너희들은 알라.
21 그리하여 너희들이 죽어 나에게 와 심
판을 받을 때 그 모두는 악의 무게 속
에 그 무게를 누를 것이니,
22 과연 선한 무게가 악을 누르고 밑으로
내려갈 수 있다 생각하는가?
23 이는 너희들이 단순히 나의 뜻을 거역
하는 것이 아니며,
24 나의 뜻에 따라 살아가는 것이라 그
리 말하나, 바로 그와 같이 말하는 자,
그와 같은 생각으로 살아가는 자, 제
것이요, 저의 소유물이라 그리 생각하
는 너희들은 나의 것을 도둑질하고자
하는 도둑과 같음을 알라.
25 내가 만백성에게 내려 준 것을 저희
들 것이라 하여 소유하는 것은, 남들
에게 전하기 전에 저희들이 도둑질하
여 제 것으로 만드는 그 도둑과 같은

행위를 하고 있는 것이니,
26 바로 나로부터 특별히 선택된 백성이
요, 나의 성경이요, 나의 법전의 그 모
두는 특별한 너희들만의 제한된 사람
것이라 생각하는 그자들이 도둑이니
라.
27 나 여호와가 너희들에게 나눠 주고자
하는 것을 너희들이 도둑질하고 있다
는 것을 잊지 말라.
28 너희 것으로 만들려고 하는 것이 바로
도둑이 아니고 무엇이던가?
29 너희가 이와 같이 나의 법전이요, 나
의 성령이요, 내가 내리는 새로운 깨
달음의 새로운 성경이요, 나의 법전
그 모두요, 나의 계명까지 특별한 사
람만이 관리한다는 것은 너희들이 나
의 것을 도둑질하는 것이라 하였음이
니,
30 창조주 나 여호와의 것을 감히 도둑질
하는 너희들이 이 세상에 살아가면서
어떠한 것인들 도둑질하지 아니하겠
는가?
31 육의 향락과 육의 삶의 부귀영화를 위
하여 어떠한 것도 서슴지 않고 도둑질
을 할 수 있는 자들이 너희들임을 알
라.
32 그와 같은 생각을 하고 사는 자, 바로
모두를 다 도둑질할 수 있는 가장 사
악한 자이니라.
33 사악한 사탄의 자식만이 그리할 수 있
음이니라.
34 이 세상의 모두를 다 너희들을 위하여
도둑질하며 너희 이익을 위해서 남을
속일 수 있는 것이 바로 사탄의 자식
이니, 사탄의 자식으로 전락된 자만이
제가 선택된 백성이요, 특별한 백성이
요,
35 성경인 나의 법전이요, 십계명 모두를
저희만이 소유한다는 착각 속에 그와
같이 갖고자 그와 같은 환상 속에서
살아가는 것이 바로 도둑이요,
36 만백성을 도둑질할 수 있는 도둑이요,
사탄의 자식이라는 것을 잊지 말라.

5,143 번째 하나님 말씀

2003년 2월 22일 12시 09분

1 사랑하는 나의 아들아!
2 "네, 아버님! 말씀하옵소서."
3 내가 마음이 곱고 아름다우며 천사와
같은 마음을 가지고 사는 그와 같은
백성이 사랑하는 나의 아들, 네 주변
에 있어야 한다 하였으며,
4 그와 같은 자가 네 주변에 올 때, 나
여호와가 그들을 사랑하며 그 기쁨이
이루 말할 수 없다 하였으니, 그 뜻을
너는 이제 깨우쳤는가?
5 "네, 아버님! 이제야 그 뜻을 알았사
옵나이다.
6 착하고 선한 사람들이 제 앞에 있어
제가 그들을 보고 깨우쳐 바로 설 수
있는 그와 같은 가르침이요, 깨우침을
주고자 아버님께서 그와 같이 말씀하
신 것도 알고 있사오나,
7 정녕 천사는 바보이기 때문임을 알고
있사옵나이다."
8 바로 그와 같이 천사 같은 사람은 무
엇이더냐?
9 "바로 바보라는 것을 알고 있사옵나
이다.

10 바보가 천사요, 천사가 바보라는 그
의미를 이제야 깨달았사옵나이다, 아
버님!
11 남들이 모자라다 부족하다 하는 자,
그리고 남들의 지능을 따르지 못한다
하여 남으로부터 바보요, 어리석은 자
라 하는 자,
12 항상 저 자신이 손해를 보고 살아가
며, 남에게 양보하며 살아가는 그와
같은 마음을 가진 사람을 이 세상의
어리석은 자요, 사악한 자들이 볼 때
는 그들이 바보로 보임이니,
13 그들을 바보라 손가락질하며 그를 바
보 취급하며 어리석은 자라 생각하는
그들이 바로, 그 어리석은 줄 알면서
가는 그들이 바로 천사임을 알았습니
다.
14 천사는 하늘을 날고 영리하며 악과 싸
워서 이길 수 있는 것이 아니요,
15 아무런 능력도 가지고 있지 않은 바
보가 천사요, 천사는 바보임을 이제야
깨달았사옵나이다.
16 그리하여 천사와 같은 자가 제 앞에
있는 것이 아버님께서 가장 기쁘며 그
것이 영광이요, 기쁨이라 하셨던 그
뜻은,
17 바보 같은 자들이 제 옆에 있으면서
그 바보같이 어리석음을 제가 보고 배
우며, 그들이 양보하는 미덕이며 손해
를 참고 인내하는 그 아름다운 마음이
요,
18 '나는 바보라' 생각하며 양보하고 사
는 그 아름다운 마음을 보고 배우게
하려고 바보를 옆에 있게 하였음이니,
19 곧 천사를 옆에 있게 한 그 뜻을 아버
님! 이제야 알겠사옵나이다.
20 바보야말로 얼마나 위대한 천사인가
를, 그 뜻을 이제야 알겠사옵나이다.
21 바보의 그 숭고한 삶이요, 바보의 그
숭고한 생각이요, 바보가 살아가는 그
와 같은 마음이요,
22 절대 거부하지 아니하며 계산이 없으
며,
23 말 한마디를 한다 해도 계산을 깔고
하는 것이 없으며, 솔직 담백하며 제
의사를 그대로 표시하며,
24 그를 둘러서 말하지도 아니하며, 계산
을 두고 하는 것도 아니요, 다음의 말
을 대비해서 하는 것도 아니요, 다음
에 이루어질 것을 생각해서도 아니요,
25 그저 느낀 그대로 있는 그대로 말하는
그 바보, 그래서 남들이 바보라 말하
는 그들이 바로 천사요, 그 천사가 바
보라는 것을,
26 아버님! 이제야 이 미련한 자식이 알
았으며, 이 어리석은 자식이 그 뜻을
이제 알았사옵나이다.
27 바보는 천사임을, 그 천사를 제가 바
보라 생각하고 살았으며, 어리석은 자
라 생각했으며, 저보다 무능한 자라
생각했으며,
28 그 바보 같은 자를 이용하여 무엇을
얻고자 했으며, 그 바보 같은 자를 부
려서 제가 무엇인가 편하고자 한 그
생각, 그 모두가 얼마나 어리석은 것
이며 사악한 저의 행동이었는지,
29 천사를 사악한 자가 보니 천사가 그
를 다 받아 주며 사랑으로써 넘기니,
30 '네가 유리창을 깨지 않았느냐?' 하고
덮어씌울 때 '깼다' 대답할 수 있는 것

이 바보이옵나이다.
31 그리 거부하지 아니하며, 깨지 아니하
였어도 깼다 하여 그를 묵묵히 받아들
이는,
32 그리고 욕하며 강하게 대들며 거부하
고 깼다고 뒤집어씌우는 그와 같은
사악한 자에게 대답하기 싫으며 거기
에 갑론을박하기 싫어, 그저 제가 깼
다 하여 변제해 주고 물어 주는 그와
같은 이 세상에 사는 바보,
33 그가 바로 천사임을 알겠사옵나이다,
아버님!
34 그 바보를 보고 살아가겠으며, 그 바
보의 삶을 보며 살아가겠으며,
35 그 바보 앞에 고개를 숙여 저 자신을
다스리는 길을 가도록 하겠습니다, 아
버님!
36 지금까지 어리석은 저를 용서하여 주
옵시고 바보를 바보로 봤던 어리석은
저를 용서하여 주옵시고, 저를 거두어
주옵소서, 아버님!"

5,144 번째 하나님 말씀

2003년 2월 22일 12시 19분

1 사랑하는 나의 아들아!
2 "네, 아버님! 말씀하옵소서."
3 너희들이 내가 내린 성경은 한 획도
붙이고 빼도 안 되며, 한 글자도 고치
고 더해도 안 된다 하며, 정녕 불변이
며 변할 수 없다 그리 말함이니라.
4 그리하여 변질될 수 없다 그리 말하
느니라.
5 그러나 이미 너희들이 그를 변질시켰
으며, 너희들의 생각을 삽입하여 나의
성경을 이리 흔들어 놓았음이니라.
6 내가 사랑하는 나의 아들에게 전하기
를, 나의 법전이 세상에 내려가며 새
로운 성경이 내려갈 때, 나의 아들의
생각이 거기에 삽입됨으로 사탄들이
그를 변질시켜 나의 법전을 다 흔들어
놓는다 하였음이니,
7 수천 년 동안 너희들은 특별한 계층이
요, 특수한 사람들만이 성경을 공부하
고 가르치며 연구한다 하여 너희들 임
의로 수많은 사람이 손을 댔으며 변질
시켰음이니, 그래 놓고 지금 고칠 수
없다 그와 같이 말함이니라.
8 그러나 너희들은 알아야 할 것이니라.
9 이를 고칠 수 있는 자가 있음이니, 그
는 곧 누구더냐?
10 나 여호와요, 이를 만들어 세상에 내
보낸 나 여호와만이 손댈 수 있으며
고칠 수 있다는 것을 너희들은 어찌하
여 모르며 그리 말하는가?
11 창조주 나 여호와는 변화시킬 수 있음
을 너희들은 알아야 할 것이며,
12 내가 다시 만들어 세상에 전하고 내보
낼 수도 있음이니라.
13 그러나 성경은 참진리요, 진정한 나
여호와의 뜻이기에,
14 내가 너희들에게 희생을 강요하며 내
가 이를 다 버리고 다시 만드는 그와
같은 역사를 이루고자 하는 것은 아님
이니라.
15 다만, 너희들이 기록한 부분이요, 너
희들이 삽입한 그 부분만은 내가 반드
시 바로 고쳐 너희들에게 바로 깨우치
고자 하는 것이 나의 뜻인 줄 알아야
할 것이니라.

16 새로이 고쳐 내가 다시 이 모두를 다
듬어 만드는 것은 바로 너희들이 이해
하지 못하는 부분, 너희들이 삽입한
그 부분을 찾아내 나의 새로운 성경에
기록하여 그 뜻과 깨우침을 내가 전하
고 있음이니,
17 이는 나 여호와만이 할 수 있음을 알
라.
18 나 여호와만이 할 수 있는 일이요, 그
길이거늘,
19 어찌하여 너희들은 그와 같은 것을 할
수가 없다 생각하며, 변화할 수 없다
생각하며, 구약에서 신약 시대로 변화
되는 그 모두를 인정하지 않으려 하는
가?
20 구약 시대에서 신약 시대로 변했으며,
그 신약 시대의 역사가 나의 법전에
새로운 성경으로 너희들을 깨우치고
자 나 여호와의 뜻이 세상에 전해짐이
니,
21 이는 내가 구약과 신약을 버림이 아니
라, 그를 골격으로 하여 내가 내린 그
내용만을 정통으로 계승하도록 하는
것이 나의 뜻이니라.
22 여기에 내가 새로 이루고자 새로운 성
경을 세상에 내려보내 너희들을 깨우
치는 것은, 구약 시대에서 신약이 내
려왔으며, 신약 시대에서 심판의 시
대, 마지막 제3의 시대를 창조주인 나
여호와요, 주관하는 내가 이를 만들고
고치고자 함이니, 너희들은 여기서 갑
론을박하지 말라.
23 너희들이 잘못 가르쳤고 잘못 깨우쳤
으며 너희들의 임의대로 고친 그 부분
을 이제 바로잡고자 하는 것이 나의
뜻이니,
24 여기서 너희들이 감히 도전권을 제시
하지 말라.
25 나의 권한을 너희들이 관여하고자 함
이니, 이는 바로 무엇이더냐?
26 천국의 문을 너희들이 임의로 열 수
있으며, 천국에 가고 못 가는 것을 다
너희들 임의대로 할 수 있다는 것이며,
27 나 여호와의 권한을 짓뭉개는 그와 같
은 행위를 하는 자보다 더 사악한 자
임을 너희들은 알라.
28 내가 이루고자, 내가 다시 역사하고
자, 새로운 성경으로써 너희들이 알기
쉽고 깨우치기 쉽게 모두를 다 가르쳐
심판을 시작하는 이 시대에, 이는 나
의 뜻이요, 내가 내린 것이거늘,
29 감히 이를 가지고 시시비비하는 그와
같은 사악한 행위를 하지 말라.
30 너희들이 나의 권한에 도전하는 자요,
내 권한을 좌지우지하려는, 나를 다스
리고자 하는 그와 같은 어리석은 짓이
요, 그 무서운 죄를 짓는 행위를 중단
하도록 그리하라.
31 그 길만이 너희들이 나에게 올 수 있
는 길이며, 구원을 받을 수 있으며, 너
희들을 따르는 그 수많은 나의 불쌍한
백성을 너희들이 거기서 단 몇 명이라
도 구하는 역사가 이루어짐을 잊지 말
라.

5,145 번째 하나님 말씀

2003년 2월 22일 12시 23분

1 사랑하는 나의 아들아!
2 **"네, 아버님! 말씀하옵소서."**

3 이제 나의 법전을 접하는 선택된 백성
인 너희들은 그보다 더 큰 영광과 은
혜가 없음이니,
4 무엇을 너희들이 더 얻고자 하며 더
이루고자 하겠는가?
5 나에게 오를 수 있는 참진리의 길을
알며, 내가 역사하고자 하는 것을 알
며, 내가 이루고자 하는 그것에 동참
하여 나와 더불어 가는 너희들은 바로
무엇이더냐?
6 너희들은 나와 같은 자임을 알아야 할
것이니라.
7 곧 나의 아들 예수가 성령으로써 세상
에 임하니 나와 같다 그리 말했으니,
그는 내 뜻을 가지고 그가 행하기 때
문이니,
8 지금 나의 피조물 만백성 너희들이 나
의 뜻을 가지고 행하고 실천한다면,
그 모두는 나와 더불어 살아가는 것이
며 나와 같음을 너희들이 알아야 할
것이니라.
9 진리의 모든 길이란 내가 뭐라 말하였
느냐?
10 너희 자신 모두를 다 태워, 너희들이
재가 되어 가는 한이 있더라도 만백성
에게 빛이 되라 내가 그리 말하였느니
라.
11 너희들의 모두를 태워, 죽어서 재가
되더라도 만백성을 깨우치는 그 빛이
될 수 있는 등불이 될 수 있다면, 너희
들은 그 길을 가는 것이라 내가 그리
말하지 아니하였는가?
12 그것은 현명하고 똑똑한 백성은 할 수
없느니라.
13 너희들이 말하는 바보와 같은 자만이
할 수 있음이니, 너희들이 스스로 바
보가 되어야 함을 잊지 말라.
14 바보 같은 삶을 살라.
15 그 바보가 내가 천사라 너희들에게 깨
우쳐 주지 아니하였던가?
16 너희들이 얼마나 어리석고 우매한 백
성인가?
17 너희들은 세상사 살면서 서로 이해관
계의 주고받는 그 법칙이 엄연하거늘,
18 너희 자신을 태워서 만백성을 구하는
그 역사를 했을 때, 또한 그와 같이 얻
어지는 것이 얼마나 크고 영광된 것인
가를 모름이니,
19 이 세상은 반드시 오면 가는 것이 있
음을 알라.
20 너희들이 살아가면서 하는 말이 어떠
하던가?
21 가는 말을 곱고 아름답게 해야, 상대
방으로부터 받을 때, 그 말이 아름답
고 고와 살이 되고 양식이 되는 말을
들을 수 있으며 깨우침을 얻을 수 있
는 것이 너희들이 살아가는 그것이 아
니던가?
22 너희들은 살아가면서 어찌 사는가?
23 보내는 말은 거칠게 하면서 상대방에
게서 오는 말은 아름답고 고운 말을
듣고자 하는 것이 너희들이니라.
24 남을 비방하고 남을 욕하면서 그로부
터 칭찬을 받고자 하는 것이 너희들이
니,
25 얼마나 작은 것에 욕심을 버리지 못하
며 사악한 마음으로 살아가는 자들인
가?
26 너희들은 거친 말을 하면서 상대방에
게서 사랑의 뜻이요, 아름다운 말이

오기를 바라는 것이 얼마나 어리석은 것인가?
27 그와 같은 어리석은 삶을 지금 살아가고 있는 것이 너희들 자신임을 알라.
28 너희들은 자신은 주지 아니하며 받으려고만 하고 있음이니, 그것이 바로 잘못된 삶이니라.
29 그것은 바로 무엇이더냐?
30 너희들이 도둑과 같은 자요, 이 세상의 가장 사악한 자임을 알라.
31 저는 주지 아니하며 남의 것을 받는 것만 즐겨 하며 받으려고만 하는 것이 무엇이던가?
32 도둑의 심보보다 더 사악한 자이니라.
33 그와 같은 행위를 너희들이 해서는 아니 됨을 알라.
34 너희들이 곱게 갔을 때 곱게 온다는 그 간단한 이치 하나만 깨우쳤더라도,
35 지금과 같이 험악한 세상에 함부로 상대방을 비방하고 욕하며 남을 헐뜯는 그와 같은 삶을 사는 것이 얼마나 부끄러우며 너희들이 부족한 인간인가를 스스로 알게 될 것이니라.

5,146 번째 하나님 말씀

2003년 2월 22일 12시 29분

1 사랑하는 나의 아들아!
2 "네, 아버님! 말씀하옵소서."
3 지금의 모든 종교 집단이요, 그들이 가고 있는 방대한 그 길이 잘못되고 있으며 잘못 가고 있음을 그들은 알고 있음이니라.
4 그러나 그들은 멀리 지옥으로 내려가 있기에 이제 끌어올릴 수가 없으며,
5 그 집단의 덩어리가 너무 커 저희들 힘으로써는 그를 바로잡고 끌어올 수 없기에 그저 그 길로 달려가는 것이 그들의 삶이니라.
6 그리하여 저희들 스스로 잘못되었으며 지금의 믿음을 가지고 가는 길이 이것은 아니라 하여 나름대로 개탄하며 회개하며 눈물의 기도를 드리는 종교 지도자들이 이 세상에 수없이 존재하고 살아감이니라.
7 다만, 그들의 힘이 역부족이며, 그들이 성서를 대신하여 근거할 것이 없으며 그들을 반박할 자료가 없기에 그들이 지금 그리 살아가나,
8 이제 그들이 나의 법전을 읽고 깨우쳤을 때, 용기를 가질 것이며 바로 세우는 역군으로서 그들이 바로 서게 될 것이니 그리 알라.
9 그리하여 지금의 종교 집단은 바로잡을 수 없으며, 저희들의 능력으로는 돌이킬 수 없게 너무나도 무거워져 있으며, 그 중량을 달 수 없도록 그리되어 있는 것이 지금의 사악한 종교 집단들이 하는 행위며 가고 있는 길이니라.
10 그리하여 뜻 있는 자도 바로잡지 못하며 뜻 있는 자도 나서지 못하는 것이 지금의 형국이니라.
11 그리하여 나 여호와만이 이를 바로잡을 수 있으며 나 여호와만이 이를 역사할 수 있으니,
12 나의 백성을 구하는 길이 나 여호와밖에 그 누가 있겠는가?
13 그리하여 나의 법전을 한 인간을 통하여 내가 이 세상에 내보내어 새로운

변화와 개혁을 이루고자 함이니,
14 그 무서운 역사가 시작되고 이루어진
것을 그들은 잘 알고 있음이니라.
15 그리고 그들은 너무나 잘 알고 있음이
니라.
16 이제 올 때가 왔으며 변화될 때가 왔
음이니 역사할 때가 왔다 그들은 그를
잘 알고 있음이니라.
17 그러면서 그들은 동조하지 아니하며
따르지 아니하는 것이니라.
18 그리고 이것은 창조주 나 여호와로부
터 내려진 것이며 나 여호와가 심판하
기 위해 마지막 시대에 나의 아들을
통하여 세상에 책으로 만들어 그 심판
의 기준이라는 것을 내려보낸다는 것
을 그들은 반드시 아는 것이니라.
19 그리고 내가 보낸 것이라는 것도 그들
은 알고 있느니라.
20 그들은 인간으로서 이룰 수 없다는 것
도, 이 모든 역사가 인간으로서는 다
시 돌려놓을 수도 없으며 바로잡을 수
도 없다는 것을 그들은 알기에, 스스
로 저희들이 판 무덤에 그저 편승하여
가는 그 역사를 이루고 그대로 가고
있음을 알아야 할 것이니라.
21 그들이 여기서 욕심을 버리며 용기 있
는 자라면 그 스스로 바로잡을 수 있
으며, 거기서 뛰쳐나와 소리를 높이
지를 수 있건만,
22 그들은 그와 같은 용기가 없으며 자신
이 없는 것이 지금의 종교 지도자요,
그 속에서 깨우친 자들이니라.
23 그러면서 더불어 인간의 욕심 때문에
그들을 이끌어 가는 자들에게 그저 끌
려가며, 그저 반항하지 못하며 거역하
지 못하며 뛰어나오지 못하고 그들이
그냥 가고 있음이니라.
24 그러나 지금 너희들은 알고 있음이니
라.
25 나 여호와가 지금 마지막 심판할 때
내릴 것을 내렸으며 다스리고자 하는
것이 다스려짐을 알고 있음이니라.
26 그를 알면서도 인간의 욕심 때문에 이
를 받아들이지 못하며, 지금까지 이루
어 놓은 그 모든 힘을 버릴 수가 없고
자신이 없기에 사탄이라 그냥 밀고 나
가며, 이는 세상에 존재해서도 아니
된다 그리 밀고 나가니,
27 얼마 남지 않은 너희들의 삶에서 마지
막 회개할 길이요, 깨우칠 길이요, 하
늘에 오를 수 있는 그것마저도 저버리
고 저를 버리는 어리석은 삶을 살고
있음이니라.
28 모든 종교 지도자 너희들은 지금이라
도 바로 서야 할 것이며 바로 봐야 할
것이니라.
29 그리하여 너희들이 용기 있는 자가 되
라.
30 너희들의 옹고집과 아집과 그 모든 욕
심과 오만함을 모두 버리고 새로운 길
에 들어서 새로운 길의 역사함을 보라.
31 그리고 스스로 판단하여 잘잘못을 구
분할 수 있는 지혜와 능력이 있음이
니, 너희들이 깨우치고 회개하라.
32 그것만이 너희들이 나에게 오를 수 있
음이니,
33 나 여호와가 지금 가슴의 문을 열고
너희들을 기다리고 너희들을 맞이하
고자 준비하고 있을 때, 너희들이 와
야 함을 잊지 말라.

34 너희들이 나에게 와 심판을 받을 때는
나의 가슴은 닫혀 있음이니,
35 닫혀 있는 내 가슴에 너희들이 어디에
서도 들어올 수 없으며 역사할 수 있
는 능력을 내가 내리지 아니함이니,
그때는 때가 늦음이니라.
36 내가 문을 활짝 열고 내 가슴을 열어
놓고 너희들이 회개하며 깨우쳐 오기
를 바라는 지금 오는 것을 잊지 말라.
37 지금 이때를 놓치면 영원히 나와는 관
계없는 길로 간다는 것을 잊지 말라.

5,147 번째 하나님 말씀

2003년 2월 22일 12시 34분

1 사랑하는 나의 아들아!
2 "네, 아버님! 말씀하옵소서."
3 나의 법전을 읽고 깨우친 만백성, 나
의 아들을 따르는 내가 사랑하는 나의
아들의 제자 너희들은 이 세상을 어찌
살아가는가?
4 상대방이 너희들의 뺨을 때리면, '오
른뺨을 맞았을 때 왼뺨을 내놓으라'
하였음이니,
5 또한 지금의 나의 법전이 60권이 넘
게 세상에 나오니, 이를 정독하고 깨
우친 너희들은 그와 같은 것을 초월하
여 가야 하거늘,
6 어찌하여 너희들은 1단계도 넘지 못
하는가?
7 오른뺨을 맞았을 때 아무 말 없이 왼
뺨을 내놓는 너희들이 바로 1단계의
깨우침이거늘,
8 그것도 행하지 못하며 거기서 벗어나
지 못하고 있음이니, 이 멀고도 먼 길
을 언제 가겠는가?
9 하늘을 두루마리 삼으며 바닷물을 먹
물로 하여 쓴다 하여도 내 뜻을 다 전
하지 못한다 하였으니,
10 너희들이 깨우침이요, 얻음이요, 배워
야 할 것은 끝이 없거늘,
11 너희들은 이제 오른뺨을 때리는 그자
의 손을 만지며 그 손이 아프지 아니
할까 그것을 생각하는 자들이 되어야
할 것이며,
12 너희들을 때린 자가 아무리 세게 때려
아픔의 상처가 눈물을 나게 한다 해도,
13 그 때린 사람의 손이 아프지 않을까
생각하며, 때린 사람의 마음이 아플까
하여 아무리 아프고 저려도 눈물을 흘
리지 말며 울지 말고 살아가는 것이
너희들이 살아가야 하는 오늘의 삶의
현실임을 알아야 할 것이니라.
14 그것이 바로 너희들이 행하는 길이며
너희들이 가야 할 길이며,
15 지금 나의 법전을 읽고 깨우쳤으며 나
의 강론을 들은 자들이요, 60권이라
는 법전의 아름다운 나의 성령의 뜻을
듣고 배운 너희들이 지금은 2단계를
달려가고 있어야 할 것이니라.
16 남이 너를 때렸을 때, 그 손이 아플까
하여 너희들이 아무리 아프고 저림이
있더라도 그 앞에서 눈물을 보이지 않
고 돌아서는 그와 같은 마음, 그것이
정녕 너희들이 가야 할 길이며 행해야
할 길이라는 것을 알아야 할 것이니라.
17 너희들이 그와 같은 마음으로 가지 아
니한다면 하나 더하기 하나는 둘이라
는 것을 거역하며 그를 인정하지 않는
자들 속에서 너희들이 살아갈 수 없다

함이니라.
18 너희들이 존재할 수 없다 함이니라.
19 오답을 가지고 정답이라 부르짖는 그
와 같은 자들에게 너희들이 어찌 지탱
하고 있을 것인가?
20 바로 지금 내가 이야기한 그와 같은
마음으로 너희들을 때렸을 때, 그 아
픔을 참는 눈물을 보고 상대방이 가슴
아파할까 봐 그와 같은 마음으로 가는
것이 너희들이니라.
21 그와 같은 너희들의 마음이 아니면 지
금 정답을 가지고 정답이 무엇인지도
모르며 정답을 가져 보지도 못하며 정
답을 만져 보지도 못한 그들이 정답을
가지고 정답이라 부르짖는 너희들의
말을 들을 수가 없으며 그를 볼 수가
없음이니라.
22 그저 오답을 가지고 정답이라 악을 쓰
는 그들 앞에 너희들이 아무리 정답을
내밀어도 그들은 보지 못함이니,
23 이와 같이 사탄이요, 사악한 자들이
존재하는 이 세상에서 너희들이 어찌
봐야 할 것인가?
24 그들을 바로 깨우칠 자들이 너희들이
니라.
25 그러니 너희 마음을 그와 같이 변한
것으로써 변하고 또 변하여 깨우쳐 갔
을 때, 1단계, 2단계를 깨우칠 것이며,
또 3, 4, 5단계 계속 너희들에게 깨우
침을 내가 전해 줄 수 있음이니,
26 1단계, 2단계의 내가 너희들에게 지
키라 명한 것을 지키고 살아가는 그
훈련부터 하여 너희들 자신이 싸워서
이기는 자가 되도록 그리하라.
27 그리하지 아니하면 너희들은 나에게
오를 수 없음을 알라.

5,148 번째 하나님 말씀

2003년 2월 22일 12시 38분

1 사랑하는 나의 아들아!
2 "네, 아버님! 말씀하옵소서."
3 너희들이 나를 찾으며 나에게 와 심판
을 받는 그날까지 이 세상의 육의 삶
이 얼마나 소중하며 귀중한가를 이미
알고 있을 것이니라.
4 그러니 너희들이 죽어 와 나에게 심판
을 받는 그날은 오늘에 너희들이 나를
찾고 나에게 용서를 비는 것처럼 나를
찾을 수도 없으며 나를 만나지도 못할
것이며, 나 여호와가 있는 곳을 감히
바라보지도 못할 것이니,
5 나 여호와가 있는 곳에 올라온다는 것
은 생각도 하지 말라.
6 그러니 너희들이 오늘에 나를 찾을 수
있으며 나를 만날 수 있으며 나에게
용서를 빌며 회개를 할 수 있는 너희
들의 육의 삶의 존재함이 얼마나 소중
한 것인가를 깨달으라 내가 그리 강조
하고 강조하였음이니라.
7 지금의 살아가는 이 세상에서 내가 너
희들에게 영원히 목마르지 않은 새로
운 생수를 마실 수 있도록 너희들에게
먹으라 하여 내가 무상으로 이리 내려
주건만,
8 어찌하여 너희들은 영원히 사는 그 생
수를 마시려 하지도 아니하며 보려 하
지 아니하며 들으려 하지 아니하는가?
9 너희들을 목마르게 아니 하는 이 생수
를 마시지 않으려 하는 자, 이는 바로

나에게 구원을 받을 수 없으며 나에게
올라올 수 없다는 것을 너희들은 알아
야 할 것이니라.
10 너희들이 인간사 세상에 살아가면서
지금 내가 내리는 진정한 나의 법전이
요, 새로운 성경이 너희들의 생수라
하여도 그를 믿지 않음이니,
11 이는 바로 세상에 태어나는 그 이치를
모르듯이 몰라도 너무 세상사를 모르
는 것이 너희들이며, 오늘의 삶을 잘
못 가고 있음을 알라.
12 이제 사랑하는 백성 너희들은 알라.
13 너희들이 하늘의 나로부터 어찌 오는
것이며 어찌 가는 것이며 어찌 흘러가
는 것인가 그 자체도, 하늘의 비밀을
너희들이 전혀 알 수도 없으며 그를
볼 수도 없듯이,
14 지금 너희들이 살아가는 그 믿음이 잘
못된 것이며, 내가 나의 법전을 통하
여 내리는 이것만이 너희들이 영원히
목이 마르지 아니하는 생수라는 것을
알아야 할 것이니라.
15 그걸 알기 위해서는 너희들이 나의 법
전을 정독하고 깨우쳐야만 알 수 있음
이니라.
16 너희들이 아무리 이 세상을 살아가며
부귀와 향락을 위해 살아가며 세상 것
다 얻은 것같이 살아가도, 정녕 너희
들이 어디서 왔으며 어떻게 되어 어디
로 가는 것이며 종착역이 어딘가 그것
을 알지 못하고 사는 것이 너희들이
아니던가?
17 그리고 너희들이 관리하고 가졌던 그
육신 하나도 마음대로 처리하지 못하
며 모두의 손을 놓고 가는 것이 너희
들이라 그리하였음이니,
18 이와 같은 세상에서 사는 너희들이 과
연 어찌 살아야 하는가?
19 너희들은 바르고 곧으며 참진리의 길
을 보고 살아가는 그와 같은 삶을 살
지 아니한다면 너희들은 얻어지는 것
이 하나도 없음을 알아야 할 것이니라.
20 그리하여 지금 너희들이 나를 찾을 수
있으며 나를 부를 수 있는 이 육의 세
상에서 나의 법전을 정독하고 깨우쳐
구원의 길을 얻도록 하라.
21 너희들이 죽어 나에게 왔을 때는 법전
을 접할 수도 없으며 만질 수도 없으
며, 너희들이 불 속에서 손을 넣다 꺼
내는 것보다 더 무서운 그 고통이기
에, 너희들은 나의 법전을 열 수도 없
으며 볼 수도 없으며 만질 수도 없는
나의 법전이라는 것을 깊이 깨우치라.
22 내가 너희들에게 전하는 이 무서운 하
늘의 비밀을 모르니,
23 너희들이 어디서 와서 어디로 가는 것
이며 종착역이 어디며 어디에 역사하
는지도 모르는 너희들이 내가 명하는
것을 그대로 따르고 실천하면 그 모두
를 보고 알게 되는 그와 같은 현명한
삶을 살게 됨을 잊지 말라.

5,149 번째 하나님 말씀

2003년 2월 22일 12시 44분

1 사랑하는 나의 아들아!
2 "네, 아버님! 말씀하옵소서."
3 나의 아들딸이요, 나의 백성이라 말하
는 그 백성이 가고 있는 그 길을 바라
다보는 내 마음이 얼마나 답답하고 아

픈가를 아는가?
4 그리하여 내가 잘못 가고 잘못 깨우치
며 잘못 인도하는 그자들에 대하여
바로 인도하며 바로 깨우치며 바로 배
우라 그리 전하거늘,
5 너희들은 어찌하여 이 말을 그리도 듣
지 아니하는가?
6 진정한 믿음의 길이 아니요, 나의 뜻
과는 관계없는 길을 가면서 너희들이
천국이요, 나에게 오른다 그리 착각하
고 살아감이니,
7 어찌하여 너희들은 지금 모두가 다
나의 선한 아들로서 돌아옴이 아니요,
악한 자식이 되어 가는 그와 같은 길
을 가는가?
8 너희들이 말로만 나 여호와요, 나를
부르며 나의 품에 오르겠다 그리 소리
지르고 광란의 짓을 하는 그 모두가
나의 백성이요, 나의 사랑하는 아들딸
로서 너희들이 나를 찾는 것이 당연하
나,
9 지금은 너희들이 악한 자식이 되어 사
탄의 자식이 되어 나를 부르고 그리
나에게 요구함이니,
10 너희들이 얼마나 얼빠진 자들이며 얼
마나 덜된 백성인가?
11 그와 같이 얼빠진 잘못된 종교 지도자
들이 너희들을 가르치고자 단상에 서
서 강론하며 설교하는 자들의 그 수를
헤아릴 수가 없으며,
12 또한 그들의 강론에 구원받았다 재물
을 바치며 눈물로써 기도하는 그 신도
라는 백성을 헤아릴 수 없으니,
13 그들이 다 지옥으로 가고 있음을 보는
나 여호와의 마음이 얼마나 아프겠는
가?
14 저 자신이 구세주라, 그리고 저에게
맹종하고 맹신하면 하늘에 오를 수 있
다 하니,
15 나의 아들 예수도 그와 같이 행함을
아니 하였음이니라.
16 예수도 만백성의 친구요, 같은 동료로
서, 그리고 말로써 믿음의 길을 가는
것이 아니요, 행함이 중요하다는 것을
성서에 기록하여 너희들에게 깨우쳐
주었거늘,
17 어찌하여 너희들은 그와 같은 뜻을 깨
우쳐 읽어 너희 것으로 만들지 아니하
며,
18 잘못 가는 종교 지도자, 잘못 가르치
는 그들의 덜떨어진 그 행위에 손뼉
치며 재물을 바치며 그리 고달프고 어
려운 삶을 살아가는가?
19 너희는 간단한 그 이치를 이제 깨우치
고 깨우쳐 너희들 스스로 바로 설 때
가 되었음이니라.
20 어찌하여 그리 소중한 너희 자신을 돌
아다보지 못하는 어리석은 삶을 사는
가?
21 내가 너희들에게 일찍이 깨우쳐 준 것
을 다시 한 번 전함이니, 너희들이 이
세상에 살아가면서 이루었던 그 모두
요, 육체의 모두는 이 세상에서 너희
가 하나도 가져가지 못하며,
22 여태껏 역사하고 이루었던 그 모두도
하늘나라에 하나도 가져갈 수 없다는
그 엄연한 사실을 알라.
23 하나도 가져갈 수 없는 그것을 위하여
지금 모두를 다 바치고 살아가며 그와
같은 어리석은 삶에서 허덕이니,

24 그곳에서 너희들이 구원을 받으라 함
이니라.
25 행함의 그 뜻이 얼마나 소중한 것이
며, 마음으로써 모두를 이루고 행하는
것은 너희들이 영원히 나에게 구원을
받는 길이 아니라는 것을 알아야 할
때가 되었거늘,
26 이 간단한 이치 하나도 들여다보지 못
함이니, 이제 깨우치라.
27 그리고 나의 법전을 손에 들어 정독하
고 하늘에 오르는 길을 보도록 그리하
며,
28 나의 뜻이 무엇이며 내가 역사하고자
하는 것이 무엇인가 이를 정확히 알아
나를 따르는 그와 같은 아름다운 삶을
살도록 그리하라.

5,150 번째 하나님 말씀

2003년 2월 22일 12시 53분

1 사랑하는 나의 아들아!
2 "네, 아버님! 말씀하옵소서."
3 나의 아들 예수가 성경에 기록하여 너
희들에게 이리 전하지 아니하였던가?
4 '너희가 내 양이 아니므로 믿지 아니
하는도다. 내 양은 내 음성을 들으며
나는 저희를 알며 저희는 나를 따르리
라.' 그와 같이 기록되어 있음이니라.
5 내가 일찍이 나의 아들을 통하여 법전
에 내가 뭐라 기록하였던가?
6 너희들이 나의 법전을 가슴에 안고 정
독하는 자 나의 뜻을 모두 알 수 있다
하였음이니라.
7 너희들이 지금 나의 성전에 와 나의
아들과 더불어 가는 그 제자요, 법전
을 읽는 백성 너희들은 바로 무엇이던
가?
8 나를 믿는 자요, 나를 따름이니, 내가
너희들과 같이함이 여기에 있으며,
9 너희들이 나의 법전을 가슴에 안고 정
독하고 또 정독할 때, 너희들이 내 음
성을 들을 수 있으며 나를 만질 수 있
으며 나를 볼 수 있다 내가 너희들에
게 그리 전하지 아니하였던가?
10 너희들이 그와 같은 역사를 이루지 아
니하면 정녕 나를 볼 수 없으며 나 또
한 너희들을 사랑하지 아니하며 내가
기억하지 아니함이라 기록하였음이
니,
11 오늘 내가 나의 아들을 통하여 법전에
기록한 그 내용과 2천 년 전에 나의
아들 예수를 통하여 기록한 그 내용이
과연 무엇이 다르던가?
12 바로 그러하니라.
13 너희들이 지금 나의 아들을 따르는 제
자들 그 스스로 나를 믿는 것이며,
14 지금 모든 종파 속에서 달려가고 있는
자, 저희들의 사행심을 위하여 저희들
의 허영심을 충족시키기 위하여 가고
있는 그 종교 집단 그들은 나를 믿지
아니함이니라.
15 그리하여 그들이 아무리 울부짖는다
하여도 내 음성을 들을 수 없으며 나
를 볼 수 없는 자들이니라.
16 그러나 나로부터 선택된 백성이요, 나
의 법전을 가슴에 안고 정독하여 깨
우치는 너희들은 나를 볼 수 있으며
내 음성을 들을 수 있으며 내가 원하
는 그 길을 올 날이 머지아니하였음을
너희들은 알아야 할 것이니라.

17 그리하여 내가 법전에 일찍이 먼저 깨
우쳐 전하였음이니,
18 이는 나의 아들이 성서의 한 구절을
읽고 깨우쳐 전한 것도 아니요, 제 의
사가 아니요,
19 오로지 내가 내리는 그 듣는 것만을
기록하여 적었으니,
20 내가 2천 년 전에 나의 아들에게 전한
이 내용과 지금의 나의 아들에게 전하
는 그 내용이 무엇이 다르며 어디가
잘못되어 있는가?
21 그러니 바로 지금 내가 내리는 새로운
성경이 나의 성령이요, 나의 법전이
며, 나의 아들이 선택된 나의 아들임
을 너희들은 여기서 알고 깨우쳐야 할
것이니라.
22 그래도 너희들이 이를 깨우치지 못하
고 간다면, 너희들의 그 어리석음이
요, 무지로 인하여 너희들이 나를 버
리는 자가 될 것이며,
23 단 한 번 내리는 기회를 영원히 네 것
으로 만들지 못하는 그와 같은 불행한
삶을 살게 되는 것이 너희들임을 알라.
24 '내가 저희에게 영생을 주노니 영원히
멸망치 아니할 터이요, 또 저희를 내
손에서 빼앗을 자가 없느니라.
25 저희를 주신 내 아버지 만유보다 크시
매 아무도 아버지의 손에서 빼앗을 수
없느니라.' 그리 말하였음이니,
26 이 세상을 창조한 것보다 더 위에 있
는 것이 나 여호와며, 내가 세상의 것
을 만들어 주었음이니,
27 너희들이 나에게 오르는 길을 진실로
알며 진정한 믿음을 깨닫고 오는 자들
은 반드시 나에게 구원을 받을 수 있
으며,
28 사탄도 사악한 자도 너희들을 무너뜨
릴 수가 없음을 여기에 기록하여 전함
이니라.
29 너희들의 믿음이 흔들리며 정녕 나 여
호와가 존재함을 믿지 아니하며 의혹
하는 마음을 가지고 있을 때 너희들은
바로 쓰러짐이니라.
30 그러니 너희들이 나의 법전을 가슴에
안고 정독하여야 할 것이며,
31 그대로 살아가고자 잠시도 마음이 누
그러져서는 아니 됨이니라.
32 그리하여 내가 너희들에게 수시로 십
계명을 암송하라 하였으며, 너희들의
마음을 다스려 나가라 하였음이니라.
33 그리하면 너희들이 내 품에 올 수 있
으며, 나에게 올 수 있는 것이며, 절대
로 너희들은 멸망의 길로 갈 수 없으
며,
34 내가 너희들의 손을 놓지 아니함이니,
사탄이요, 사악한 자들이 너희들을 침
범할 수 없다 그리 말하였느니라.
35 내가 나의 아들에게 내려 법전에 기
록하여 너희들에게 뭐라 전하였느냐?
36 너희들이 아무리 나의 아들 앞에 와서
사악한 짓을 하며 못된 짓을 하며, 또
아무리 선한 짓을 하며 아름다운 짓을
한다고 해도,
37 나의 아들이 너희들의 손을 놓으면 그
순간부터 사탄이요, 사악한 자라 하였
으며,
38 나의 아들이 너희들의 손을 놓지 아니
할 때는 바로 너희들은 사악한 자가
아니요, 나의 아들딸이라 내가 그리
일찍이 깨우쳐 주었음이니,

39 그 뜻과 오늘 내가 기록하여 전하는
그 내용을 음미해 보면,
40 2천 년 전에 내가 나의 아들 예수를
통하여 전했던 그 내용과,
41 오늘날 성서의 한 구절을 읽어 본 적
이 없으며 너희들이 만든 교회당에
나가 예배하고 기도하며 눈물로써 너
희들처럼 무엇을 달라 추한 행위도 해
본 적이 없는 나의 아들이 이와 같이
기록해 놓은 것을 보면,
42 나 여호와의 뜻이요, 내가 역사하는
것이라는 것을 너희들은 어찌하여 그
리 모르는가?
43 그를 비교해서 보라.
44 그러면 알 것이니라.
45 그 무서움을 알 것이거늘, 어찌하여
나의 아들을 의혹하며, 나의 법전을
의심하며, 너희들이 사탄의 장난이라
감히 그리 말하는가?
46 그 죄를 너희들이 어찌 다 갚으려 하
는가?
47 이를 보고 너희들이 깨우치라.
48 성경에 기록되어 있는 그 내용과 내가
나의 아들을 통하여 전하는 나의 새로
운 성경이 전하는 그 내용이 일치한
뜻이 있다면,
49 한 사람인 창조주 나만이 2천 년 전에
도 그리 가르쳤으며 오늘에 와서도 이
를 가르침이니,
50 이것은 참진리요, 나의 뜻이기에 변하
지 않고 똑같이 내려감이니,
51 곧 이것이 나의 아들이요, 나로부터
선택된 나의 자식이 하는 역사이며,
내 아들이 하는 일임을 너희들은 알라.
52 그리하여 나의 새로운 성경이 얼마나
소중하며 법전이 소중한가를 알며, 그
대로 행하고 실천하는 그와 같은 삶을
살도록 그리하라, 사랑하는 나의 아들
딸들아!

5,151 번째 하나님 말씀

2003년 2월 22일 12시 58분

1 사랑하는 나의 아들아!
2 "네, 아버님! 말씀하옵소서."
3 오늘의 사악한 종교 지도자들이 뿌리
를 내린 것이 곧 무엇이더냐?
4 오늘 내가 너희들에게 전하는 이 말
한 마디요, 성경의 한 구절 때문에 오
늘과 같이 이 사악한 역사가 이루어졌
음이니라.
5 '나와 아버지는 하나이니라.' 그 말이
니,
6 너희들은 이 말의 의미함을 정녕 이해
하지 못하며 그를 알지 못함이니라.
7 너희들은 과연 이 대목이 어떤 뜻이라
가르치고 가는가?
8 너희들은 지금 나의 아들 예수를 신격
화하였으며, 그저 그를 부르고 찬송하
면 너희들이 하늘에 오를 수 있으며,
나와 동등한 나의 아들이요, 삼위일체
라는 말을 감히 하는 그와 같은 형국
이 이루어졌음이니,
9 너희들이 모두 이 구절로써 잘못되었
음을 알라.
10 이 구절은 내가 너희들에게 모든 것을
다 역사하며, 삼위일체요, 나의 아들
과 동등한 나 여호와라는 그 뜻이 아
니요,
11 나의 뜻대로 살아가며 나의 뜻에 순종

하며 행하는 그 예수가 곧 그 성령이
같은 길이며 같기에 나와 같은 자라
그리 말한 것이요,
12 나 여호와를 능가하여 그가 역사를 이
루며 모든 기적을 이루는 그와 같은
것을 똑같다 그리 생각하여 깨달은 것
은 너희들이 잘못됨을 알아야 할 것이
니라.
13 너희들이 그와 같이 잘못 깨우치고 잘
못 이해했기에 지금같이 나를 능멸하
는 사악한 짓을 하고 있으며, 나의 아
들 예수를 고통 속에 죽게 한 그를 또
너희들이 그 고통 속으로 지금 몰아넣
고 있으며, 너희들 스스로 사탄의 자
식이 되었음을 알아야 할 것이니라.
14 이 대목은 성령이 같은 자들을 내가
말함이니,
15 이는 나 여호와와 나의 아들딸이 성령
이요, 뜻이 같기에,
16 그리고 같은 일을 하며 나와 같은 역
사를 행하기 때문에 이는 나와 같다는
뜻이요,
17 그가 모든 역사의 능력과 권세와 그를
나처럼 부릴 수 있으며 역사할 수 있
기에 나와 같은 자라 함이 아니니,
18 너희들은 이와 같은 것을 잘못 이해하
고 잘못 깨우쳐 삼위일체요, 같은 역
사를 한다 그리 나를 능멸하고 있음
이니라.
19 지금 너희 제자들, 나의 법전을 읽고
깨우치고 공부하는 너희들이 바로 나
의 뜻에 따라 살며 나의 법전대로 행
하며 살며 십계명대로 사는 것은 나
의 뜻이요, 나의 성령에 의해서 사는
것이니, 곧 너희들은 바로 무엇이더냐?
20 나 여호와와 하나가 됨을 너희들은 알
아야 할 것이니라.
21 누구나 다 나의 법전대로 행하며 나의
십계명대로 사는 백성은 나의 아들딸
이니,
22 누구든지 유업을 대신 받을 수 있으며,
23 그는 곧 나와 하나라는 뜻을 여기에
내가 기록하여 전하였음이니, 너희들
은 이제 이 모든 죄의 온상이 이 구절
에서 비롯된 것을 바로 깨우치고 바
로 깨달아 만백성에게 전하도록 그리
하라.
24 나와 나의 아들딸 너희들이 하나가 되
는 그 이치를 내가 여기서 알리고자
함이니,
25 이를 왜곡되게 가르치고 잘못 깨우쳐
지금 각종 악행을 하며 모든 죄의 씨
앗을 만들었으며,
26 나의 아들 예수를 통하여 세상에 나의
뜻을, 성령을 전했을 때는 금과 같이
곱고 아름답고 찬란한 것이,
27 너희들의 이와 같은 가르침 때문에 은
으로 퇴색되었으며,
28 나와 나의 아들과 같다는 그 몇 절의
말로 인하여 금이 은으로 변하고, 은
이 동으로 변하고, 동이 무쇠로 변하
여 그 무쇠는 썩고 썩어 그 가루가 날
아가 세상에 주저앉았으니,
29 지금의 세상을 덮고 있으며 내가 만든
성전을 혼란케 하는 교회요, 성전이라
는 곳이 뿌리를 내리게 되었음이니,
30 이 모두는 너희들이 얼마나 잘못되었
으며 잘못 깨우치고 있는가?
31 이 잘못 해석하고 잘못 깨우친 그 뜻
을 바로 깨우치며 바로잡도록 하여 너

희들이 나에게 올 수 있는 그 영광의
기회를 얻도록 그리하라, 사랑하는 나
의 아들딸들아!

5,152 번째 하나님 말씀

2003년 2월 22일 13시 01분

1 사랑하는 나의 아들아!
2 "네, 아버님! 말씀하옵소서."
3 육을 가지고 세상에 나간 나의 아들
예수가 제 임의대로 무엇을 하며 제
뜻대로 무엇을 역사한 것이 없거늘,
4 오로지 창조주 나 여호와의 뜻에 따
라, 나의 명에 따라 그는 모두를 행했
으며 모든 역사를 이루었음이니라.
5 그리고 그는 기적을 이루면서, 그를
보는 백성에게 '나는 여호와의 아들이
며 너희들을 구원하기 위하여 이 세상
에 왔음이니, 너희들은 악을 저버리고
선을 행하고 살라, 악을 행하는 자는
나의 아버지요, 나에게 오를 수 없으
며 구원을 받을 수 없다.' 그리 가르치
고 그리 전하였거늘,
6 거기에 나의 아들이 너희로부터 돌로
맞으며 창으로 찔리며 가시 면류관을
쓰며 십자가에 못 박혀 그 고통스러운
죽음을 당할 정도로 잘못했으며 그가
그와 같은 죄를 지었는가?
7 과연 나의 아들이 그와 같은 고통을
당할 만큼 무슨 잘못을 했으며 어떠한
죄를 지었던가?
8 너희들이 선하게 살며, 선함을 깨달으
며, 나 여호와가 존재함을 믿으며, 너
희들의 손으로 교회당을 지어 거기서
만인 앞에서 믿는 것을 과시하지 말
며, 다락방에서 기도하며 깨우치라 전
한 나의 아들의 뜻이 무엇이 잘못되었
는가?
9 아무 잘못된 것도 없는 나의 아들에게
사악한 너희들이 그와 같은 행위를 했
으며 나의 아들을 죽게 만들었음이니
라.
10 그러니 그와 같이 사악한 짓을 한 그
후손의 뿌리가 지금 성전을 지으며 교
회를 지으며, 그곳에서 하늘에 오르는
길이라 가르치며 온갖 죄악을 행하고
있음이니라.
11 지금 나의 아들이 법전이라 하여 나의
뜻을 160권의 책으로 기록하여 바른
삶의 그 모두를 하나하나 상세히 기록
하여 전함이니,
12 너희들은 나의 아들을 존재치 못하도
록 하며, 이 법전이 세상에 나오지 못
하도록 하며,
13 사탄이요, 사악한 자가 마지막 시대에
너희들을 혼란하게 하는 행위라 그리
밀어붙이며 그리 선전하며 그 사악한
행위를 하고 있음이니라.
14 그 시대에 나의 아들 예수가 잘못한
것도 없으며 너희들에게 피해를 준
것도 없으며 죄지은 것이 없거늘, 그
와 같이 참혹하게 다루고 죽였음이니,
15 지금의 백성이 나의 아들을 그와 같은
형국보다 더 무서운 방법으로 단죄하
려 하며, 이를 죽이려 하며, 나의 법전
이 세상에 나오지 못하도록 핍박하며,
갖은 방법을 다 동원하여 환란을 이룰
것이니,
16 너희들이 그와 같은 죄를 짓고도 과연
나에게 와 구원을 받을 수 있다 말할

수 있는가?
17 이를 깊이 깨우쳐 너희들이 바로 서며
바로 보도록 하며,
18 나의 법전을 세상에 전하는 데 전사로
서 바로 서도록 그리하여 너희들이 죽
음에서 새 생명의 축복이요, 새로 태
어나는 그 영광을 얻도록 그리하라.

5,153 번째 하나님 말씀

2003년 2월 22일 13시 07분

1 사랑하는 나의 아들아!
2 "네, 아버님! 말씀하옵소서."
3 지금 나의 아들이 나의 법전을 받아
기록하며, 밤과 낮을 가리지 아니하며
너희들을 깨우치고자 160권의 대장정
의 그 역사를 하며 지금 달려가는 나
의 아들이 과연 너희들에게 무엇을 잘
못했으며,
4 너희들의 재산을 그가 축냈으며 너희
들의 집단에 무슨 공격을 했는가?
5 나의 성경이요, 나 여호와의 뜻이 잘
못된 부분을 고치도록 하며, 너희들의
잘못된 것을 바로잡고자 그는 나의 법
전을 내가 명하는 대로 기록하여 너희
들에게 전하는 그 죄밖에 없음이니라.
6 제 뜻대로 행함이 아니요, 나 여호와
의 뜻에 따라 행하는 그는 죄가 없거
늘,
7 어찌하여 너희들은 나의 법전을 태우
려 하며 나의 아들을 존재하지 못하게
그리하는가?
8 나의 아들이 너희들 앞에 신이라 하였
으며, 너희 모든 종교 집단에게 나의
아들을 숭배하라 하였으며, 나의 아들
을 따라 너희들이 재물과 모두를 바치
는 그와 같은 행위를 하라 하였던가?
9 그가 나의 아들이요, 신이라 하여 너
희들에게 능력을 보이며 기적을 이루
고자 어떠한 역사를 한 것도 아니며,
너희들을 그와 같은 방법으로 이끌어
가려 한 것도 아닌 나의 아들이니라.
10 다만, 그는 나로부터 선택되었음이니,
그것도 제가 선택한 것이 아니요, 내
가 나의 아들을 임하여 태초부터 그를
준비하여 세상에 내려보낸 나의 아들
이니,
11 그는 그 뜻을 모르며 저 자신도 모르
고 그저 지금 살아왔음이니라.
12 내가 내리는 그 뜻을 제 임의대로 해
석하지 아니하며 그저 받아 기록했듯
이,
13 그는 세상에 태어난 것이며 지금까지
살아온 그 모두도 제 의지대로 제 뜻
대로 살아온 나의 아들이 아님이니라.
14 그러니 나의 뜻을 받아 기록하는 그
죄가 그리도 무서우며 그와 같이 험악
한 환란의 대가를 받아야 하는가?
15 또한, 나의 아들 예수가 나의 성령을
받아 너희들을 바로 세우고자 깨우쳤
던, 그가 행했던 역사가 과연 그와 같
이 고통스러운 죽음을 받아야 하는 그
와 같은 일을 행했던가?
16 그러니 너희들의 마음이 얼마나 사악
한 것인가?
17 하나를 잘못했을 때, 수만 가지를 뒤
집어 씌워 모든 죄를 씌워 그를 단죄
하는 그와 같은 사악한 자들이 너희들
이니,
18 그 마음을 언제쯤 가야 바로 다스리며

너희들이 밝은 세상을 볼 수 있는가?
19 지금은 너희들이 밝은 세상에 사는 것
이 아니요, 사탄의 자식이 되어 암흑
속에서 살고 있으니,
20 암흑의 세계에서 사는 너희들이 앞이
보이지 아니하여 그저 닥치는 대로 부
딪치는 대로 그저 죽이고 쓰러트리고
도륙 내는 그와 같은 믿음의 길이요,
삶을 가는 것이 지금 너희들이니라.
21 다만, 나의 아들이라 하였음이니, 그
것이 무엇이 그리도 잘못되었던가?
22 내가 나의 아들딸이라, 내가 아들이라
부르는 것이 과연 무엇이던가?
23 너희들은 나를 여호와요, 아버지라 그
리 부르지 않는가?
24 너희들은 나를 아버지라 그리 부르며
울부짖으며 구원해 달라 소리 지르면
서,
25 내가 너희들을, 나의 아들딸을 내가
아들이요, 딸이라 부른다면 무엇이 잘
못된 것이며, 그것이 너희들에게 무엇
을 능멸하는 죄이던가?
26 그를 갖고 시시비비하지 말라.
27 너희는 나를 아버지라 부르지 아니하
는가?
28 그러면서 어찌하여 내가 나의 아들이
라 부르는 것은 너희들이 인정하지 아
니하며 그를 들으려 하지 아니하는가?
29 내가 아들이요, 딸이라 부르는 것이
너희들에게만 들리고 너희들에게만
필요한 것인가?
30 내가 나의 아들이라 불러 내가 그에게
대명을 내려 나의 뜻을 이루고자 함이
니,
31 이는 나의 선택권이요, 내가 하고자
하는 뜻에 의해 행함이니,
32 너희들이 마음대로 시시비비하지 말
며, 그를 공격하지 말며, 그를 무너트
리려 하지 말며 세상에 존재하지 못하
도록 너희들이 그와 같은 간악한 행위
를 하지 말라.
33 이와 같이 너희들이 잘못 가는 그 깨
달음에서 바로 서지 아니하며 바로 보
지 아니하며 바로 역사하지 아니한다
면, 너희들 자신이 모든 죄지은 것을
지옥 불에 가 그 고통을 다 받음이니,
34 그것은 너희를 잘 모르고 너희를 따
라가는 그 신도라는 불쌍한 나의 백성
보다도 열배 백배 더 무서운 죄를 받
고 치르게 됨을 너희들은 알아야 할
것이니라.
35 다만, 여기서 너희들이 더 무서움과
두려움을 알아야 할 것은, 너희들 종
교 지도자들이 바로 나의 뜻에 따라
행하지 못한다는 것을 너희들이 잘 알
고 있음이니라.
36 너희들이 성막에 들어가 기도했을 때,
하나의 부끄럼이 없는 자는 살아 나온
다 하였으니, 너희들은 성막에 들어가
기도할 자격도 없으며, 그와 같은 역
사를 할 수 없는 자들이며,
37 그리하여 죄인이라는 것을 스스로 알
고 있는 자가 곱게 단장하고 단상에
서서 저희들이 천사요, 성인과 같은
행위를 하는 그 죄가 큰 것뿐만이 아
니라,
38 지금 모든 종교 집단이 잘못 가고 잘
못 흘러가는 것을 알면서도 저희들의
부귀영화를 위하여 그를 바로잡지 아
니하며 고치지 아니하며 그대로 끌고

가며,
39 나의 피조물 만백성을 속여 지옥으로 이끌어 가는 그 죄가 또한 더 큰 죄임을 너희들은 알아야 할 것이니라.
40 이와 같은 모두를 내가 나의 법전에 기록하여 너희들을 깨우칠 그 기회를 다 전해 주었으니,
41 너희들이 죽어 내 앞에 와 감히 항변하며 이유를 댈 수 없는 그 삶을 알아, 이제 너희들이 선택의 길만이 남았으니 그 선택의 길은 너희들의 자유이니라.

5,154 번째 하나님 말씀

2003년 2월 23일 07시 27분

1 사랑하는 나의 아들아!
2 "네 아버님! 말씀하옵소서."
3 모든 종교 지도자 너희들은 가정을 가지며, 내가 너희들에게 이루어 준 남녀의 한 가정을 갖는 그 속에서 같이 살아가며 생활하면서 종교 지도자로서 바로 서야 함을 알아야 할 것이니라.
4 그리하여 너희들이 더불어 사는 세상에서 그 뜻을 알 수 있으며,
5 가정을 가진 자와 갖지 아니한 자의 그 차이 속에서, 가정을 갖지 아니한 자가 가정을 갖고 살아가는 사람의 그 고통과 시련을 절대 알 수 없으며 그 의미를 알 수 없는 것이니라.
6 그러니 너희들이 종교 지도자라 하여 가정을 갖지 아니하고 사는 그와 같은 길로써 만백성을 가르치며 종교 지도자라 하는 것은 진정한 종교 지도자의 길이 아니요, 그들의 마음을 알지 못하는 것이니라.
7 너희들이 출가한다 하여 외로운 종교의 길을 가며 독신의 길을 가는 것이 믿음의 길이라 하나,
8 너희들 육의 세상에 있는 그 부모의 마음을 아프게 하는 행위요, 그것부터 너희들이 잘못 시작하는 것이니라.
9 너희들 동양의 작은 나라에 흘러가는 말이 있지 않은가?
10 '홀로 사는 여인이 홀로 사는 남자의 마음을 알며, 홀로 사는 남자가 홀로 사는 여자의 마음을 알 수 있다.' 하듯이,
11 너희들이 고기를 먹어 보지 아니한 자가 아무리 고기를 먹어 본 자의 흉내를 낸다고 해도, 먹어 보지 아니한 자는 먹은 자의 그 맛을 알 수 없는 것이니라.
12 남녀가 서로 살며 가정을 이루며 그 후손을 이루며 그리 살아가게 되어 있는 것을,
13 너희들이 믿음의 길이요, 종교 지도자의 길을 간다 하여 가정을 저버리고 독신주의요, 혼자 가는 것은 가정을 가진 사람의 그 마음을 모름이니라.
14 부부지간의 사랑이 무엇이며, 서로 어렵고 힘들 때 힘을 합치며 사는 것이 무엇이며,
15 자식을 사랑하는 내리사랑이 무엇인가 그 자체도 모르면서, 종교 지도자로서 그 길을 간다 하여 독신으로서 혼자 자기 자신만이 그와 같은 길로 가는 것은, 만백성을 깨우치는 진정한 지도자로서 만백성과 더불어 갈 수 없

으며,
16 그들의 아프고 슬픈 마음을 알지 못함
이니, 어찌 그들에게 지도자가 될 수
있다 말하는가?
17 내가 너희들에게 말하여 깨우쳐 주었
느니라.
18 진흙에 들어가 거기서 허덕이는 백성
을 너희들이 진흙 속에 빠지지 말며
그를 끌어내는 그와 같은 자가 진정한
지도자라 말하였느니라.
19 악의 구렁에 들어가 너희들이 악에 물
들지 않고 그 악에 허덕이는 백성을
끌어내는 자, 그리고 그를 인도하는
자, 그와 같은 자가 바로 진정한 인도
자라 내가 그리하였음이니,
20 악의 세상에 들어가 악의 세상에 빠지
는 자는 지도자가 아니며 깨달은 자가
아니라 내가 그리 말하였느니라.
21 악에 들어가기가 두려워 들어가지 않
는 종교 지도자가 밖에서 소리 지르
며, 제 옷에 진흙이 묻을까 봐 진흙탕
에 들어가지 아니하며 밖에서 소리를
지르는 그와 같은 종교 지도자는 진정
한 종교 지도자가 아님을 너희들은 알
아야 할 것이니라.
22 이제 너의 제자들에게 이르라.
23 내가 뭐라 말하였느냐, 너희들은 고기
를 낚는 그와 같은 어부가 아니요, 사
람을 낚는 어부라 하였으니,
24 나의 성전을 사람들로 그득히 채워 놓
고 너희들이 웃음꽃을 피울 때, 내가
너희들에게 모든 역사를 내려 준다
미리 가르쳤거늘,
25 너희들이 과연 얼마나 사람을 낚는 어
부가 되었는가 한번 생각해 보라.
26 내가 너희들에게 이 성전을 만들어 주
었으며, 나의 성령을 듣는 이 성전에
너희들이 사람을 낚아 그득히 채워 놓
지 아니하는 그와 같은 마음 자세를
가지고 너희들이 어찌 감히 나를 생각
하며 나를 사랑한다 생각하는가?
27 이제 이 성전에 그득히 나의 백성을
채워 놓고 너희들이 웃음꽃을 피우며
나의 강론을 듣도록 먼저 만들라.
28 그리하면 내가 너희들의 어렵고 힘든
이 성전의 고비의 문을 다 열어 줄 것
이니라.
29 이제 너희들이 그와 같이 할 때가 되
었으며, 너희들이 그와 같이 남들을
인도할 자격이 있음이니, 그 자격을
내가 너희들에게 부여하니,
30 이제 너희들은 사람을 낚는 어부로서
최선을 다하도록 그리하라.
31 이것이 이제 내가 너희들에게 내리는
나의 명령이며, 내가 너희들의 어렵고
힘든 그 모두를 이루어 줄 것이니,
32 이제 지금서부터 이것부터 행하도록
하라.
33 나의 성전에 너희들이 그득히 채워 놓
고 너희들이 앉아 웃음꽃을 피웠을
때, 이제는 모든 역사가 시작함이니라.
34 그를 명심하여 기억하여 행하도록 그
리하라.
35 오늘부터이니라.

5,155 번째 하나님 말씀

2003년 2월 23일 07시 38분

1 사랑하는 나의 아들아!
2 "네, 아버님! 말씀하옵소서."

3 너희가 살아가는 그 자체가 무엇이더
냐?
4 이 지상에 너희들이 생명을 받아서 나
와 잠깐 살다가 스쳐 가며 남겨 놓고
가는 자리만도 못함이니라.
5 너희는 언젠가는 육의 삶을 떠나며 흙
으로 돌아가게 되어 있음이니,
6 그 삶 속에서 너희들이 욕심을 부리며
욕심을 갖고 산다는 것은 얼마나 어리
석은 자이던가?
7 잠깐 앉았다 스쳐 가는 그 자리에 남
긴 것만도 못한 그 짧은 인생에 너희
들이 욕심을 버리지 못하며 남을 시기
하고 음해하고 그와 같은 삶을 산다는
것이 얼마나 불행하고 불쌍한 인생의
삶이던가?
8 자연의 아름다움을 보며 서로 사랑하
며 소중함을 알며 나누며 살며 정이
넘치는 그와 같은 삶을 사는 백성이
얼마나 행복한 백성인지, 그들의 삶을
들여다봐야 할 것이며 그와 같은 삶을
살아야 할 것이니라.
9 그러하니 너희는 다 같이 내가 어떠
한 백성이라 하였느냐?
10 너희들은 세상에 다 같이 나로부터 생
명을 받아, 죽으면 흙으로 돌아가는
그 길을 향하여 다 같이 여행하는 똑
같은 나의 평등한 백성이라 내가 그리
말하였으니,
11 그 같이 여행을 하는 자, 즐겁고 행복
한 마음으로 서로 사랑하는 마음으로
가라 하였으니, 그것 하나도 실천 못
하는 것이 너희들이라 내가 그리하였
느니라.
12 그리하여 내가 너희들에게 평등하게
모두를 얻고 또 취하고 살도록 그리
만들어 주었거늘,
13 지금 너희 종교 집단에서는 어찌하는
가?
14 너희들은 나의 피조물 만백성에게 각
종 헌금과 재물을 거둬들여 그들을 고
통의 길로 인도하는가 하면,
15 그들에게 팔 것이 없으니까 자리라는
것을 만들어 그를 팔아먹고 있음이니,
16 이것이 바로 너희들이 지금 가고 있는
형태이니라.
17 육의 삶을 사는 그 자체가 너희들이
이 지상에 나와 잠깐 있다 가는 것이
라 내가 그리하였거늘,
18 그 속에서 무엇인가 명예를 위해, 너
희들이 부르는 호칭을 위하여 자리를
얻고자 하며 맹종하는 그와 같은 형태
가 너희들의 종교 집단이며,
19 그곳에서 신도라는 자, 그리고 깨달음
의 길을 가는 자들이 지금 가고 있는
것이니라.
20 내가 너희들이 그 이름을 얻으려고 맹
종하며 재물을 바치고 맹신하는 그와
같은 행위를 볼 때,
21 너희들은 그저 코를 풀어 버리는 종이
만도 못한 자리를 사고팔고자 하여
혈안이 된 그와 같은 욕심이 있는 자
들이니,
22 그리하여 또 그를 재물을 주고 금화와
은화를 주고 사고파는 것이 지금의
종교 집단의 추악한 거래가 아니던가?
23 너희들이 얼마나 어리석은가?
24 너희들이 그 자리를 얼마나 지키고 있
을 수 있다고 생각하는가?
25 너희들이 그 자리를 금화와 은화를 주

고 산들, 영원히 사는 이 지상의 지구
의 존재에 비하면 너희들은 그저 잠깐
스쳐 가는 하나의 자리의 남김밖에
되지 않는 것을,
26 진리는 뒷전이요, 영원히 사는 하늘나
라에 오르는 깨달음이요, 내가 아름답
게 살다 나에게 오라 했던 그 모두는
다 뒷전으로 집어던지고,
27 자리다툼을 하며 그 자리를 얻으려고
너희들이 지금 가고 있음이니,
28 그와 같은 삶의 형태가 과연 무엇이던
가?
29 너희들은 짐승이 우두머리가 되고자
그 종족끼리 싸움하며, 죽기 아니면
살기로 싸움을 하여,
30 저희들의 생명을 지켜 주는 그 무기인
뿔까지 버리며 제 몸을 망치며, 제가
싸워 잘못될 때 그 목숨까지 잃어버리
는 그와 같은 현상과 너희들이 하는
짓이 조금도 다른 것이 없음이니,
31 내가 너희들을 보는 마음이 지금 그러
하니라.
32 그러니 자리를 지키려고 싸우는 짐승
과 똑같은 그와 같은 형국으로 너희들
이 아귀다툼을 하고 있음이니,
33 과연 너희들이 거기서 무엇을 얻어 하
늘에 오르며 어떠한 진리로써 하늘에
오른다 말하는가?
34 너희들은 이제 세상을 바라보는 그와
같은 마음의 자세를 갖도록 그리하지
아니하면 구원의 길에 들어설 수 없음
을 알아야 할 것이니라.
35 사랑하는 나의 아들아!
36 "네, 아버님! 말씀하옵소서."
37 내가 너희들에게 다시 전함이니, 이제
너희들이 짐승과 같은 그와 같은 삶에
서 벗어나, 인간이 사는 인간의 삶을
살라.
38 그는 서로 존경하며, 높고 낮음이 없
으며, 남의 것을 함부로 갈취하고 거
둬들이는 자도 없으며, 남이 노력하는
만큼 저도 노력해서 다 같이 거둬들이
는 것이지,
39 너희들이 세 치 혓바닥으로 나의 피조
물 만백성을 우롱하며 그들을 갖고 노
는 그와 같은 행위를 해서는 아니 됨
이니라.
40 그들 앞에 군림하고자 해서도 아니 되
며,
41 그들을 이용하여 너희들이 편안한 무
엇인가를 얻고자 하는 그것은 짐승보
다도 더 사악한 자들이 하는 행위라는
것을 잊지 말라.

5,156 번째 하나님 말씀

2003년 2월 23일 07시 44분

1 사랑하는 나의 아들아!
2 "네, 아버님! 말씀하옵소서."
3 지금 모든 종교 집단이요, 성전이요,
저희들이 지은 그 교회라는 그 안에서
너희들 인간이 만들어 전해 주며 부르
는 그 호칭 자체가 얼마나 부끄러운
호칭이며 부끄러운 이름인지 아는가?
4 그 이름을 부름으로 너희들은 영광됨
이요, 축복으로 인식하고 있으나,
5 나의 아들 예수를 팔아먹으며 그에게
등 돌렸던 그 제자들의 이름을 붙여
너희들이 성스러운 이름이라며 갖고
자랑하는 그와 같은 형국보다 더 추한

모습임을 알라.
6 너희들이 지금 교회라는 곳에서 부르
는 그 이름의 호칭이 과연 어디서 얻
은 것이던가?
7 너희들은 그 모두를 얻고자 돈을 주
었으며 돈을 주고 산 이름이니, 돈을
주고 거래한 이름이니라.
8 그러니 종교 지도자요, 만백성을 깨우
치는 자들이 그 이름을 얻고자 재물
을 바쳤다면,
9 너희들은 재물로써 그 이름을 산 것이
니, 나 여호와와 관계없는 것이니라.
10 너희들이 돈을 주고 이름을 샀음이니,
너희가 돈이 없을 때는 그 이름은 그
저 사라지게 되며 없어지게 됨이니라.
11 내가 너희들에게 말하였느니라.
12 이 지상의 삶에서 아무리 좋은 일을
한다 해도 너희들의 그 이름을 세상에
알리며 이웃에게 자랑하면, 그 공은
하늘에 와서 받을 것이 없다 하였음이
니,
13 너희들은 그 이름을 부르기 위해 돈을
주고 샀으니, 돈을 주고 산 그 이름이
나에게 축복이요, 영광이라 할 것이나,
14 너희들은 돈을 주고 사고 수없이 그
이름을 부르고 불렀으니, 그것은 나와
관계도 없는 이름이니라.
15 그와 같은 의미를 너희들이 알아야 할
것이니라.
16 그러니 너희들이 돈을 주고 산 이름을
돈이 없으면 지키기 얼마나 어렵고 힘
들겠는가?
17 그와 같은 형국으로 얻은 그 이름을
너희들이 스스로 지키고 영원히 보존
하기 위하여 너희들은 시간과 노동을
바쳐야 하며, 재물을 갖다 바치게 됨
이니,
18 이제 돈으로 산 그 이름을 영원히 지
키려고 너희들은 그 종이 되는 것이
며, 그 이름 앞에 노예가 되어 살아간
다는 것을 어찌 모르는가?
19 그와 같은 이치를 깨우치도록 그리하
라.
20 이제 나의 법전을 읽으며 나의 아들을
따라 공부하는 너희들에게는 호칭이
없음이니라.
21 다만, 지도자로 '선생'이라 서로 존경
하며 부르라 하였음이니라.
22 그리고 이제 사랑하는 나의 아들 너는
그 제자들에게 이르라.
23 그들이 이미 깨우칠 만큼 깨우쳤으며
갈 길을 알고 있으니,
24 그들이 열 명이라는 사람들에게 법전
을 전해 주는 자, 그 머리 위에 너희
죄를 용서해 준다 하였음이니,
25 너희들은 이제 열 명이라는 그 제자를
육성하여 나의 성전에 와 같이 그들을
인도하는 자, 내가 그의 소원을 이루
어 줄 것이라 이리 전함이니, 이를 명
심하여 너의 제자들에게 전하라.
26 나의 아들 너는 160권이라는 나의 법
전을 역사하여 세상에 기록하여 내는
것이 네가 우선해서 할 일이며,
27 너의 제자들이 또한 나의 성령을 들었
으며 나의 가르침을 들었으며 법전을
읽고 깨우친 자, 내가 너희들에게 일
찍이 깨우쳐 주었느니라.
28 열 권의 법전을 너희 가슴에 안고 나
가는 자, 그 머리 위에 손을 얹어 내가
그 죄를 용서해 주니, 어린아이같이

살라 하였음이니라.
29 이제 너희들이 실천할 때가 되었음이
니라.
30 너의 제자들에게 열 명 이상 나의 성
전에 그 제자를 육성하여 인도하는
자, 나는 그가 원하는 가장 소망하는
소원을 하나씩 들어줄 것이니,
31 내가 이를 법전에 기록하여 너희들에
게 전함이니라.
32 그와 같은 역사가 이루어지는 것을 너
희들이 볼 것이며, 너희들이 행하는
것을 듣게 될 것이니 그리 알라.

5,157 번째 하나님 말씀

2003년 2월 23일 07시 51분

1 사랑하는 나의 아들아!
2 "네, 아버님! 말씀하옵소서."
3 너희들이 세상사 살아가면서 전하는
말이 있느니라.
4 '돌다리도 두드려 보고 건너는 그와
같은 조심성을 가지고 살라' 하였음이
니, 그 단단한 돌다리도 두드려 보고
건너라 그런 뜻의 가르침이 아니던가?
5 너희들은 너희들의 믿음이 완벽하게
가고 있다 생각하며, 너희들이 가는
그 믿음만이 구원을 받는 길이며 너희
들이 말하듯이 구원을 받았다 그리 말
한다 해도, 지금 너희들이 가고 있는
종교 집단을 들여다보고 살펴보는 그
와 같은 삶을 살아야 함이니라.
6 돌다리가 무너지지 아니하며 떨어지
지 아니하나 그를 두드려 보고 건너라
했듯이,
7 완벽한 구원의 길이요, 믿음의 길이라
하여 너희들이 지금의 종교 집단에 맹
종하고 있음이니, 이는 수천 가지 종
교 중에, 수천만 가지 종교 중에, 수억
의 종교 집단 중에서 너희들이 서로
완벽하게 구원을 받는 것이며 천국에
가는 길이라 다 그를 믿고 있으니, 과
연 누가 믿는 것이 맞으며 누구의 것
이 맞는가?
8 그리하여 너희들이 남의 것을 들여다
보고 남의 것을 볼 수 있다는 것은 네
것을 먼저 들여다보고 네 것을 완벽
히 알아야 함이니라.
9 너희들이 저 자신을 모르고 사는 자
가 남을 평하고 남을 볼 수 없듯이,
10 육의 삶에서도 저 자신을 알고 저 자
신을 들여다보는 자만이 남의 삶이요,
세상의 삶을 알 수 있음이니라.
11 그러니 너희들이 지금 믿고 가는 그
종교 집단 너희들 것 하나만 세상에
존재한다 생각하지 말라.
12 세상에 수억의 종파요, 수억의 종교
집단이 지금 존재하고 있음이니,
13 그들이 옳고 그른 것을 알 수 있는 것
은 너희들이 완벽하다고 믿고 있는 종
교 집단을 들여다보며 그를 살펴보며
한번 두드려 보도록 그리하라.
14 그리하면 너희들이 거기서 깨달음이
있음을 알아야 할 것이니라.
15 그리고 너희들이 거기에서 정녕 얻음
이 있을 것이니라.
16 그런 다음에 너희들이 남들의 종교를
사탄이요, 이단이라 그리 말해도, 그
들 또한 사탄이라 하며 너희들을 사악
한 자들의 집단이라 그리 말을 해도
그들을 한번 들여다보라.

17 그리고 살펴보고 그들을 한번 두드려
보라.
18 그러면 거기에서 반드시 얻는 것이 있
으며 깨우침이 있는 것을, 어찌하여
너희들은 그리 모르는가?
19 그리하여 너희들이 그와 같이 나를 들
여다보며 남을 들여다보는 그와 같은
현명한 삶을 살지 못하기에, 지금 내
가 나의 아들을 통하여 나의 법전이
요, 새로운 성경이라 하여 너희들을
구원하는 이 법전이 세상에 내려가건
만,
20 너희들은 이를 보지도 아니하며 두드
려 보지도 아니하려 하는 것이니,
21 한번 남의 것을 들여다보도록 그리하
라.
22 그와 같이 너희들 자신이 종교 집단을
들여다보며 냉정히 하나하나 분석하
고, 너희들이 남의 집단이요, 남의 종
파들이 가는 것을 하나하나 두드려 보
고 그를 살펴보면, 거기에서 그 차이
점이라는 것이 무엇인가를 얻게 됨이
니,
23 그리되면 너희들이 지금 내가 만백성
을 구하고자 내려보내는 나의 성경을
보게 될 것이며, 나의 법전을 접하게
될 것이며, 그 뜻을 알게 될 것이니라.
24 그러니 두드려 보도록 그리하라.
25 지금은 너희들이 보지도 아니하며 접
하려고도 아니 하니 그 부족하고 어리
석은 것을 내가 어찌해야 너희들을 깨
우칠 수 있단 말이더냐?
26 다만, 그와 같이 어리석고 부질없는
삶을 살아가는 것, 부족하고 어리석은
삶을 사는 그 모두는 나의 법전을 열
고 너희들이 정독하는 그 속에서 모든
눈을 뜰 수 있음이니,
27 이를 너희들이 들여다보고 열어 보기
를 싫어하고, 거부하는 마음이 먼저
너희들에게 굳어져 있으니,
28 그 마음을 너희들이 다스리는 현명함
부터 얻도록 하라.
29 그 길은 제 것만이 최고요, 저만이 구
원을 받는다는 것이 아니라, 남의 것
도 들여다보며 그 속에서 배워 너희들
이 무엇인가를 네 것으로 만들고자
하는 그와 같은 현명한 자만이 이를
볼 수 있음을 알라.
30 현명한 백성으로 살라.
31 어리석고 부족한 백성으로 사는 삶을
살지 말라.

5,158 번째 하나님 말씀

2003년 2월 23일 16시 02분

1 사랑하는 나의 아들아!
2 "네, 아버님! 말씀하옵소서."
3 이 세상 나의 피조물 만백성 너희들의
가장 큰 행복과 영광이 무어라 내가
말하였더냐?
4 내가 너희들에게 일찍이 깨우쳐 가르
쳤느니라.
5 너희들이 숨을 쉴 수 있으며 나를 생
각할 수 있으며 나 여호와에게 죄를
용서해 달라 기도할 수 있는, 너희들
이 말할 수 있는 힘만 있다 하면 너희
들이 그보다 더 큰 영광과 은혜가 없
다 내가 너희들에게 일찍이 그리 깨우
쳤음이니라.
6 그러니 너희들이 이를 생각한다면 육

의 세상의 삶이 얼마나 소중하며, 육
의 세상에 있을 때 너희들이 나에게
용서를 받고 기도를 드릴 수 있다 하
였음이니,
7 바로 기도할 수 있는 그 힘을 가지고
있는 것이 가장 큰 행복이요, 영광이
라 그리하였음이니라.
8 그러하니 나의 아들 너는 너의 제자들
과 더불어 깨우쳐야 할 것이니라.
9 네가 바로 기도할 수 있는 그 힘만 있
으면, 그 생각만 할 수 있으면 네 몸이
모두 전신이 마비되었다 해도 너는
그것으로써 영광이요,
10 나의 법전이요, 나의 성령을 받아들이
는 너는 그와 같이 지치고 쓰러질 때
까지 네가 나의 법전이요, 나의 성령
을 받는 것을 영광이요, 가장 큰 기쁨
이요, 축복으로 생각하고 살아야 할
것이며,
11 너를 통하여 전하는 그 소리를 듣는
너의 제자들 또한 그와 같은 마음으로
가야 한다는 것을 어찌하여 너희들은
그리도 깨우치지 못하는가?
12 내가 너희들에게 내리는 법전이요, 내
가 새로 내리는 성경의 모든 뜻은 너
희들이 읽고 깨우치며 뼈와 살로 만들
어 너희 것으로 만들라 내가 그리하였
음이니,
13 내가 너희들에게 숨을 쉬고 나에게 기
도할 수 있는 것만 있어도 가장 큰 영
광이라 했거늘,
14 너희들 자신이 몸이 굳어져 아무런 능
력이 없다 해도, 너희들이 나에게 죄
의 용서를 빌 수 있는 정신이 있으며
말을 할 수 있으며 기도를 할 수 있는
그보다 더 큰 영광이요, 은혜가 없다
했으니,
15 너는 그와 같이 지치고 쓰러질 때까지
기도하고 경배함을 네가 영광이요, 축
복이라 생각해야 하거늘,
16 네가 과연 지금 얼마나 지쳐 있으며
얼마나 네가 쓰러져 있는가?
17 너의 제자들 또한 그와 같이 몸이 굳
어져 육신을 쓸 수 없는 그와 같은 형
태가 되어 있는가?
18 여기서 너희들은 육신보다도 정신 세
계요, 마음의 세계가 얼마나 소중한가
를 알아야 할 것이니라.
19 너희들이 정신 세계에서 나에게 기도
할 수 있으며 용서를 빌 수 있으며 진
심으로 회개할 수 있는 그것은 너희들
이 숨이 붙어 있는 그 순간만이 할 수
있기 때문이니, 그것보다 더 바랄 것
이 없으며 영광이 없다 하였음이니라.
20 나의 아들 너는 나의 성령을 받는 이
세상 수십억 백성 중에 너 하나뿐이
요, 그리고 영원히 나의 백성이 살아
가는, 그들을 바로 세우는 그 역사를
이룸이니,
21 네가 네 몸이 다 굳어져 나의 성령을
받아 전할 수 있다면 그것이 네게 큰
영광이요, 그보다 더 큰 영화가 없거
늘,
22 어찌하여 네가 이리도 나태해지며 너
자신이 쓰러져 가고자 하며 너 자신을
지탱하는 것을 그리 힘들게 생각하는
가?
23 네 마음의 자세요, 네 행동의 자세를
바로잡아야 함을 잊지 말라.
24 내가 너를 통하여 법전에 기록하여 내

린 그 내용을 네 것으로 만들어 네가
그를 깨닫고 행하지 아니하며,
25 그저 흘러가는 이야기로 들으며, 그저
들어서 책으로 만들어 내놓으면 되는
것이라 그리 생각한다 하면, 너는 바
로 설 수 없느니라.
26 내가 너에게 일렀듯이 너를 통하여 세
상의 모두를 다 전하나, 너는 네 것이
아니니 네가 너의 제자들보다 더 열심
히 읽고 깨우쳐 네가 바로 나의 뜻을
가지고 만백성을 가르쳐야 한다 함을
잊지 말라.
27 너는 나의 법전을 읽고 또 읽어야 할
것이며,
28 나로부터 성령의 기도요, 내가 내리는
메시지를 받아 만백성에게 전하는 데
온갖 정성을 다해야 할 것이니, 그것
외에 네가 무엇을 더 바라며 원하는가?
29 이를 네가 깊이 깨우쳐 너 자신의 마
음을 다스리며, 또한 이와 같은 기도
의 내용을 듣는 너의 제자들 자신도
나의 아들이 법전을 만들어 세상에 전
하는 그 일에 모든 정성을 다하여 같
이 가고자 하는 그 마음의 자세를 바
로 세워야 할 것이니,
30 그를 방해하는 자, 그를 가지 못하게
하는 자, 그가 가는 길을 막는 자, 성
령을 훼방하는 그 죄가 얼마나 무서운
가를 스스로 알듯이,
31 나의 법전이 세상에 나오는 것을 멈추
게 하며 그를 하지 못하도록 하며 그
마음을 흔들리게 하는 자, 그 모두가
다 너희들에게 얼마나 큰 죄인가를 알
것이니 그리 알라.

5,159 번째 하나님 말씀

2003년 2월 23일 16시 07분

1 사랑하는 나의 아들아!
2 "네, 아버님! 말씀하옵소서."
3 나 여호와가 사랑하는 너희들을 구원
하기 위하여 수천 년의 역사 속에서
변화와 변화를 거듭하였음이니라.
4 구약 시대를 내려 내가 성령으로써 너
희들을 가르치고자 했으니,
5 모세라는 나의 백성을 내세워 너희들
을 바로잡고자 그를 통해 역사하고자
했으나 그 또한 실패하였음이니라.
6 그리하여 내가 신약 시대를 내려 그
성경으로써 내가 그 역사를 이루고자
했으나 또한 그 시대에 이루지 못하였
음이니,
7 내가 너를 통하여 가르쳤듯이 구약 시
대의 백성은 구약으로써 그들을 깨우
치려 했으며,
8 신약 시대 백성은 그 신약을 가지고
그들을 깨우치려 했으며, 나의 아들
예수가 전한 것을 가지고 그들이 깨우
치고자 했음이니라.
9 그것으로 그들은 끝났음이니라.
10 그러나 지금 제3의 시대에 마지막 심
판의 시대를 내가 열어 나의 모든 성
령을 태워 너에게 전하여 법전으로 만
드니, 책으로 세상에 내어 이를 지키
라 하였음이니,
11 너희들이야말로 구약과 신약이요, 새
로운 시대의 나의 새로운 성경 모두를
가슴에 받아 깨우치고 이를 행하는 너
희들로 선택되었음이니, 너희들이 얼
마나 소중한 자인가를 알아야 할 것이

니라.
12 내가 지금 마지막 나의 심판의 시대에
너희들에게 내리는 새로운 성경이요,
나의 성령을 받지 못하는 자들은 구원
을 받을 수 없다는 그 의미를 알겠는
가?
13 지금 내가 내리는 그 법전을 읽지 아
니하고 깨우치지 않은 백성은 구원을
받을 수 없다 함을 알아야 할 것이니
라.
14 그러니 구약 시대에 그리 간 것도 구
원을 받지 못하며, 신약 시대 것을 가
지고 너희들이 노력해도 구원을 받지
못함이니라.
15 이제 마지막 시대, 내가 내리는 새로
운 성경과 그 모든 새로운 시대요, 3
단계로 구분된 그 모두를 가슴에 안
고 정독하고 깨우치는 그들이 구원의
길에 들어서고자 하며, 그들이 진정한
깨우침이요, 진정한 길이 무엇인가를
인도자로서,
16 나로부터 지도자로서, 선생으로서 임
명된 자들이니,
17 너희들이야말로 지금의 새로운 시대
를 여는 그 역사의 나의 뜻에 의해 선
택된 자이며, 오로지 나의 뜻대로만
살아가야 하는 것이 너희들의 대명임
을 알라.
18 그리하여 지금의 시대에 나의 법전을
읽는 너희들만이 완벽한 나의 아들이
요, 나의 딸이요, 나의 제자로서, 너희
들이 만백성을 구하는 지도자로서 선
정될 수 있는 자들임을 알라.
19 너희들이 나의 법전을 읽는 것처럼 그
시대의 백성은 나의 새로운 법전이요,
성경을 읽지 못했음이니,
20 지금 너희들과 더불어 살아가는 그 백
성도 내가 제3의 시대에 마지막 새로
내리는 이 성경을 접하지 않고 읽지
않는 그 백성은 구약과 신약 시대를
가지고 저희들이 구원을 받고자 함이
니,
21 마지막 심판의 시대요, 내가 내리는
나의 법전을 접하지 못했으니, 그들을
내가 심판하지 아니하며, 나로부터 심
판을 받을 자격이 없으며 구원의 길에
들어설 자격이 없다 한 이 무서운 사
실을 너희들은 알아야 할 것이니라.
22 이 한마디의 뜻이 얼마나 무서운 가
르침이며 얼마나 무서운 의미를 여기
에 담고 있는가 너희들이 깨우쳐야 할
것이며,
23 이를 거부하고 깨우치지 못하는 자 나
와는 관계없는 자이니라.
24 나의 뜻에 따르지 아니하며 내가 가르
치고 내가 원하는 것을 따르지 않는
자들이 지금 나의 이름을 부르며 구원
을 받았다, 그리고 구원을 받을 수 있
다 소리 지르고 있음이니,
25 이것을 나 여호와가 바라보는 너희들
이 어떠한 형국인지 아는가?
26 너희들이 웃지 못할 연극을 연출하는
배우의 역할을 하고 있음이니라.
27 정녕 웃음이 나와 볼 수 없는 추하고
더러운 너희들의 모습이요,
28 나의 마음이 역겨워 바라볼 수 없는
그와 같은 자들이 지금의 연극 배우가
연출하고 있는 그와 같은 형국이라는
것을 너희들은 잊어서는 아니 될 것이
니라.

29 내가 내리는 이 무서운 비수와 같은
무서운 나의 뜻을 너희들의 가슴 깊이
새겨 너희들 자신을 들여다보며 두드
려 보라.
30 그렇지 아니하면 너희들을 알 수 없을
것이니라.

5,160 번째 하나님 말씀

2003년 2월 23일 16시 12분

1 사랑하는 나의 아들아!
2 "네, 아버님! 말씀하옵소서."
3 너희가 진정한 깨우침이요, 구원의 길
을 가고자 한다면,
4 인간의 어떠한 명성과 부귀영화와 그
자리에 연연하며 그와 같이 살아가는
자는 진정한 나 여호와의 뜻이요, 하
늘의 뜻을 모르고 사는 자이니라.
5 육의 명성과 부귀와 자리에 연연하는
자는 구원의 자세가 아니 된 자임을
너희들은 알아야 할 것이니라.
6 너희들이 잠깐 스쳤다 가는 육의 삶의
세상에서 그 자리를 지키고자, 그 자
리를 얻고자, 더 나은 자리, 더 높은
자리를 위하여 너희들이 몸부림치며
살아간다는 것은 나 여호와의 품에 오
른다는 것을 너희들이 잊어버리고 사
는 것이며,
7 육의 부귀영화와 나에게 오는 구원을
받을 수 있는 그것과 바꾸는 그와 같
은 형국임을 알아야 할 것이니라.
8 너희들이 나에게 오른다는 것은, 인간
세상의 자리를 탐하며 부귀와 영화에
눈이 어두워 살아가는 그와 같은 자는
나를 바라볼 수 없음을 알아야 할 것
이니라.
9 너희들은 하늘에 오르고자 모두를 바
치는 삶을 산다 하면서, 육의 세상에
모두는 바치나 구원의 길을 위해서는
몸과 마음을 다 바치지 못하는 것이
너희들이 아니던가?
10 너희들이 그와 같이 바치지 못하는 것
은 사악한 마음이 너희들을 잠식하고
있으며 통제하고 다스리고 있기 때문
임을 알아야 할 것이니라.
11 그리하여 그와 같은 마음을 가진 자들
이 세상을 지배하고 다스리기에 거짓
된 자요, 도둑질하는 자요, 남의 생명
을 함부로 짓밟는 이와 같이 험악한
세상이 되었음이니,
12 너희들이 이 이치를 깨달아야 할 것이
니라.
13 정녕 너희들이 하늘에 오르고자 한다
면, 나를 생각하며 나에게 오르고자
한다면, 너희들이 오늘의 육의 삶을
얼마나 바로 살아야 하며 곱고 아름답
게 살아야 하는가를 깨우쳐야 함을 먼
저 알아야 할 것이니라.
14 모든 종교 집단이요, 종파는 지금 수
천 년 동안 흘러오면서 행함은 중요하
지 아니하고 육의 삶은 중요하지 아니
하며,
15 오로지 영혼을 구하고자 구원을 받고
자 그저 많이 바치며 기도하며 찬송
하며 너희들이 지은 성전에 와 울고불
고 광란의 짓을 하는 것만이 구원받는
다 그리 가르쳤음이니,
16 내가 성경에 기록하여 너희들이 조용
한 곳에서 기도하며 조용한 시간에 나
를 찾으며 회개하며 반성하는 그와 같

은 삶을 살 때 내가 들어준다 하였음
이니,
17 나팔 불며 소리 지르고 광란 속에서
나를 찾는 그것으로써 구원을 받는다
생각하는 너희들이 얼마나 어리석은
자들이냐?
18 내가 너희들에게 뭐라 말하였느냐?
19 지금 나의 아들을 따르는 제자들에게
너희들이 음식을 접하며 식사를 할 때
각자 기도를 하라 하였음이니라.
20 각자가 생각하는 것이 다르며 각자가
기도하는 것이 다르거늘,
21 그리하여 그와 같은 행사에도 내가 너
희들이 임의대로 각자 기도하라 하였
거늘,
22 너희들은 집단적으로 기도하며 대표
로서 기도하는 자가 제 생각을 전하는
것을 보고 구원을 받았다 그리 생각함
이니,
23 제 생각과 제가 원하는 것과 제가 이
루고자 하는 것과는 관계없이 그저
'아멘!'이요, '할렐루야!' 소리 지르고
감사하면 된다는 것이 지금의 너희들
이니,
24 너희들이 구원을 받으려 기도하는 것
도 또한 그러하니라.
25 너희들이 집단으로 광란 속에 소리 지
르며 대표자의 기도하는 소리에 그저
'옳소! 맞습니다.' 소리만 지르는 것이
니, 과연 너희들의 생각하는 것과 깨
달음과는 무슨 관계가 있는가?
26 남을 따라서, 남이 기도하는 대로, 남
이 이끄는 대로 좇아가는 것은 너희들
자신을 버린 것이요, 죽음이라 그리하
지 아니하였던가?
27 길들여 쓰고자 하는 짐승을 길들인 것
처럼 길든 백성이 바로 너희들이니,
28 그와 같이 남의 기도 소리에 '아멘, 할
렐루야!' 찾으며 그리 '옳소!' 하는 백
성이야말로 짐승과 다름이 없음을 알
아야 할 것이니 그리 알라.

5,161 번째 하나님 말씀

2003년 2월 23일 16시 18분

1 사랑하는 나의 아들아!
2 "네, 아버님! 말씀하옵소서."
3 너를 따르는 제자들이 지금 바르게 살
고자 노력하며 바르게 가고자 그리 가
고 있음이니라.
4 너희들이 살아가는 것이 손해를 본다
해도 물질의 손해가 아니요, 사랑으로
써 나 여호와에게 가까이 올 수 있다
면 그 길을 선택하고 가는 것이 너희
들이 아니던가?
5 그리하여 바르게 살며 모두를 너희들
이 볼 때 정당한 길이요, 아름다운 모
습으로 살아간다면 모든 백성이 너희
를 보고 따를 것이며 너희들을 칭송할
것이며 너희들과 더불어 변화되는 삶
을 살 수 있을 것이라 그리 생각하는
것이 순박한 나의 선택된 백성이 생각
하는 것이니라.
6 너희들은 인간사의 그 속내를 모르며
인간사에 가지고 있는 천태만상의 그
마음을 모르기에, 순박한 너의 제자들
은 너희들이 바르게 살고 아름답게 살
면 나의 백성이 너희들을 따를 것이라
그리 믿고 가는 것이 바로 너희들의
착각이며, 세상사 인간사의 속을 너희

들이 모르기 때문이니라.
7 너희들은 알고 있지 않은가?
8 예수를 환영했던 그 백성이 예수를 팔
고 그를 죽게 하였으며 그를 죽이라고
그리 아우성쳤던 자들이 아니더냐?
9 그것이 너희들이 속과 겉이 다름이니,
10 내가 너희들에게 속과 겉이 다른 백성
을 용서하지 않는다 하였듯이 너희들
인간사의 마음이 그러하지 않던가?
11 너희들에게 그리 묻지 않았던가?
12 도둑질하며 나쁜 짓 한 자와, 그리고
사악한 행위를 하는 자와, 그리고 선
하게 살라 가르친 나의 예수를 놓고
누구를 죽이느냐 물었을 때 그 시대의
백성은 무어라 말하였느냐?
13 예수를 죽이라 그리 말하였으며 죽이
도록 그리하였음이니라.
14 그들의 마음이 그러하니라.
15 아름답게 살며 선하게 살며 그리고 나
여호와에게 올 수 있는 것은 예수가
가르치고 전한 성령대로 사는 것이 구
원의 길이라 하여 그들에게 아름다움
이요, 사랑을 실천하는 것을 가르쳐
주었으나,
16 그들은 잘못된 자요, 도둑질하는 자
요, 그와 같은 자를 살리며 예수를 죽
이라 소리 질렀음이니, 과연 그들의
마음이 어디에 있는가?
17 그들은 다 같은 동족의 마음이요, 같
은 도둑질을 할 수 있는 마음을 가진
자들이기 때문에 예수를 죽이라 하고
그자를 살리라 그리 말하고 심판하지
않았던가?
18 인간의 마음이 그러하니라.
19 너희들이 그와 같은 인간의 마음을 바
로잡고 깨우치기가 얼마나 어렵고 힘
든 길인가를 깨우쳐야 할 것이니라.
20 나의 법전이요, 나의 뜻이 말하듯이,
나의 아들을 팔 수 있는 자가 바로 지
금 너를 따르는 제자들이요, 배우며
가르치는 자들 속에서 나오지 아니한
다 누가 말할 수 있겠는가?
21 오로지 아는 자가 아는 집에 가 도둑
질을 하며, 아는 사람이 아는 사람을
공격함이니라.
22 모르는 사람은 모르는 자를 공격할 수
없듯이,
23 나의 아들 예수를 팔았던 것처럼 오늘
나의 아들을 따르는 제자 중에서 등
돌려 나의 아들을 팔지 않는다는 것을
누구도 장담할 수 없을 것이니라.
24 너희들이 바로 깨우치며 참진리요, 나
여호와가 존재한다는, 그리고 나의 성
령이요, 나의 법전이 마지막 시대에
너희를 구원하는 나의 성령이요, 나의
말씀이라 그리 믿지 아니한다면, 너희
들 또한 나의 아들을 파는 그와 같은
자가 나오지 아니한다 장담할 수 없음
이니,
25 고통과 시련 속에서 다져지며 어렵고
힘든 속에서 너희들이 뭉쳐 하나가 되
는 그와 같은 강도 높은 훈련의 역사
가 없이는 나의 아들을 팔 수 있는 자
가 나옴을 알라.
26 나의 아들 예수를 그리 팔았던 제자들
이요, 그로부터 등을 돌렸던 그들도
하나가 되지 못하였기 때문이니, 그
역사와 모든 기적을 이룬 나의 아들을
그들은 의심했으며 믿지 못하는 그와
같은 마음에서 그 역사가 이루어졌음

이니,
27 오늘의 너희들은 내가 그를 용서하지 아니할 것이니 너희들은 여기서 마음이 하나가 되어 나의 아들과 더불어 영원히 나에게 올 수 있는 그 영광의 길을 팔지 않도록 그리하라.

5,162 번째 하나님 말씀

2003년 2월 23일 16시 29분

1 사랑하는 나의 아들아!
2 "네, 아버님! 말씀하옵소서."
3 지금의 모든 종교 집단이요, 이끌어 가는 너희들의 그 삶이 잘못되었으며 나와 관계없다 내가 그리 말하였음이니라.
4 너희들은 지금같이 험악한 세상이 만들어진 그 원인이 어디에 있으며 그와 같은 형국이 어찌 이루어졌다 생각하는가?
5 나의 아들 예수가 너희들에게 새 생명의 생수를 전하며 예수의 삶을 가르쳐 주었으며 사랑을 가르쳐 주었음이니라.
6 그리하여 예수를 따라 그 삶을 배우며 그와 같은 삶을 살아왔다면 지금같이 험악한 세상은 절대 되지 아니하였을 것이니라.
7 예수가 전했던 그 시대에 따랐던 백성의 삶이요, 오늘에 너희들이 살아가는 그 삶을 볼 때 과연 어느 시대가 더 아름다운 삶인가?
8 너희들은 2천 년 동안 세월이 흘러오면서 나의 아들 예수가 가르친 삶을 그대로 살았더라면 지금 2천 년 후에는 너희들이 더 아름답게 변해 있으며 더 역사해 있어야 할 것이니라.
9 나의 아들 예수가 만백성을 가르치고자 한 그 백성이 거칠고 험악했다 하더라도 나의 아들이 가르친 것을 그대로 순종하며 따라 그 삶을 살고자 했다면 그 험악하고 거친 백성이 지금은 양과 같이 변해 있어야 하지 않은가?
10 그러나 지금의 백성의 형태가 어찌 변화되었는가?
11 양과 같은 그 백성이 사자보다도 더 포악하게 지금 변하고 바뀌었음이니,
12 그러니 지금 너희들이 온 그 믿음의 역사가 잘못되었다는 것에 너희들이 대답할 말이 있으며 나에게 할 말이 있는가?
13 너희들이 잘못 가르쳤으며 잘못 살아왔으며,
14 그대로 행하면 되는 것을, 그리 행하지 아니하고 너희의 뜻과 너희 임의로 모두를 고쳤으며 너희들 생각대로 살았으며 육의 향락 위주로 살았음이니라.
15 그리고 너희들이 나의 피조물 만백성 그들을 고통스럽고 힘든 길이 나 여호와에게 오르는 길이라 하면 그들이 너희들을 따르지 아니하며 너희들에게 재물을 바치지 아니하며 그곳에 역사하지 아니함이니, 너희들이 그리 가르치지 아니한 것이니라.
16 지금 나의 아들이 나의 성전에서 가르치는 그 길이 무엇이던가?
17 너무나 힘들고 어려운 길을 가라 하니 그 제자들 또한 겁을 먹고 있으며,
18 그곳에 처음 오는 백성은 여기에서 공

부할 자격이 없다 생각하느니라.
19 제가 지은 죄가 너무 많으며 제가 죄
를 짓지 아니하고 살 수 없기 때문이
니, 바로 이와 같은 이치의 길이니라.
20 그러나 여기서 살아남는 자, 여기서
남아서 공부하는 자, 그와 같은 자는
어렵고 힘든 길을 가고자 하는 자이며
그리고 나의 진리를 깨우치고자 하는
자이니, 그 백성이 구원을 받을 수 있
음이니라.
21 종교 집단에서 가르치기를 오른손이
하는 것을 왼손이 모르도록 하며, 오
른뺨을 때리면 왼뺨을 내놓으라 너희
들은 그리 말하나,
22 지금 나의 아들을 통하여 그 제자들에
게 가르치는 것은 무엇이던가?
23 오른뺨을 때렸을 때 그 아픈 손을 생
각하여 너희들이 아무리 아프다 해도
눈물을 흘리지 말라, 그 사람이 아파
할까 봐 그 눈물을 보이지 말라 그리
가르침이니,
24 그 단계에 올라오는 것이 또한 나의
아들을 따르는 백성의 오늘의 삶이니,
25 너희들은 과연 그 길을 올 수 있겠는
가?
26 나의 피조물 만백성이 너희들에게 금
화와 은화를 바칠 수 있는 달콤한 약
을 가지고, 속에는 독약이요, 겉에는
꿀을 발라 지금 끌고 가는 것이 너희
들의 형국이니라.
27 그 꿀을 다 걷어들이고 너희들의 무서
운 독약의 형체가 드러날 때가 머지
않았음을 너희들은 알아야 할 것이니
라.
28 내가 위에 바른 꿀을 걷어 내며, 그 밑
에 독소가 있으니 나의 사랑하는 백성
이 먹지 못하도록, 그를 따라가지 않
도록 하는 것이 내가 지금 바로 나의
법전을 세상에 내려보내어 이 세상을
덮고자 하는 것이니,
29 나의 법전이 세상을 덮는 그 순간에
너희들이 극약 위에 꿀을 발라 만백성
을 이끌어 가는 그와 같은 짓을 더 이
상 하지 못함을 알라.
30 지금 너희들이 무엇이라 말해도 나의
피조물 만백성이 성전에 와 금화와 은
화를 바치는 그것을 위주로 너희들이
모두를 고쳤으며, 그와 같은 방법으로
너희들이 믿음의 길을 가고 있으며,
나의 백성을 이끌어 감이니라.
31 고달프고 힘든 길을 가라 하면 그들이
가지 아니하기 때문이니라.
32 너희들은 성서에 기록되어 있음을 알
것이니라.
33 하늘에 오르는 길은 좁고 험난하다 그
리 말하였으며, 지옥으로 가는 길은
평탄하며 넓은 길이요, 육이 사는 세
상이 천국과 지옥에 가는 길이라 하였
음이니,
34 너희들이 진정으로 나의 백성을 사랑
하며 그들을 하늘에 오르게 하고자 하
면, '좁고 험난한 길을 따르라' 하며
너희들이 횃불을 들고 앞에 달려가야
하거늘,
35 너희들이 그리 가면 나의 백성이 따라
가지 아니하며 너희들을 바라보지 아
니하니,
36 어리석고 불쌍한 나의 백성을 넓고 평
탄한 길로 '우선 먹기는 곶감이 달다'
는 그와 같은 이치에 따라 '나를 따르

라' 하며 그곳에서 악을 쓰니,
37 불쌍하고 순박한 나의 백성이 너희들
이 높이 든 그 횃불을 보고 넓고 편안
한 길을 선택해서 달려감이니라.
38 하늘에 가는 길을 평탄하고 넓은 길로
가고자 부르는 자들을 거역하며 내가
좁고 험난한 길로 가라 하는 지금의
나의 아들을 따라 그 횃불을 보고 갈
자가 없음이니,
39 이와 같은 형국으로 만든 것이 지금의
너희들이 가는 믿음의 길이요, 지도자
요, 모든 종교 집단이 파멸의 형국을
이루는 원인이 거기에 있음이니라.
40 이제라도 너희들이 그 넓은 길이요,
그 평탄한 길이 지옥으로 가는 길이
며, 천국으로 가는 길이 아니라 하여
그리 횃불을 던지고,
41 나의 아들이 밝히는 좁고 험난한 길이
하늘에 오르는 영광의 길이요, 영광의
빛을 따라가는 길이라 하여 나의 피조
물 만백성을 구하지 아니하면 너희들
은 용서받지 못함을 알라.
42 너희들 자신이 죽어 가면서 남까지 죽
이는 그와 같은 짓을 하지 말라.
43 남의 생명을 구하는 그 믿음을 갖고
세상을 바라보도록 그리하라.
44 정녕 성서에 기록되어 있듯이, 험난하
고 좁은 길이 하늘에 오르는 길임을
알라.
45 너희들 자신이 바로 서지 못하며 바로
깨우치지 못할 때, 나의 아들을 따르
는 제자 너희들이 만백성을 구하는 지
도자로서 또한 설 수 없음이니,
46 너희들이 좁고 험난한 이 길이 하늘에
오르는 길이라는 확신을 갖고 나의
아들이 든 그 횃불을 보고 따라오는
그와 같이 바로 서는 자가 되었을 때,
너희들이 만백성을 구하는 지도자로
서 명실공히 그 책무를 다하여 나에
게 올 수 있음을 너희들은 알아야 할
것이니라.
47 너희들이 바로 서지 못하면 나의 백성
이 돌아설 수가 없으며 깨우칠 수가
없음이니라.
48 그리하여 너희들이 정녕 나에게 오고
자 했을 때는 모든 백성이 길을 깨닫
고 다 등을 돌리고 서 있을 것이니,
49 그때 너희들만이 심판을 받아 지옥으
로 가는 그와 같은 길을 선택하지 말
며,
50 나에게 오를 수 있는 그 길을 선택하
여 바로 나에게 오를 수 있는 지도자
로서 만백성을 이끌어 그들과 더불어
영광의 은혜를 얻도록 하라.
51 그리하려면 너희들이 바로 서야 하며
바로 행하여 가는 것만이 지도자로서
설 수 있음을 잊지 말라.

5,163 번째 하나님 말씀

2003년 2월 23일 16시 50분

1 사랑하는 나의 아들아!
2 "네, 아버님! 말씀하옵소서."
3 나 여호와가 이 세상의 모든 만물, 내
가 창조한 그 모든 것 중에 가장 아름
답게 만들어 내가 만든 세상 자연의
아름다운 성전에 존재하도록 한 것이
누구던가?
4 나의 백성 너희들이니라.
5 너희들이 이 세상을 아름답게 만들어

이 세상을 지배하고 통제하며 이 세상에 존재하도록 내가 너희들에게 그 영광과 은혜를 내렸음이니,

6 어찌하여 너희들은 내가 내린 영광과 은혜요, 그 축복을 기억하지 아니하며,

7 내가 만들어 내려보낸 만백성 너희들이 어찌하여 나의 뜻을 거역하며, 나의 뜻을 행하지 아니하며, 나에게 순종치 아니하며,

8 그 이루어진 역사에 보답하고자 하는 그와 같은 마음 한 줄기도 갖지 아니하고 살아가는 백성으로 변화되어 있는가?

9 나에 대한 보답이요, 그 은혜를 갚고자 하는 한줄기의 마음마저도 이제는 지워진 것이 나의 백성이요, 너희들이 그와 같이 살아가는 형국이 되어 있음이니라.

10 그 보답을 모르고 살아가는 자는 나를 욕되게 하며 나를 능멸하는 너희들 자신이라는 것을 너희들이 어찌 깨닫지 못하는가?

11 인간 세상에서도 베푸는 자에게 그 은혜요, 감사함을 모르면 짐승만도 못하다 그리하지 아니하는가?

12 부모의 은혜에 감사하지 못하며 부모에게 해하는 행위를 하는 그 자식, 불효하는 자식을 금수요, 짐승만도 못하다 너희들이 그리 말하며,

13 인간관계에서 맺어져 거기서 받은 은혜를 갚지 못하는 자, 그와 같은 자를 짐승만도 못하다 너희들은 그리 말하나니,

14 내가 너희들을 가장 아름다운 모습으로 세상에 존재하도록 세상에 내려보내어 높은 지혜를 주어 많은 동식물을 관리하며 이 지상의 모두를 관장하여 살아가도록 그리 내려 준 그 축복을 너희들은 어찌하여 감사할 줄 모르고 그리 살아가는가?

15 그와 같은 것을 모르는 자는 나의 은혜에 거역함이니, 이는 곧 나를 너희들이 욕되게 하는 것임을 알아야 할 것이니라.

16 나 여호와가 가장 사랑하는 나의 백성 너희들이 이 지상의 성전을, 지금 내가 나의 아들을 통하여 새로운 성경이요, 나의 법전이라 하여 만백성을 구하는 나의 책을 만들어 세상에 전하는 그곳,

17 그가 강론하며 가르치는 그 성전을 너희들이 파괴하려 하며 그를 무너트리려 하며, 나의 법전이 세상에 존재하지 못하도록 찢어 버리고 태워 버리는 그와 같은 사악한 마음을 가지고 있는 것이 너희들이니라.

18 너희들을 구원하고자 나에게 오르는 길을, 내가 마지막 심판의 시대에 그 기회를 너희들에게 주며 그 길을 가르쳐 주거늘,

19 그 은혜에 감사하며 보답은 못 할망정 너희들이 어찌하여 이와 같이 험악한 행위를 하고 있는가?

20 이는 곧 너희들의 마음이 아름답게 세상에 살아가도록 존재하게 한 나의 은혜에 감사할 줄 모르는 자와 마찬가지로,

21 지금 그보다 사악한 자들이 이와 같이 지금 험악한 행위를 하고 있는 것이니, 어찌하여 너희들은 그와 같은 배

은망덕한 마음의 자세로써 살아가기
를 즐겨 하는가?
22 이제 너희들은 봐야 할 것이니라.
23 나의 아들이 강론하는 나의 성전이요,
그 제자들이 강론하는 그와 같은 장소
를 파괴하고자 하며 나의 법전을 세상
에 나오지 못하도록 하면 그것이 얼마
나 무서운 죄인가를 알아야 할 것이
니라.
24 너희들이 그와 같이 사악한 짓을 하는
그 모두를 나 여호와는 하나도 버림이
없이 다 지켜 보고 있으며 내가 하나
하나 빠짐없이 다 기록해 놓고 있음을
너희들은 모를 것이니라.
25 너희들이 나의 아들이 강론하는 그 성
전을 무너트리고 파괴하고자 하며, 나
의 법전이요, 이 뜻이 세상에 나오지
못하게 하며,
26 그를 따르는 제자들을 사악한 자라
하며 그들이 가는 발길을 멈추게 하며
그들에게 다리를 걸어 넘어트리려 하
는 그와 같은 너희들의 그 사악한 짓
은 하나도 버려지는 것이 없으며 흘러
감이 없으며 그대로 하늘에 기록되어
있음이니,
27 너희들이 죽어 와 나에게 심판을 받을
때 그 모든 죄악의 무게가 과연 어떠
할 것인가?
28 너희들이 그 죄의 무게를 선함으로써
얼마만큼 해야만 그를 이길 수 있으며
그보다 선한 무게가 올라갈 수 있는가?
29 너희들은 아무리 몸부림쳐도 선함의
무게가 내려앉는 그와 같은 결과는 얻
지 못할 것이니, 너희들이 어디로 갈
것인가를 알 것이니라.
30 이와 같이 너희들이 지금 무지몽매한
행위를 하는 것을 깨우쳐야 할 것이니
라.
31 너희들이 진정한 진리의 길을 가는 자
요, 하늘에 오르는 길을 간다 하면,
32 내가 나의 아들을 통하여 예수의 시대
를 거부함도 아니요, 모세의 시대를
거부함도 아니요,
33 구약 시대를 거부하고 신약 시대의
그 성서를 다 거부하는 것도 아니거늘,
34 나의 아들 예수를 찾으며 그 성서를
찾으며 그리고 너희들이 잘못 간 부분
을 깨우쳐 가르치고자 하는 나의 아들
을 그리 능멸하는 죄가 얼마나 무서운
것이며,
35 너희들이 지금 믿음의 길을 가는 그
종파에 맹종하며 종교 지도자 앞에 네
가 위대한 자요, 나 여호와에게 사악
한 짓을 함으로써 내가 너희들을 기억
하며 너희들이 영원히 내 품에 올 것
이라 생각하는 그 착각을 하지 말라.
36 나는 모두를 사랑하라 하였음이니라.
37 '원수를 사랑하라.' 하였거늘 너희들
이 원수라 하여 쳐 죽이는, 나의 명령
이 없이 행하는 그와 같은 행동은 너
희들이 나를 거역함이며 나를 모욕함
임을 잊지 말라.

5,164 번째 하나님 말씀

2003년 2월 23일 17시 02분

1 사랑하는 나의 아들아!
2 "네, 아버님! 말씀하옵소서."
3 나로부터 선택된 너희들이 만백성을
구하고자 한다면, 나의 율법과 십계명

과 나의 법전을 거역하는 백성이 되지
말라 내가 너희들에게 그리 말하였음
이니라.
4 그리하여 나를 따르는 나의 선택된 백
성과 나의 아들을 따르는 제자 너희들
만이 내가 구원할 수 있는 백성이라
내가 그리 깨우쳐 주었음이니,
5 너희들은 그와 같은 뜻을 깊이 알아야
할 것이니라.
6 너희들이 나의 법전이요, 나의 십계명
이요, 구약과 신약의 그 모두를 거역
하지 않는 그 삶을 사는 것이 중요함
을 알아야 할 것이니라.
7 다른 백성은 구약과 신약을 지키며 그
들이 마지막 그 삶을 살았으며, 거기
에서 그들은 구원의 길이라 생각하며
나에게 오르는 그 이치가 거기 있다
생각하고 있느니라.
8 그러나 그들은 내가 마지막 심판이요,
새로운 성경을 세상에 내려보내는 나
의 법전을 접하지 못했으며, 그들은
공부하지 못했으며, 나의 아들을 통하
여 내리는 강론을 직접 듣지 못한 백
성이니라.
9 내가 오로지 너희들만이 나의 백성을
구할 수 있다는 것은, 너희들은 구약
을 공부하며 신약을 공부하며, 새로운
성경이요, 제3의 시대에 나의 법전을
공부하며 나의 아들을 통하여 내리는
강론을 직접 들음이니,
10 오로지 너희들만이 만백성을 구하는
그 선택된 제자요, 지도자로서 존속한
다는 것을 내가 너희들에게 다시 한
번 일깨워 줌이니,
11 남들이 뭐라 말하든 너희 제자들과 나
의 법전을 읽는 백성 너희들은 이 이
치요, 이 뜻을 깊이 새겨, 너희들이 얼
마나 소중한가를 잊어버리지 말라.
12 너희가 힘들고 어렵다 해도 나 여호와
에게 오르고자 갈망하는 그 모든 백성
을 구원하며 그들을 인도하는 것은 너
희들뿐이니, 그래서 너희들 외에는 그
누구도 구할 수 없다 하였음이니라.
13 너희들은 구약과 신약을 가지고 하늘
에 오르겠다 공부한 그 백성이요, 그
곳에서 깨우쳐 하늘에 오르겠다 목마
르게 나를 부르는 그 백성보다,
14 새로운 성경을 접했으며 심판의 기준
인 나의 법전을 접했으며 내가 제3의
시대에 역사하고자 하는 것을 나의 아
들을 통하여 다 듣고 깨우쳐 하늘의
뜻을 아는 너희들이니,
15 그리하여 너희들만이 나의 모든 백성
을 구할 수 있는 지도자라 함을 잊어
서는 아니 될 것이니라.
16 너희들이 힘들고 어려운 이 길이라 하
여도 그를 고통이라 생각하지 말라.
17 구원을 받고자, 나에게 오르고자 지금
갈망하는 그 수많은 불쌍한 나의 피조
물 만백성을 구원하는 길로 인도하는
그 지도자요, 목자는 너희들뿐이니라.
18 너희들이 세상에 나가 지금부터 만백
성을 하늘에 오르는 길로 인도하는 그
역사가 시작됨이니,
19 바로 내가 심판의 그 기준을 너희들로
하여금 그 모든 역사를 하도록 하는
것이 나의 뜻이니,
20 너희들이 만백성을 구하는 길은 나의
법전을 세상에 전하여 만백성이 접할
수 있도록 이 세상을 덮는 그것이 너

희들의 길이니,
21 오늘의 고통과 시련을 너희들이 고통
이라 생각하지 말라.
22 하늘에 오르고자 갈망하는 나의 불쌍
한 그 많은 백성, 저희들이 지옥 길인
지도 모르며 가는 그 백성, 저희들이
어디를 가는지도 모르며 기도하고 모
든 재물을 다 바쳐 공부하는 그 백성,
23 불쌍한 그들을 구원하고 인도하는 것
은 오로지 구약과 신약을 다 공부했으
며 또 새로운 시대, 제3의 시대에 새
로운 성경, 나의 법전을 공부했으며
나의 아들을 통하여 강론을 들은 자,
마지막 시대에 내가 부른 자, 내가 쓰
려고 선택한 너희들뿐이라는 것을 잊
지 말라.

5,165 번째 하나님 말씀

2003년 2월 23일 17시 08분

1 사랑하는 나의 아들아!
2 "네, 아버님! 말씀하옵소서."
3 너를 따르는 제자들에게 네가 명하여
전하도록 그리하라.
4 너희들은 창조주 나 여호와가 이 세상
의 나의 성전에 변화와 개혁이 필요할
때, 사람 즉, 나의 아들딸로서 만백성
의 운명과 변화의 그 역사를 이루고자
하는 것이 나 여호와의 뜻임을 너희
들은 알아야 할 것이니라.
5 구약 시대는 내가 나의 모세를 통하
여 그 변화와 개혁을 이루고자 했으
며, 예수의 신약 시대는 내가 예수를
통하여 개혁과 그 모든 변화를 이루고
자 했던 것이 나 여호와의 뜻이니,
6 인간의 형태인 너희들을 통하여 모두
가 이루어짐이니라.
7 그러니 지금 너희들을 통하여 창조주
나 여호와가 이 세상, 나의 성전에 이
루어지는 그 모든 변화와 개혁을 내가
필요로 할 때며 이를 변화시키고자 하
는 지금이 그때이니라.
8 그리하여 나 여호와가 선택한 것이 바
로 너희들이며, 내가 나의 아들딸이라
부르는 너희들이니라.
9 너희들만이 나의 백성의 운명과 너희
후손들의 대대손손 그 운명까지도 바
꿔 놓을 수 있으며,
10 그들이 바른길을 갈 수 있도록 그들의
삶을 결정을 짓는 중대한 임무를 부여
받는 것이 너희들이라는 것을 잊어서
는 아니 될 것이니라.
11 너희들의 운명을 구원하는 길을 오는
것이 아니요,
12 만백성에 대한 그 운명을 하늘에 오르
는 길로 바꿔 놓으며 너희들의 그 많
은 후손들까지도 대대손손 그들이 하
늘에 오르는 삶을 살 수 있도록 그 뜻
을 세우는 데 중대한 역할을 하는 것
이 너희들이니라.
13 그러니 내가 오늘의 성전을 번성케 하
라 했으며, 나의 성전에 웃음 꽃을 피
우도록 그리하라 하였으니,
14 너희들이 각자가 열 명씩 제자로 삼아
나의 성전에 와 너희들과 더불어 깨우
침을 얻도록 하는 것이 무엇이 그리
힘들며 어려운 일이라 생각하는가?
15 너희들이 나로부터 그 많은 세월 동안
나의 아들을 통하여 내리는 강론을 직
접 들었으며 법전을 들어 깨우치고 변

화되는 너희들의 그 아름다운 삶이 곧
나에게 오르는 길이니라.
16 너희들이 세상에 태어난 것은 만백성
과 똑같이 은혜를 받았으며, 그중에서
도 너희들은 나를 볼 수 있으며 나에
게 오르는 그 진리의 길을 가고 있음
이니 그보다 더 큰 영광과 은혜를 받
은 것이 없거늘,
17 어찌하여 너희들 자신이 열 명씩의
제자를 거느려 그들과 더불어 깨우쳐
가는 역사를 이루는 것이 무엇이 어렵
고 힘들며 그것이 두렵다 생각하는가?
18 그와 같은 마음을 갖는 너희 자신이
잘못되었음을 알라.
19 너희는 나 여호와가 불렀으며, 나의
부름에 순종하여 나에게 온 백성이며
나의 아들딸이 아니던가?
20 내가 필요로 하여 너희들을 선택하여
내가 부름이니,
21 너희들이 거침없이 주저함이 없이 나
에게 대답하여 너희들이 부름에 응답
한, 내가 사랑하는 나의 아들딸이니라.
22 너희는 때로는 후회스럽고 때로는 두
려운 마음을 가질지 모르나, 너희들은
이와 같은 마음을 가져서는 안 되는
것이니라.
23 너희들이 이 길을 가기가 너무나 힘들
고 어렵다 하여 용기를 잃어버리며 자
신감마저 잃어버리는 그와 같은 삶을
살아서는 아니 된다는 것을 기억하라.
24 너희들은 나 여호와의 부름에 거절치
아니하고 스스로 나에게 선택된 백성
이니라.
25 그러니 너희들이 오늘이 힘들고 어렵
다 해도, 나의 부름에 거절하는 그와
같은 백성이 되어서는 아니 됨을 알아
야 할 것이니라.
26 내가 부른 백성이요, 내가 선택한 백
성 너희들이 나의 부름에 거절한다면,
너희들은 과연 어느 길로 가며 어떠한
백성이 되겠다는 말이던가?
27 내가 쓰고자 부른 나의 아들딸이 나
의 부름에 거절하고 나의 뜻에 따르지
아니한다면 너희들은 곧 무엇이더냐?
28 사탄의 자식이요, 사악한 자로서 가겠
다는 것이니라.
29 너희들 스스로 만백성을 구원하고자
만백성을 나에게 인도하는 그와 같이
나에게 쓰이며 나의 부름에 대한 답을
하는 백성으로 남도록 그리하며 그리
살아가도록 하라, 사랑하는 나의 아들
딸들아!

5,166 번째 하나님 말씀

2003년 2월 23일 20시 34분

1 사랑하는 나의 아들아!
2 "네, 아버님! 말씀하옵소서."
3 이 세상이 수천 년 흘러오는 동안 그
속에 많은 나의 백성이 나와 살다 또
죽어 가고 그와 같은 인생을 마친 백
성이 그 수를 헤아릴 수가 없음이니라.
4 지금 신약 시대를 지나 제3의 시대를
살아가는 백성 또한 그 수를 헤아릴
수 없을 만큼 나의 백성이 이 세상에
살아감이니,
5 그 많은 백성 중에서 내가 직접 불로
써 이를 지키고 행하라는 십계명을 너
보다 많이 암송하며 너보다 많이 읽은
백성이 없음을 너는 알아야 할 것이니

라.
6 내가 직접 불로 쓴 너희들의 영혼의
양식인 십계명을, 이대로 지키고 사는
것이 구원의 길이라 하여 내가 직접
불로 써 내린 이 십계명을 너처럼 많
이 암송하고 그리 또 암송한 백성이
없음이니,
7 이를 그리 많이 애절하게 암송하고 또
암송한 네가 바로 서지 못한다 하면,
이 세상 나의 백성 그 누구도 바로 설
수가 없음이니라.
8 네가 애절하게 나의 계명을 외우고 또
외울 때, 너 자신이 이를 지키고자 수
없이 다짐하고 네가 나에게 맹세를 함
이니,
9 바로 그와 같은 마음으로 십계명을 외
우며 바로 서고자 하는 네가 바로 서
지 못할 때, 그 어느 백성도 이를 지키
고 스스로 행할 수 없음을 너는 알아
야 할 것이니라.
10 그러니 네가 십계명을 암송하는 만큼
네가 변해야 하며,
11 네가 이 수십억 수많은 인구 중에 가
장 십계명을 많이 암송하고 또 기억한
백성이니, 그 어떤 백성도 너를 따를
수 없는 변한 모습으로 바로 서야 함
을 너는 잊지 말아야 할 것이니라.
12 너희들이 어떠한 재앙에 부딪혀 또
재난에 부딪혀 너희 자의가 아닌 타의
에 의하여 죽음의 그 순간을 맞이한다
든지,
13 불행한 사고요, 불행한 일로써 너희들
의 생명이 살아날 수가 없으며 도저히
헤어날 수가 없어 스스로 너희 생명을
포기하며 좌절하며,
14 모두를 다 버리고 죽어 가는 그 죽음
앞에 너희들이 순응하는 그때, 그 심
정이 과연 어떠하겠는가?
15 물리적인 재앙에 의하여, 남의 힘에
의하여, 어떠한 사고로 인하여 너희
들이 스스로 죽어 가는 것을 알면서도
거기에 거부하지 못하며 살아나지 못
해 이미 죽어 가는 그 길을 맞이하는
그 순간에,
16 너희들이 모두를 포기하는 자의 그 순
간의 마음이 과연 어떠하겠는가?
17 네가 나의 십계명을 외우며 네가 나의
뜻에 살아가는 그 마음이 그와 같이
자기 자신을 포기하는 사람의 마음보
다 절박하며 과연 그보다 네가 고통스
럽고 어렵던가?
18 그리고 네가 인내하기가 그보다 더 어
렵고 힘든 길을 나 여호와가 가라 하
며 너의 제자들에게 그리 가라 하는가?
19 너는 여기서 다시 한 번 생각하며 이
법전에 나의 뜻을 기록하여, 너의 제
자들과 만백성이 이를 보고 깨달아야
할 것이니라.
20 너희들이 도저히 헤어날 수 없는 죽음
의 상황에서 그 모두를 포기할 때, 너
희들이 헤어날 수 없는 깊은 물에 빠
져 허우적거리다 죽는다는 것을 알며
죽어 간다는 것을 느끼고 그 생명을
포기하며 죽음을 받아들이는 그 순간
의 고통과 시련과 그 속에서 생각하는
모든 생각보다도, 지금 네가 지키고
살아가는 것이 더 힘들고 어렵거든 이
길을 거역하며 지키지 아니하여도 될
것이니라.
21 그러나 너희들이 오늘의 지키고 살아

가는 것이 힘들고 어렵다 해도 그만큼
의 고통은 안 되며 그보다 못하거든
나의 뜻을 순종하며 내가 명하는 대로
지키고 사는 데 주저하지 말아야 할
것이니라, 사랑하는 나의 아들아!
22 너희들이 깊은 물 속에서 살아 나오지
못하며 뜨거운 불 속에서 살아 나오지
못하며 암벽이 무너져 거기에 파묻혀
도저히 살아날 수 없는 그 속에서,
23 너희들이 죽음을 기다리며 죽음을 생
각하면서 모두를 다 포기하는 그 순간
의 아픈 마음보다 이 길을 가는 것이
더한 아픔이요, 더 고통스럽고 어렵거
든 그 길을 가도록 하라, 나의 아들아!
그리고 너의 제자들에게 그리 전하라.
24 그것보다 더 힘들면 이를 지키지 말며
순응하지 말며 따르지 말라.
25 그렇거든 거역하며 너희 마음대로 인
생을 살며 너희 스스로 정해진 그 시
간을 살고 즐기다 그저 너희들이 죽음
의 그 길을 가라 그리 전하라.
26 그 순간보다 더 고통스럽고 애절하며
그보다 더 참기 어렵고 힘들지 아니하
거든, 너희들은 모두를 다스리며 네
마음을 다스리며,
27 나의 십계명에 어긋나는 그와 같은 행
위를 하나도 해서는 아니 될 것이며,
그를 지키고 살아가며 너희들 스스로
마음을 다스리며 바로 서는 나의 백성
으로서 살아가라 그리 전하라.
28 사랑하는 나의 아들아!
29 너희들을 사랑하기에 내가 이리 너희
들에게 도저히 넘을 수 없는 선을 넘
으라는 그와 같은 나의 가르침을 깊이
깨우쳐 너희 것으로 만들어 바른 나의
아들딸이 되어,
30 내가 너희들의 손을 놓으며 너희들이
나를 버리며, 내가 너희들을 놓음으로
인하여 내 아픈 가슴에 눈물을 흘리는
그와 같은 나 여호와의 아픔을 너희들
이 절대 행하지 않도록 그리하라.

5,167 번째 하나님 말씀

2003년 2월 23일 20시 40분

1 사랑하는 나의 아들아!
2 너를 따르는 선택된 나의 아들딸들이
요, 또 너를 따르는 제자들이요, 그리
고 그 모두 선택되어 미리 준비된 나
의 백성 너희들이 이 세상을 살아가면
서 나 여호와의 존재함을 의심하며
의혹하는 마음을 가지면 아니 됩이니
라.
3 그 어떤 백성이 그와 같은 마음을 갖
고 존재한다 하여도 너희들은 바로 그
모든 의혹하는 마음이요, 불안한 마음
을 다 버려야 함을 알아야 할 것이니
라.
4 그리하여 너희들이 불안한 마음이요,
나 여호와가 존재함을 의심하는 마음
을 갖게 된다 하면, 너희들은 바로 변
화되지 못함을 알아야 할 것이니라.
5 나 여호와가 존재함을 믿으며 나의 법
전이요, 지금 내리는 모두가 나의 가
슴을 태워 만백성을 구하는 새로운 성
경이라는 그와 같은 믿음이요,
6 나의 아들은 나로부터 선택된 아들로
서 만백성을 구하고자 오늘의 그 역사
를 이룬다는 것을 너희들이 믿어야 할
것이니라.

7 모세의 구약 시대는 모세를 통하여
그 역사를 이루고자 하였듯이,
8 그리고 나의 아들 예수를 통하여 신약
시대의 그 역사를 이루려 했듯이,
9 지금 내가 나의 아들을 통하여 그 모
든 역사를 이루고자 함은 똑같은 그와
같은 시대의 변화에 따라 내가 역사함
을 굳건히 믿어야만 너희들이 변화될
수 있음을 알아야 할 것이니라.
10 너희들이 의심을 하며 불안한 마음을
가지며 너희들 자신이 변화되지 못한
다면 만백성을 구하는 전사로서 소임
을 다할 수 없음을 알아야 할 것이니
라.
11 너희들이 믿지 못하며 흔들린다 하면
나 여호와가 이 세상 어떠한 백성을
믿으며 어떠한 백성을 또다시 선택할
수 있단 말이던가?
12 바로 너희들이 나에게 선택된 백성이
니, 그 누구도 다시 선택될 수가 없으
며,
13 오로지 나의 법전을 읽고 깨우치며 나
의 아들의 강론을 듣고 깨우치는 너희
들이 바로 선택된 백성이니,
14 너희들 말고는 어떠한 백성도 선택할
길이 없음을 너희들은 알아야 할 것이
니라.
15 너희부터 바로 서야 나 여호와가 만백
성을 구함을 중단하지 아니한다는 것
을 알라.
16 너희들이 이 무섭고 어려운 시점에 태
어난 그 자체도 모두가 나로부터 선택
된 백성이기 때문이니, 너희들은 이기
고 견디고 나가야 함을 알라.
17 나 여호와가 너희들을 믿지 못하며 너
희들이 바로 서지 못할 때 나는 모두
를 중단한다는 나의 이 무서운 뜻을
너희들은 깊이 새겨야 할 것이니라.
18 너희가 변화되지 못하며 그 의심과 불
안한 마음을 갖고 역사한다면, 내가
이제까지 이루었던 그 모든 역사를 다
덮는다 내가 다시 한 번 너희들에게
강조함이니,
19 내가 내리는 160권의 이 법전도 또한
만백성을 구하는 데 너희들이 역사하
지 못함을 알아야 할 것이니라.
20 그러니 너희들은 어렵고 힘들다 하여
도 나에게 쓰이고자, 나에게 쓰임을
당하고자 나에게 선택된 백성이라는
그 긍지를 가져야 할 것이며,
21 그리하여 너희들이 나의 아들과 더불
어 나의 뜻을 따라 만백성을 구하는
그 역사를 이룬다 할 때, 내가 너희들
을 버리지 아니하며,
22 너희들이 나의 피조물 만백성을 구하
는 전사로서 길이 빛나는 그와 같은
삶을 산다는 것을 잊지 말라.
23 나 여호와는 너희들과 약속한 것을,
아무리 세월이 지나고 세월이 또 지나
모두가 다 잊는다 해도, 정녕 잊지 아
니하며 그를 꼭 실천한다는 것을 나의
아들을 통하여 너희들에게 수없이 전
하고 깨우쳤음이니,
24 그 뜻을 너희들은 깊이 받아들이도록
그리하라.

5,168 번째 하나님 말씀

2003년 2월 23일 20시 46분

1 사랑하는 나의 아들아!

2 "네, 아버님! 말씀하옵소서."
3 구약 시대의 역사는 모세가 존재했던
그 시대이니라.
4 구약 시대의 역사는 모세가 태어남으
로 인하여 대변화를 이루고자 했으며
대개혁의 역사가 시작되었으며,
5 그로부터 선택된 백성을 고역이요, 노
예 생활에서 변화를 이루도록 하였으
니, 그 또한 어떻게 이루어졌던가?
6 나 여호와가 미리 예언했으며 미리 약
속한 그와 같은 역사가 몇백 년의 세
월이 흐른 뒤에 이루어지기 시작하였
음이니,
7 그와 같이 내가 모든 역사를 하는 것
은 한 사람을 통하여, 그리고 하나의
선택된 나의 백성을 통하여 임무를
내려 모든 변화와 역사가 이루어진다
는 것을 너희들은 알아야 할 것이니라.
8 신약 시대에 예수의 탄생한 것도 또
한 다 예견하였으며 미리 예언한 자들
이 있었음이니,
9 예수가 세상에 내려옴으로써 대변화
가 시작되었음이니라.
10 너희들은 이와 같이 한 시대를 변화하
고 개혁하는 것을 한 인간이요, 나로
부터 선택된 자들이 역사한다는 것을,
그 이치를 깨닫는다 하면,
11 지금 제3의 시대에 나의 아들이 160
권의 대장정의 법전을 만들어 세상에
내보낸 이것보다 더 큰 변화요, 역사
요, 개혁은 없음을 너희들은 알아야
할 것이니라.
12 구약과 신약은 전하여진 것으로써 기
록되었으나, 이 제3의 시대는 내가 직
접 나의 아들을 통하여 이를 한 자의
뜯어고침이 없이 문자로써 책으로 만
들어 너희들에게 전하고 깨우쳐 주는
그 역사가 이루어짐을 너희들은 알아
야 할 것이니라.
13 그리하여 문자라는 것은 영원히 보관
되고 남으며, 그 답을 알아야 하며, 거
기에 대해 해명을 해야 하기 때문에,
14 이것이 바로 제3의 시대의 역사에 너
희들이 존재함을 알아야 할 것이며,
이것이 심판의 기준이라는 그 무서움
을 알아야 할 것이니라.
15 예수의 신약 시대는 예수가 역사하고
죽은 다음에 그 제자들이 들은 것과
저희들이 본 것, 그 모두를 취합하여
복음서라 만들었음이니라.
16 그러니 그 시대에 그것이 이루어지지
아니하였으니 그 책임이 없음이니라.
17 그러나 지금 나의 아들을 통하여 제3
의 시대에 새로운 성경을 내려보내는
것은 나의 아들이 존재하여 세상에 살
았으며, 내가 직접 내려보내 그를 통
하여 모든 것을 글로써 책으로 만듦이
니,
18 오로지 그것을 받아들이는 자도 나의
아들이요, 그를 기록하여 전하는 것도
또한 나의 아들이니,
19 그때의 시대와 마지막 시대와 중간 시
대의 그 차이점이 그와 같이 무서움을
너희들은 알아야 할 것이니라.
20 제3의 시대는 지금 바로 내가 나의 아
들에게 직접 내리는 성령을 그가 책으
로 만들어 냄이니, 모두가 다 존재함
이니라.
21 나 여호와가 존재함이요, 나의 성령을
받아 기록하는 나의 아들이 존재함이

요, 그리고 나의 법전인 책이 존재함
이니,
22 그 모두가 세상에 존재하는 삼위일체
의 그 역사 속에서, 너희들이 죽기 전
에 그 모든 변화의 역사를 보는 것이
바로 심판인 것이니라.
23 증거를 남기며 법의 규정을 기록해 놓
은 것이 법전이요,
24 인간 세상에서 다룰 수 있는 것이 무
엇이던가?
25 법이라는 그 조항이요, 너희들이 만들
어 놓은 그 문서에 의해서 모두가 집
행되며, 그를 벗어나서 행하지 못하는
것이 너희들의 법이 아니던가?
26 지금 내가 내리는 나의 법전은 문서로
써 기록하여 세상에 내려보내니,
27 그리하여 이것이 법전이라는 그 무서
운 뜻을 너희들은 알라.
28 구약 시대 백성의 삶의 그 형태요, 역
사를 너희들이 한번 돌아다보며,
29 그리고 신약 시대의 그 백성이 살아
오며 그들이 행했던 것을 너희들이 한
번 돌아다보고 생각할 시점이 되었음
을 알라.
30 제3의 시대의 백성 너희들은 지금 과
연 어찌 살아가며, 너희들은 이 시대
에 어떠한 인간으로서 어떠한 형태로
살아가는가 봐야 할 것이니라.
31 구약 시대는 모세요, 신약 시대는 예
수요, 지금의 시대에 한 인물이 세상
에 태어남이니,
32 한 시대를 이루는 것은 모두 내가 선
택한 나의 아들딸이 세상에 태어남으
로 인하여 그가 이루어짐이니라.
33 그리하여 모세의 시대는 모세로서 이
루었으며, 예수의 시대는 예수로서 이
루었으며, 제3의 시대는 나의 아들로
서 지금 이루어지는 역사임을 너희들
은 알아야 할 것이니라.
34 너희들은 여기서 깨우치라.
35 모세의 시대는 모세가 80이라는 그
나이에 나의 뜻을 받아 그가 40년 동
안 역사했으며,
36 예수는 30이라는 그 나이에 그가 3년
이라는 세월에 걸쳐 역사를 하며 그
모든 업적을 남겼으며,
37 나의 아들은 지금 50이라는 그 모두
의 중간의 나이로 나에게 명을 받아
지금 역사를 이루고 있음이니,
38 그것이 무엇이 다르며 무엇이 잘못됐
다 너희들은 그리 생각하는가?
39 내가 모든 역사를 하는 것은 한 시대
에 한 인물을 내세워 그 모든 변화와
개혁을 이루고자 함이니,
40 지금의 시대는 내가 나의 아들을 보내
어 나의 성령을 그로 하여금 직접 듣
게 하여 그가 문자로써 만들어 심판의
기준을 너희에게 전함이니,
41 그리하여 이를 보고 안 보는 자는 너
희들이 심판을 받고 못 받는 그 무서
움이 여기에 있다 함을 잊지 말라.

5,169 번째 하나님 말씀

2003년 2월 23일 20시 54분

1 사랑하는 나의 아들아!
2 "네, 아버님! 말씀하옵소서."
3 모든 백성이 내가 전하는 그대로 전하
고 살았다면 오늘날 이와 같은 제3의
시대는 있지 아니했을 것이니라.

4 이제 나로부터 선택된 너희들은 가슴
깊이 새겨들어야 할 때임을 알라.
5 나 여호와가 내리는 나의 새로운 성경
이요, 나의 법전대로 지키고 행하고
산다면,
6 너희들 자신을 구원하게 되는 것은 두
말할 것도 없으며,
7 너희들이 곱고 아름답게 그리 살아감
으로 인해서 만백성에게 빛이 되는 것
이니라.
8 그리하여 너희들은 만백성을 구하는
그 역사를 이루게 되는 것이며,
9 또한 아래로 너희들의 후손 대대손손
까지 구원하는 그 역사를 지금 이루고
있다는 것을 너희들은 알아야 할 것이
니라.
10 이를 가슴 깊이 생각하며 살아간다면,
너희들이 나의 법전대로 '지킨다, 못
지킨다' 그와 같이 갑론을박하며 '할
수 있다, 못 한다', '갈 수 있다, 못 간
다' 그와 같은 생각을 해서도 아니 될
것이며,
11 좌절하며 용기를 잃는 그와 같은 마음
자세를 잠시라도 가져서는 아니 된다
는 것을 너희들은 알라.
12 너희들로 하여금 여태껏 흘러왔던 잘
못된 믿음이요, 만백성이 지옥으로 가
는 그것에 하나의 획을 그어, 그들을
하늘에 오르는 길로 인도하며,
13 너희들의 후손까지도 구원을 받으며
너희들 자신까지도 구원을 받으며,
14 내가 새로 이루는 하늘과 같은 지상의
낙원을 이루는 그 역사를 이루는 곳에
너희들이 중역이 되어 있다는 것을 안
다면,
15 오늘의 고통을 더 이상 갑론을박하지
않아도 되며, 너희들 스스로 그것을
삶의 어려움이라 그리 한탄해서는 아
니 됨을 알아야 할 것이니라.
16 나 여호와가 새로운 시대를 열고 건설
하고자 하는 역군이 된 너희들이 바로
어떠한 마음의 자세로 살아가야 하는
가?
17 그러나 나의 법전을 읽고 깨우치지 못
한다면 너희들이 그리 행하지 못하며,
이를 접하고 나의 아들의 강론을 들은
너희들이 이와 같이 행하고 살지 못한
다면,
18 많은 백성은 지금과 같은 그 세속의
형태에서 더 벗어나지 못하는 삶을 살
게 됨을 너희들은 알아야 할 것이니라.
19 사랑하는 나의 아들아!
20 "네, 아버님!"
21 너의 제자들에게 전하도록 그리하라.
22 지금 세속에서 살아오는 이와 같은 삶
의 형태로써 너희들이 이를 고집하며
아집을 부리며 이대로 살아간다면 너
희들은 구원의 길에 위배되는 삶을 살
고 있다는 것을, 정녕 너희들은 구원
을 받을 수 없는 그 길에서 살고 있다
는 것을 알아야 할 것이니라.
23 너희들이 지금 사는 삶이며, 이 삶의
형태로써 그리 고집하며,
24 지금의 인간관계에 살아가며 거짓 하
고 남을 시기하며 질투하는 그와 같은
마음으로 살아가는 것이 구원을 받는
길이며 나에게 오를 수 있는 그 삶이
라면 나는 말하지 아니하겠으나,
25 나에게 오르는 길이 아니요, 나의 뜻
에 위배되는 그와 같은 삶을 골라서

지금 살아가고 있는 것이 너희들이기
때문에 오늘의 이 역사가 이루어짐을
알라.
26 지금의 종교 집단의 형태를 계속 그들
이 고집하며 거기서 변화되지 아니하
고 그대로 간다 하면, 그들은 정녕 나
여호와의 뜻을 정면으로 거역하는 삶
을 사는 것이기 때문에,
27 나의 피조물 만백성이요, 그 신도라는
자들까지도 구원의 길을 스스로 저버
리며 포기하며,
28 저 자신도 모르게 지옥 불로 끌려가
는, 그와 같은 지옥행으로 가는 삶을
살고 있음이니, 이를 어찌해야 하겠는
가?
29 그들이 구원의 길이라 믿고 가고 있는
그 믿음이 지옥의 길로 가는 것을 보
고 너희들이 그대로 방치한다면, 너희
들 또한 그 죄가 얼마나 무거운지 알
겠는가?
30 죽어 가는 자를 보고 살리지 아니하는
자와 같으니라.
31 물에 빠져 하나의 끈을 던져 주기를
바라는 자에게서 고개를 돌리고, 죽어
가는 자를 구하지 아니하여 사람을 죽
이는 그와 같은 행위를 한 것만이 사
람을 죽이는 것이 아님을 너희들은 알
아야 할 것이니라.
32 지금 모든 나의 백성이 잘못 가는 길
이요, 구원의 길이라 하여 저희들이
울고불고하는 그 믿음이 지옥 불로 가
는 그 열차를 타고 가는 것이라면,
33 너희들이 몸을 던져 그 열차를 세우는
그와 같은 역사를 하지 아니하면 아니
됨을 알라.
34 달리는 열차가 그 선로를 탈선하여 전
복되어 그 열차에 탄 모든 사람이 죽
는다 할 때, 너희들은 그를 보고 발만
동동 구르고 있어서는 아니 될 것이니
라.
35 어떠한 방법과 수단을 가리지 않고 너
희 자신을 던져서, 열차가 너를 치고
감으로 인하여 그 열차가 정지하여 만
백성을 구할 수 있다면 그 길을 선택
하는 것이 너희들이 가야 할 길이며,
36 나로부터 선택된 백성 너희들은 그를
두려워하지 말며 주저하지 말며 생각
하지 말며, 그들을 구하는 길을 가는
것이 너희들이 가야 하는 길이니,
37 지금 열차에 탄 수천수만의 그 많은
백성이 지옥 불로 가는 그 열차를 타
고 감이니,
38 네 몸 하나 던져 그를 세울 수 있다면
그를 세워야 하지 아니하는가?
39 내가 너희들에게 네 몸을 던져 그를
구하라 함이 아니니라.
40 달리는 그 열차가 파손된 선로에 오기
전에 너희들이 몸을 던져 그를 멈추게
하라는 것도 아니니라.
41 나의 법전을 가슴에 안고 전하며, 너
희들이 내가 내리는 십계명이요, 나의
법전대로 살아 주기만 하면 된다 하였
음이니,
42 너희들이 수천수만의 백성을 구하면
서, 수억의 백성을 구하면서 내가 너
희 자신을 던지라 하는 것이 아니요,
43 고운 마음으로 나의 계명이요, 나의
법전대로 지키고 살라 함이니,
44 너희들에게 죽으라 하는 것과 어떤
것이 얼마나 더 고통스럽지 않고 쉬

운 길이던가?
45 너희들은 죽어서 너희들을 구원하며 만백성을 건져야 한다고 내가 일렀음이니,
46 죽지 아니하고 만백성을 구하는 길을 가면서, 어찌하여 두려워하며 괴로워하며 자신이 없다 하며 물러나는 그와 같은 마음을 가지고 사는가?
47 그것이 나의 법전을 읽고 나로부터 선택된 백성 너희들이 가야 할 길이라 생각하는가?
48 삶이 즉 새 생명의 탄생이요, 부활임을 너희들은 알아야 할 것이니라.
49 지금 달려가는 그 열차가 선로가 파손되어 그들이 모두 다 죽게 될 때, 그 열차를 너를 던져 세우는 것이요, 만백성에게 법전을 주어 그들을 새 삶의 길로 인도하는 것,
50 그것이 새로운 생명으로 너희 자신이 탄생하는 것이며,
51 나의 피조물 만백성이 새로운 빛을 보고 새 생명을 얻게 됨이니,
52 그게 바로 부활임을 너희들은 알라, 나의 사랑하는 아들딸들아!

5,170 번째 하나님 말씀

2003년 2월 23일 21시

1 사랑하는 나의 아들아!
2 "네, 아버님! 말씀하옵소서."
3 인간 세속에 살면서 너희들이 남에게 지기 싫어하며 남에게 양보하기 싫어하며, 남들보다 앞에 가며, 더 화려하고 더 좋은 것, 더 아름다운 것을 네 앞에 많이 쌓아 놓고자 하는 것, 그리고 남들에게 군림하며 통제하는 그와 같은 삶을 살고자 하는 너희들이,
4 나의 법전을 접하고 살아가는 그 삶에 의하여 아름다운 쪽으로 변화되는 그 삶으로 세상살이를 살아간다 하면, 이것이 바로 무엇인 줄 알겠는가?
5 너희들이 잘못된 욕심이요, 욕망이요, 그 모두를 저버리고 나의 법전을 읽고 접하고 나서 오늘부터 변화되는 삶을 살아간다 하면,
6 그것이 바로 너희들이 지상의 천국에 돌입하는 것이며, 그것이 바로 하늘나라에 오르는 천국의 길에 들어섬이라는 것을 너희들은 알아야 할 것이니라.
7 너희들이 지상의 천국에서 사는 그 순간에 하늘에 오르는 구원을 받는 그 은혜보다 더 소중함을 알라.
8 그 순간부터 나의 아들딸로서 너희들이 다시 태어나 내가 너희들을 내 가슴에 안음을 알아야 할 것이니라.
9 그러나 지금의 많은 백성이 저희들이 가는 길만이 옳다 하며 그 아집과 고집을 너희들이 도저히 무너뜨릴 수 없음이니,
10 너희들이 아무리 나의 성령을 듣고 나의 법전을 가지고 그들을 깨우쳐 주어도,
11 그들은 쇠귀에 경 읽듯이 그를 듣지 아니하며 보지 아니하며, 그들이 전혀 감지를 못 한다면, 과연 그들의 삶은 무엇이더냐?
12 인간이 인간의 말을 전하며 아름다운 깨우침을 전하며 진리를 전할 때, 그를 듣지 않는 것은 짐승과 다른 점이 하나도 없음을 너희들은 알아야 할 것

이니라.
13 참진리의 가르침을 듣지 아니하고 지
키지 아니하며 사는 그와 같은 자들이
어떠한 자라는 것을 너희들은 잘 알
것이니라.
14 내가 그들을 짐승과 같은 자라 말하였
음이니, 여기에 너희들이 어떠한 이유
도 달 자격이 없음을 알아야 할 것이
니라.
15 진리를 깨우치고 또 나의 뜻에 따라서
너희들이 아름답게 변하는 그와 같은
삶을 살지 못하며 그를 거역하고 살
면,
16 아무리 아름다운 뜻을 전하고 또 전한
다 해도 이를 듣지 않는 자는 짐승으
로서 살며,
17 인간으로서 변화되는 그와 같은 삶을
살지 못하는 것이니라.
18 너희들이 나의 뜻대로 변하는 자, 그
리고 내가 전하는 나의 법전을 읽고
새로운 삶을 사는 자, 나의 아들을 따
르는 제자들이요, 나의 법전을 읽은
백성이 너희들에게 깨우침을 전할 때,
19 그를 듣고 변하는 그 순간에 너희들은
짐승의 삶에서 인간의 삶으로써 변하
게 됨이니,
20 인간의 삶으로써 변하는 너희들이야
말로 곧 인간 세상의 천국에 돌입하
는 것이며,
21 그곳에 돌입하는 순간에 너희들은 나
의 아들딸로서 내가 가슴에 안으며,
너희들이 하늘에 오를 수 있는 그와
같은 선택을 받음을 알아야 할 것이니
라.
22 내가 오늘 나의 아들을 통하여 너희들
에게 전하노니, 너희들이 나의 법전을
읽고 깨우쳐 변화되는 그와 같은 삶을
사는 그 순간에 나 여호와의 아들이
요, 하늘의 아들딸로서 태어난다는 그
영광됨을 잊지 말라.
23 나의 법전을 정독하고 깨우쳐 너희들
의 삶이 변화되는 그 순간에 너희들이
나 여호와의 아들딸이요, 하늘의 아들
딸로서 거듭 태어나는 그 찬란한 영
광은 태양빛보다도 밝으며,
24 어떠한 빛도 거기에 비할 수 없는 찬
란하고 위대한 빛이 너희들에게서 솟
아남을 알라.

5,171 번째 하나님 말씀

2003년 2월 23일 21시 10분

1 사랑하는 나의 아들아!
2 "네, 아버님! 말씀하옵소서."
3 지금 내가 나의 아들 너를 통하여 160
권의 법전을 세상에 내려보냄이니, 이
것보다 더 큰 기적이요, 역사가 어디
있겠는가?
4 그러나 이를 읽고 또 깨우쳐 나의 백
성으로서 내 품에 오르는 길을 모르는
백성이 너무나도 많이 있으며, 이를
거부하고 이를 저버리는 백성이 너무
많이 있음이니라.
5 너희들은 나의 법전을 읽고 깨우치는
그 영광이 어떠한 것인지 모르고 있음
이니라.
6 구겨지고 주름진 그 보기 흉한 애벌레
에서 아름다운 나비가 되어 꽃을 찾아
날아가는 그 모습의 변화보다도 더 위
대하고 아름다운 것이 너희들이 나의

법전을 읽고 깨우치는 것임을 알아야 할 것이니라.

7 하나의 애벌레가 나비가 된 모습으로 자연의 아름다운 꽃을 찾아 날아가는 그것보다도 더 위대한 것이 너희들이 변화되는 것이며,

8 인간의 삶에서 나 여호와의 진리의 길을 볼 수 있으며 나의 뜻에 살아가고자 변하는 그 모습이 그와 같이 영광된 것이니라.

9 너희들은 그 위대함을 알지 못하며, 그 위대함의 역사를 너희들의 노력으로 너희들의 삶을 위해서 얻을 수 있거늘,

10 어찌하여 너희들은 그를 얻으려 하지 아니하며, 그저 그를 저버리며, 그를 욕하며 사탄이라 말하며 들여다보지 아니하는 그와 같은 어리석은 삶을 살고자 하는가?

11 그러니 너희들 인간이 변화된다는 것이 그렇게 위대한 것이니라.

12 너희들의 악한 마음, 또 남들에게 폐를 끼치는 마음, 사회적으로 용서받지 못하는 그와 같은 마음이요, 그는 곧 욕심이요, 욕망이니, 그와 같은 잘못된 마음이 선한 마음이요, 천사 같은 마음으로 변하는 것이 그 흉한 애벌레가 아름다운 나비로 변화되는 그것보다도 더 어렵고 힘든 길이라 하였음이니,

13 그게 너희들이 변화되는 것이 얼마나 위대한 것인가 너희들은 깨우쳐야 할 것이니라.

14 이제 나의 법전을 읽고 깨우치는 백성, 너희들은 그 길을 알았으며,

15 지금 이제 너희들이 변하고자 하는 그와 같은 길에 들어서 서서히 변해 가고 있음이니라.

16 그와 같이 너희가 나 여호와의 뜻을 따르며, 내가 원하는 것을 알며, 나의 뜻을 향하고자 살아가는 그것이 너희들이 바로 변화되기 시작하였음이니,

17 너희들이 변해 가고 있음을 알아야 할 것이니라.

18 이제 사랑하는 나의 아들 너희들은 들어야 할 것이니라.

19 내가 나의 법전에 수없이 기록하여 전했음이니, 너희들의 육은 과연 어디서 오느냐?

20 너희들은 흙에서 와서 흙으로 돌아간다 그리 말하느니라.

21 육의 세상에 태어나는 너희들의 삶은 결국은 흙으로 돌아가거늘,

22 너희들은 어찌하여 영혼은 하늘에서 왔다는 그 이치를 모르며, 너희들이 존재하고 너희를 지배했던 그 영혼이 하늘의 제자리로 가야 한다는 것을 어찌 모르는가?

23 너희들의 육이 세상에 흙에서 와 흙으로 돌아가는 그 이치를 안다면,

24 너희들의 영혼은 하늘에서 나 여호와로부터 받아 내려갔음이니, 그 영혼은 하늘의 그 자리로 올라가야 한다는 것을 너희들은 깊이 깨우치라.

25 그러나 너희들이 죽어 하늘의 제자리로 가야 할 그 영혼이, 내려온 하늘로 올라가지 못하여 그 영혼이 발버둥치며 통곡하며 우는 모습은,

26 너희들의 육이 얼마만큼 그 집의 역할을 잘했느냐 못 했느냐에 따라 달렸음

이니,

27 제자리로 가지 못하여 통곡하고 우는 너희들의 영혼은 지옥으로 가는 너희들 자신이니라.

28 너희들의 영혼이 또한 너희 자신이니라.

29 너희들이 오늘의 정신을 가지고 살며 오늘의 깨달음을 보고 살며 만물의 자연의 아름다움을 보며 형제지간에 우애를 나누며 너희들이 대화하고 사는 그 모든 것보다도,

30 너희들의 육은 죽어 흙으로 돌아가나 너희들의 영혼은 더 맑으며 더 생생하며 더 밝고 아름다운 마음으로 살고자 하는 것이 너희들 영혼의 세계인 것을 알라.

31 이보다 더 명확한 세상이요, 이보다 더 정확한 세상이 너희들의 영혼의 세계이니라.

32 그러나 그 영혼의 세계에서 지금의 육의 삶보다도 더 정확하며 더 맑고 밝은 세상에서 살고자 하는 것이 너희들의 영혼인데,

33 그들이 제자리를 가지 못하고 지옥 불로 갈 때, 그들이 통곡하며 고통스러워하는 모습은 너희들이 오늘 죽음 앞에서 몸부림치는 것보다도 열배 백배 더 고통스러운 너희들의 영혼의 고통임을 알라.

34 지옥으로 가는 길을 가지 말라.

35 그 지옥의 길로 달려가는 오늘의 삶을 살지 말라.

36 너희들의 영혼이 지옥으로 끌려가지 아니하려 발버둥치며 몸부림치는 그 날을 대비하여 너희들은 오늘의 삶을 아름답게 살라 그리 나의 법전에 기록하여 너희들에게 전함이니,

37 나의 법전이 무엇이 잘못되었으며, 너희들을 깨우치고자 하는 내용이 뭐가 그리 너희들의 마음을 거스르게 하며,

38 너희들이 이단이요, 사탄이라 하여 나의 법전을 던지며 태워 버리며 짓밟으며 찢어 버리는 그와 같은 사악한 자의 마음을 갖게 하는 구절이 과연 어디에 있는가?

39 다 너희들의 어리석음이요, 오만함이요, 제 것만 위대하다는 그 고집이요, 아집을 버리지 못하는 데서 너희들이 무서운 죄를 짓고 있다는 사실을 알라.

40 눈을 들어 넓은 세상을 보라.

41 이 넓고 넓은 세상에 수천수만 가지의 모든 동식물이 살아가며 그 모든 식물의 이름 하나도 다 외우지 못하는 자요, 동물의 가짓수요, 미물의 가짓수도 알지 못하는 너희들이,

42 이 세상에 너희들만이 구원을 받았으며 천국의 문을 들어올 수 있으며, 이 세상 것을 다 아는 것처럼 그 오만과 자만에서 깨어나도록 그리하라.

43 너희들이 하늘에 오를 수 있으며 천국의 열쇠를 가지고 있으며 천국의 문을 들어올 수 있다, 그 자격을 받았다 하는 자들이 얼마나 불행한 자인가 한번 생각해 보라.

44 너희들이 나에게 오르려면 모든 미물의 이름이요, 미물의 숫자를 알며 식물의 숫자를 알며 동물의 가짓수를 다 외운다 해도 너희들이 나 여호와의 오묘함이요, 내가 이루고 역사하는 것을 지상에서는 다 알 수 없거늘,

45 하늘에서 이루어지는 그 모두를 너희
들이 감히 어찌 안다고 천국의 문을
들어올 자격이 있으며 그 자격을 받
았다 그리 오만하고 방자한 행동을 하
는가?
46 너희들이 가장 최악의 지옥으로 가는
자들임을 알아야 할 것이니라.
47 내가 나의 아들을 통하여 그 제자들에
게 깨우쳐 주었음이니라.
48 깨달음의 길을 가고 있는 자는 깨달
았다 말을 못 한다 함이니라.
49 너희들이 지옥으로 가는 자이기에 천
국으로 간다 소리 지름이니라.
50 천국으로 가는 선택된 나의 아들의 제
자들이요, 내가 선택한 나의 백성이
요, 태초부터 내가 선택하여 이 세상
에 내보낸 나로부터 선택된 그 아들딸
들은 감히 천국으로 간다, 천국으로
가는 영광을 받았다는 말을 못 함이
니라.
51 저희들이 지은 죄를 씻기에도 가슴이
저려 오며, 그리고 지금까지 살아온
것을 씻기가 너무 두려우며,
52 앞으로 살아가는 것이 너무 무섭고 두
려워 그들은 감히 천국의 '천'자도 함
부로 열지 못하니,
53 바로 천국에 오를 자격을 가진 자가
천국으로 간다 말을 못 하며,
54 지옥으로 가는 자가 천국의 열쇠를 받
았으며, 구원의 문에 들어섰으며, 저
희들은 축복받은 자라 하며, 무조건
죽으면 그저 천국에 들림을 받는다 생
각하는 자들이니라.
55 지옥으로 가는 자가 천국으로 간다 함
이요, 천국으로 올 자는 입을 다물어
말을 하지 아니하며 그저 묵묵히 자기
자신을 지키는 것이니,
56 이것이 바로 나로부터 선택된 나의 아
들딸이요, 나의 법전을 읽고 깨우치는
그 백성임을 알라.
57 나의 아들을 따르는 제자들이요, 나의
법전을 읽고 따르는 자들이요,
58 나의 아들의 강론을 듣고 나 여호와의
뜻임을 가슴 깊이 새기는 자들,
59 그리고 고개 숙여 지난날의 죄지은 것
을 회개하며 그를 씻으려고 눈물을 흘
리며 미래에 살아가는 데 바른 삶을
위해서 몸부림치고 조심하여 한발 한
발 떼며 살아가는 그들은,
60 '저희 죄를 용서해 주옵시고, 모두는
여호와 하나님 뜻대로 할 수 있도록
하여 주옵소서.' 간곡히 기도하느니라.
61 그러나 나로부터 구원받지 못하며 지
옥으로 갈 자들은 무어라 말하느냐?
62 더 영광을 달라, 더 축복을 달라, 더
권세를 달라, 더 편안함을 달라, 모든
역사함을 달라,
63 그리고 저를 구원하여 달라, 저를 구
원하기 위해 제가 재물을 바친다는 그
와 같은 사악한 짓을 하고 있으니,
64 내가 쳐다보기도 역겨움을 너희들은
알라.

5,172 번째 하나님 말씀

2003년 2월 23일 21시 20분

1 사랑하는 나의 아들아!
2 "네, 아버님! 말씀하옵소서."
3 너를 따르는 제자들과 나에게 선택된
아들딸 그 백성에게 너는 깨우쳐 주라.

4 나 여호와가 너희들에게 언약함이요,
약속해 놓은 것은 반드시 실현된다는
것을 알라 그리 말하라.
5 아무리 많은 세월이 흐르며 시간이 지
나 모든 것이 변화된다 해도, 아무리
시간이 많이 간다 해도 나는 너희들에
게 약속한 것을 잊지 아니하며 지킴을
너희들은 알아야 할 것이니라.
6 너희들 자신이 나와 약속한 것을 잊어
버리며 내가 너희들에게 명하여 약속
한 그 모두를 너희들이 지키지 못하고
세월이 지나며 너희들 자신이 그 모두
를 잊어버리고 산다 해도,
7 또한 이 세상의 나의 피조물 만백성
수십억 인구 너희들이 내가 너희들에
게 이루고자 했던 그 약속을 까맣게
잊어버리고 그 세월이 지났다 해도,
8 절대로 나 여호와는 잊어버리지 아니
하며 나는 지우지 아니하고 있음을
너희들은 알아야 할 것이니라.
9 그리하여 나 여호와는 결코 그를 잊지
않기에, 꼭 실현되고 실천된다는 것
을, 내가 언약하고 약속한 것은 꼭 지
킨다는 것을 너희들은 알아야 할 것이
니라.
10 너희들이 기다릴 수 있고 없는 것은
모르나, 그와 같이 하나의 오차도 없
이 반드시 다 이루어짐이니라.
11 그리하여 몇백 년, 수많은 세월 속에
지나간 그 모든 것도 내가 약속한 것
은 다 이루어지고 시행되는 그와 같은
흐름이 흘러왔음을 알라.
12 지금 2천 년이 지난 그 세월 속에 내
가 무어라 말했느냐?
13 새로운 보혜사를 내가 보낸다 하였음
이니라.
14 그리하여 지금 그는 자의로 말하지 아
니하며 오로지 듣는 것만을 기록하여
만백성을 깨우치며,
15 참진리요, 나 여호와의 뜻을 가지고
만백성에게 전하는 그와 같은 역사로
써 변화가 된다 하였음이니,
16 2천 년 전에 내가 약속한 그 역사가
지금 이루어지며 행하여지고 있지 않
던가?
17 너희들은 그와 같이 내가 약속한 것은
모두가 이루어짐을 알아야 할 것이니
라.
18 그러니 너희들이 내가 약속한 것을 아
무리 잊어버리고 산다 하여도,
19 이 세상 수억의 모든 백성이 살다 지
워지며 또 살다 바뀌며, 또 죽어 가는
자, 새로 나오는 자, 그와 같은 모든
백성이 내가 약속한 것을 다 잊어버리
고 산다 해도,
20 나는 절대로 그를 잊어버림이 없으며
약속을 지키지 아니함이 없음을 너희
들은 알라.
21 그리하여 너희 제자들은 내가 약속한
모든 것은 결국 이루어지며 역사한다
는 자신을 갖고 너희들이 믿을 때,
22 오늘의 너희들이 시련과 고통을 넘고
갈 수 있는 그 힘이 있으며 용기가 있
음을 알라.
23 그리하여 내가 나의 아들을 통하여 다
시 한 번 너희들에게 강조함이니,
24 나 여호와가 너희들 개인에게 약속을
했든, 내가 모든 백성에게 약속을 했
든, 나의 아들에게 약속의 법전에 기
록하여 전했든, 그 모두는 다 이루어

짐을 알라.
25 나 여호와는 세월이 지난다 하여도
하나도 잊히는 것이 없으며, 지워지
는 것이 없으며, 약속을 실현하지 아
니함이 없음을 너희들은 굳게 믿고 따
르라 그리 말하라.
26 다만, 너희들이 세월을 모르며 내가
이루고자 하는 그때를 모르기 때문이
니 그리 알도록 전하라.
27 그리하여 너희들이 그와 같은 약속을
믿고 살아갈 때, 너희들은 힘들고 어
려운 그 고비를 스스로 넘어갈 수 있
음을 알라.
28 너희가 힘들고 어려울 때 나 여호와가
너희들을 버린다 생각하고 내가 기억
하지 아니한다 하고 사는 백성이야말
로 내가 너희들과 약속한 것을 지키지
아니하는 나 여호와라 그와 같은 생각
을 할 수 있는 자들임을 너희들은 알
아야 할 것이니라.
29 나 여호와가 너희들이 어렵고 힘들고
고통스러울 때 너희들을 기억하지 아
니하고 접어뒀기 때문에 너희들이 어
렵고 힘든 길을 간다 그리 생각하는
마음을 갖는 그 자체 그 모두가 너희
들이 나를 믿지 못하며 내가 약속한
것이 실현된다는 생각을 하지 못하는
자들임을 알라.
30 나 여호와는 단 한 순간이라도 너희
들을 버려둠이 없음이니라.
31 너희들이 나를 믿지 못하며, 힘들고
어려울 때 내가 너희들을 챙기지 아니
하며 내 가슴에 안지 아니하며 너희들
을 내 기억 속에서 지워 버렸다는 그
와 같은 부질없는 생각을 할 때, 너희
들은 무너지기 시작하며,
32 너희들이 무너진다면 다시 일어설 수
없으며, 스스로 나에게서 멀어지는 그
와 같은 길을 가게 되는 것을 알아야
할 것이니라.
33 나 여호와는 너희들과의 그 약속을 반
드시 지키며,
34 그 약속을 지키는 것처럼 내가 너희들
을 영원히 잊지 아니하고 있으며 버리
지 아니한다는 것을 너희들은 알아야
할 것이니라.
35 언제나 너희들이 회개하고 깨우쳐 반
성하여 돌아오기를 기다리는 나 여호
와요, 기다리고 또 기다리고 있음이니
라.
36 너희들이 아무리 어렵고 고통스럽고
힘든 삶을 산다 하여도 내가 너희들을
버리고 잊어서, 내가 기억에서 너희들
을 지워 버려서 그와 같은 삶을 산다
생각하지 말라.
37 나는 너희들에게 지키고자 하는 약속
을 지키는 나 여호와며,
38 어떠한 상황에서도 나는 너희들을 버
리지 않고 있음이니라.
39 깨우쳐 회개하고 반성하여 돌아온 그
아들딸들을 내가 항상 기다리고 또 기
다리고 있다는 것을 잊지 말라, 사랑
하는 나의 아들딸들아!

5,173 번째 하나님 말씀

2003년 2월 23일 21시 33분

1 사랑하는 나의 아들아!
2 "네, 아버님! 말씀하옵소서."
3 내가 너희들에게 일찍이 깨우쳐 가르

치기를 뭐라 말하였던가?
4 나 여호와가 너희들과 항상 같이하고
있다 말하지 아니하였던가?
5 그리하여 내가 산소요, 공기라는 것처
럼 너희들을 감싸고 있으며 너희들과
항상 같이하고 있으며 너희들 옆을 떠
나지 아니한다 하였음이니라.
6 그리하여 너희들이 어떠한 일을 행하
며 역사할 때, 친구에게 물어보듯이
나에게 항상 물어보며 나로부터 대답
을 들어 행하도록 하라 내가 너희들
에게 일깨워 주지 아니하였던가?
7 너희들이 어렵고 힘들 때, 무수히 사
탄의 공격을 당할 때, 그리하여 그 고
통을 견디기 어려울 때,
8 너희가 그럴 때마다 나에게 물어보며
나에게 기도하여 응답을 얻으라 그리
하였음이니라.
9 너희들이 고통스러워할 때 그때도 나
는 너희들을 절대 버리지 아니하며 너
희들과 항상 같이하고 있다는 것을 어
찌하여 생각하지 못하는가?
10 너희들과 항상 내가 같이 있으니 너희
들은 나 여호와를 친구와 같은 마음으
로 항상 묻고 대화하며 그와 같은 삶
을 살아가도록 그리하라.
11 너희가 아무리 고통스럽고 힘든 역경
에 처해 있다 해도 나 여호와는 너희
들을 버리지 아니하고 기억에서 지우
지 아니한다 생각하고 살라.
12 내가 너희들을 버리지 아니함이니라.
13 내가 너희들을 버리고 너희들을 지워
버린다는 그와 같은 생각을 하지 말며,
14 어렵고 힘들며 모두가 일어서기 힘들
때, 너희들 자신이 어떤 문제가 어디
에 있기에 이와 같이 고통스럽고 힘든
길을 가고 있는가 너희들 스스로 너
자신을 연구하며 너 자신을 찾아보도
록 그리하라.
15 그리하여 너희들이 그를 찾지 못할
때, 나 여호와에게 물어보며 나에게
너희들이 응답을 구할 때, 너희들 스
스로 그를 찾을 수 있음을 알아야 할
것이니라.
16 너희들이 힘들고 고통스러울 때마다
나 여호와가 너희들을 버렸으며 너희
들을 기억하지 아니하며 내가 나의 아
들딸의 손을 놓은 것같이 그와 같은
생각을 감히 하지 말라.
17 그것이 너희들이 무너지기 시작함이
요, 너희들이 사탄으로부터 공격을 받
아 그리 견딜 수 없는 그와 같은 너희
들 자신이 된다는 것을 잊지 말라.
18 너희들이 힘들고 어려울 때 그 사탄들
은 어떤 방법이든 그때 너희들을 놓치
지 아니하고 공격함이니, 너희들이 스
스로 좌절하며 그 유혹에 넘어가게 되
어 있음이니라.
19 그럴 때마다 나 여호와가 너희들에게
끈을 놓지 아니하며 손을 놓지 않고
있음이니,
20 너희들이 항상 같이 있는 나 여호와에
게 친구에게 묻듯이, 친구에게 자문을
구하듯이 그 답을 물어보라.
21 그리하면 너희들이 스스로 찾을 수 있
을 것이니라.
22 그리고 너희들은 어떠한 시련이 있다
해도 나를 원망하며 나에게 버림받은
자식이라 그리 생각하지 말며,
23 너희 자신이 어떠한 문제며 어떠한 잘

못됨이 있으며 네가 어떠한 생각을 잘
못하고 다스리지 못하였기에 네가 이
와 같은 시련과 고통을 겪고 있는가,
그 문제점을 너희들이 찾도록 노력하
고 또 노력하다 보면,
24 진실한 답을 나로부터 너희들이 얻게
된다는 것을 잊지 말라, 사랑하는 나
의 아들딸들아!

5,174 번째 하나님 말씀

2003년 2월 23일 21시 41분

1 사랑하는 나의 아들아!
2 "네, 아버님! 말씀하옵소서."
3 너를 따르는 너의 제자들과 나의 법전
을 읽고 깨우친 백성 너희들은 다른
백성과 차별화됨을 알아야 할 것이니
라.
4 지금 나의 아들을 따르는 모든 백성이
며, 그리고 그를 따르는 너희 제자들
은 이 무서운 제3의 심판의 시대에 태
어났으며, 대환란이 몰아닥치는 이와
같은 시대에 태어난 것이 너희들 임의
로 이 세상에 태어났다 그리 생각하는
가?
5 그 모두는 나의 계획에 의하여 나의
뜻에 따라 이루어졌음을 너희들은 알
아야 할 것이니라.
6 그것이 나의 아들을 따르는 제자 너희
들의 다른 점이며, 또한 그 옆에서 같
이 더불어 목숨을 던질 수 있는 그와
같은 제자 너희들의 다른 점임을 알
아야 할 것이니라.
7 이 시대에 태어나 너희들이 나의 아들
과 더불어 가는 그 모두는 너희들의
생각이요, 너희들이 이루고자 하여 태
어난 것이 아님이니라.
8 이 시대에 태어난 그 모두는 나 여호
와의 뜻이며 나의 선택에 의해서 세상
에 태어난 백성이라는 것을 너희들은
잊어서는 아니 됨을 알라.
9 육의 삶에서 어느 날 갑자기 선택되어
나의 아들을 따르며 나의 법전을 공부
하며 나의 법전을 가지고 만백성을 구
하는 그와 같은 대역사의 한 시대의
획을 긋는 주역으로서 너희들이 등장
하는 그 모두는 아무나 그리할 수 없
으며, 어떠한 백성도 그리할 수 없음
을 너희들은 알아야 할 것이니라.
10 그리하여 나의 아들 옆에서 법전을 만
들고 다듬는 백성, 또 선택된 나의 아
들딸 너희들이 얼마나 소중하며 나로
부터 선택된 것인지 알아야 할 것이
니라.
11 이를 생각하지 못하는 자, 너희들이
어리석은 백성임을 알아야 할 것이니
라.
12 지금 너희들이 부족한 자요, 가진 것
이 없으며 능력이 없다 그리 생각하
지 말라.
13 이 시대에 가장 중요한 역사의 한 획
을 이루며, 그 역사를 위해 선정된, 나
에게 훌륭하며 손색이 없는 지도자가
바로 너희들이라는 것을 알아야 할 것
이니라.
14 이 시대에 태어나 나의 아들과 더불어
나의 법전을 만들며 세상에 전하는 그
역사를 하는 선택된 백성 너희들은,
15 너희들 임의로 그 모두를 임하는 것이
아니라, 내가 준비한 백성으로서 내가

쓰고자, 내가 이루고자 너희들을 선택
하여 정해 놓은 자들이니,
16 너희들이 오늘의 시대에 부족하며 깨
달음이 없으며 가진 것이 없으며 남에
게 내놓을 것이 없다 해도 그와 같은
것은 아무런 관계도 없음을 알라.
17 내가 지상에 있는 너희들의 재물을 하
늘에 받아 놓을 곳도 없으며 쌓아 둘
곳도 없으며, 재물로써 너희들이 나에
게 가까이 오고자 하는 그와 같은 잘
못된 생각을 다 버리라 했듯이,
18 그와 같은 것은 나와 관계가 없음이니
라.
19 내가 너희들에게 임하여 내가 너희들
을 쓰고자 함이니, 내가 필요할 때 너
희들에게 역사하는 힘을 줄 것이니라.
20 오늘날 나의 아들을 따르는 제자요,
나의 법전을 읽고 깨우친 백성, 너희
들은 내가 바로 운명이 없다 말하여
너희들에게 깨우쳐 주었듯이,
21 너희들은 너희들 임의로 세상에 나와
오늘에 여기에 있는 것이 아니요, 나
로부터 선택되어 준비된 백성이라는
것을 잊지 말라.
22 그리하여 너희들이 이 무서운 심판의
시대에 그 중심 역할에 서 있으며, 대
환란이 몰아닥치는 그 대환란과 더불
어 나의 아들이 불 속으로 뛰어들 때
같이 뛰어들 수 있는 그와 같은 백성
이요, 그와 같은 역사를 이룰 자들이
기 때문에 나로부터 선별됨이요, 선택
된 백성이라는 것을 너희들은 잊지 말
라.
23 준비된 백성이라는 것을 너희들은 알
라.
24 그리하여 너희들이 소중함이니라.

5,175 번째 하나님 말씀

2003년 2월 24일 08시 22분

1 사랑하는 나의 아들아!
2 "네, 아버님! 말씀하옵소서."
3 모든 인간이 스스로 가르치는 선생이
라는 자도 그 자리가 있으며 그 품위
가 있으며, 그 제자들에게 옳은 사람
으로서 보이고자 노력한 수많은 위대
한 성인이라는 사람들이 세상에 살아
한 시대의 삶을 엮어 갔음이니라.
4 내가 너희들에게 가르쳐 전하기를, 모
든 종교 지도자는 재물을 모으며 나의
아들의 이름을 부르며 예수의 보혈로
써 은혜를 받았다는 그와 같이 허황된
믿음이 아니요,
5 예수의 삶과 같이 살라 내가 말하였음
이니라.
6 너희들이 비록 예수와 같이 그 목숨을
던지지는 못하여도, 예수의 삶을 너희
들이 바라다보며 그와 같이 어느 정도
살아가는가?
7 정녕 종교 지도자라면 그와 같은 길을
갈 수 있는 마음의 자세가 되어 있는
것이 너희들을 가르치는 지도자요, 지
도자로 갈 사람의 길이라는 것을,
8 너희들은 어찌 그를 모르며 그를 생각
하지 아니하고 사는가?
9 나의 아들 예수가 옷을 철철이 쌓아
놓고 살았던가?
10 그저 단 한 벌 걸친 옷이요, 그리고 그
는 머리를 두고 자고 쉴 만한 집도 없
었으며, 아무것도 그는 가진 것이 없

었음이니라.
11 그리하여 재물을 쌓아 놓고 동전을 쌓
아 놓은 그도 아니었음이니라.
12 그러니 내가 너희들에게 무어라 말하
였느냐?
13 그와 같은 삶을 살 수 있는 그것을 생
각하며 사는 너희들이 되어야 한다
내가 하였으나,
14 너희들 모든 종교 지도자는 그리 실천
하고 행하는 자가 없음이니,
15 스승으로서 많은 사람에게 본보기가
되고자 살아가는 그와 같은 자만도 못
한 자들이 많은 백성의 생명을 구한
다는 종교 지도자 너희들의 자세이니,
16 그러면서 너희가 우리 부자의 이름을
팔며 세상의 만백성을 구한다는 그와
같은 말을 지금 하고 있음이니라.
17 내가 사랑이라는 것이 무엇이라 말하
였는가?
18 너희 자식과 남의 자식이 죽고 사는
그 기로에 서 있을 때, 아무런 생각 없
이 네 자식을 버리고 남의 자식을 둘
러업고 나올 수 있는 것이 진정한 사
랑이요, 내가 너희들에게 원하는 마음
의 자세요, 사랑이라 그리 말하였음이
니,
19 그는 너희들 자신이 엄두도 내지 못할
것이며 감히 생각도 못 하는 그와 같
은 역사의 깨달음일 것이니라.
20 너희들이 그리 변하지 아니한다 하여
도, 그래도 예수의 삶의 형태는 너희
들이 닮아가며 그와 같은 삶을 살아야
하지 않겠는가?
21 그도 저도 행하지 못하는 너희들이 종
교 지도자요, 만백성을 구하는 지도자
라 지금 그리 가고 있음이니,
22 너희들이 정녕 나의 아들이 역사한 그
가르침이요, 그 행함을 따라 그와 같
은 지도자가 되고자 하는 것이 아니요,
23 너희들은 재물을 모으며 편안한 대로
모든 걸 갖다 나의 아들과 나의 이름
을 붙여 대 믿음이라 이리 부르짖고
있음이니,
24 너희들의 그 믿음의 길이 얼마나 나와
는 거리가 멀고도 먼 길인가?
25 영원히 그와 같이 지속될 것이라 생각
하나, 너희들의 육은 흙으로 와 흙으
로 돌아가는 그 삶이 얼마 남지 않았
으니,
26 그 후에 치러지는 그 심판의 역사는
머지않아 너희들에게 돌아옴을 알아
야 할 것이니라.
27 나는 너희들에게 어찌 살라, 무엇을
역사하라 말하고 싶지 아니함이니라.
28 다만, 너희들이 종교 지도자요, 만백
성을 구하는 자라면 예수가 살아가고
자 했던 그 삶의 표본을 닮아 살아가
고자 노력하는 것이 나에게 오를 수
있는 지도자라는 것을,
29 이것 하나만이라도 너희들이 가슴에
안고 살아가는 그와 같은 백성이 되도
록 그리하라.

5,176 번째 하나님 말씀

2003년 2월 24일 08시 31분

1 사랑하는 나의 아들아!
2 "네, 아버님! 말씀하옵소서."
3 나 여호와가 선택하여 모든 기적의 역
사를 이룬 제사장이요, 또 선지자요,

예언자요, 임무를 수행하는 나의 백성
으로 선택된 그 백성 모두가
4 처음 태어날 때부터 완벽한 가정에서,
그리고 너희들에게 존경받는 그와 같
은 환경이나 조건이 준비되어 태어나
나의 뜻을 역사한 백성이 없음을 너희
들은 알아야 할 것이니라.
5 내가 선택한 그 모든 백성은 처음부터
성인군자와 같이 많은 지식과 학식을
가졌으며 너희들로부터 존경을 받는
그와 같은 자를 내가 선택하여 나의
명을 역사하는 제사장이요, 예언자요,
선지자로서 그와 같이 내가 쓴 사실이
없음이니라.
6 다 어렵고 힘든 환경이요, 고난의 역
사 속에서 그들은 기적을 이루었으며,
그들은 나의 뜻에 따라 살아가는 그
역사함을 보였음이니라.
7 그와 같이 어려운 환경이요, 어려운
조건 속에서 그들이 선택되어 남들보
다 부족한 환경, 부족한 그 깨달음 속
에서 그들을 내가 선택하여 귀히 썼음
이니,
8 또한, 그를 따르는 제자들이 그리 선
택됨이니라.
9 그와 같은 역사의 흐름을 너희들은 잘
알고 있으며 그 변천사도 또한 잘 알
고 있을 것이니라.
10 그러한 모든 변화요, 변천사를 너무나
도 잘 알고 있는 너희들이 어찌하여
지금 내가 나의 아들을 선택하여 그에
게 법전이라 하여 나의 성령을 내려보
내 새로운 시대를 이루고자 하는 그
뜻을 그리 달갑지 아니하게 보며 그를
믿으려 하지 아니하는가?
11 그러나 너희들은 그를 믿지 아니하려
하며, 그를 인정하지 아니하기 때문에
그들을 말살하려 하며,
12 그 법전이요, 그 제자들이 세상에 존
재하지 못하도록 너희들이 지금 그 사
악한 행위를 하고자 하고 있음이니,
13 어찌하여 너희들은 그와 같은 역사의
변천 속에서 지금의 나의 아들이나 그
를 따르는 제자들이나 다 가진 것도
없으며 볼 것 없고 내놓을 것 없는 그
들이 나로부터 선택된 백성이라는 것
을, 그리고 나의 뜻에 따라 역사한다
는 것을 믿으려 하지 아니하며 인정
하려 하지 아니하는가?
14 너희들은 갖춰진 속에서 완벽한 자요,
너희들 종교 지도자 중에서 선택되지
아니함을 믿으려 하지 아니함이니,
15 그것이 다 질투요, 욕심이요, 시기심
을 버리지 못하기 때문에 너희들이 그
러하니,
16 너희들이 진정한 참진리를 보고도 보
지 못하는 어리석은 우를 범하고 있음
이니라.
17 너희들은 나의 뜻에 따라 목숨이 다할
때까지 내가 원하는 길을 가며 순종하
며 살아가는 그 백성이면 바로 나에게
선택된 백성이요, 나의 뜻을 역사하는
백성이라는 것을 알아야 할 것이니라.
18 아무리 완벽한 가정에서 완벽한 형태
로 태어난 자라 하여도, 그와 같은 자
가 나의 뜻에 순종하지 아니하며 거역
하고 살면 그는 나와 관계없지 아니
하는가?
19 너희들은 지금 나의 아들을 선택하여
법전을 내려보내 만백성을 구하는 새

로운 시대를 건설함에 너희들이 추호
라도 의혹이나 의심을 갖는다면,
20 그것은 너희들의 어리석은 마음이요,
욕심이요, 질투심에서 그와 같이 진정
한 참진리의 뜻을 보지 못하는 것이니,
21 잡석과 보석을 구분하지 못하는 자들
과 같음을 너희들은 알아야 할 것이니
라.
22 정녕 나의 피조물 만백성 너희들은 인
내심이 없으며 기다릴 줄 모르는 것이
니라.
23 그저 기적을 이루며 역사를 이루며,
모든 것이 단 한 순간에 역사가 이루
어지며 변화되기를 바라는 것이 너희
들이니,
24 어찌하여 너희들은 그리도 기다릴 줄
모르는 백성이던가?
25 또한, 인내심이 없는 것이 너희들이니
라.
26 갓 알에서 태어난 그 독수리 새끼에게
날기를 원한다면 그가 날 수 있겠는
가?
27 그는 서서히 어미의 보호를 받으면서
그 변화된 속에서 날 수 있는 것이니
라.
28 나의 아들이요, 모든 제자들이요, 또
나의 법전이 역사하고 변화되는 것을
너희들은 지금 그리 생각하나, 서서히
두고 보면 알게 될 것이니라.
29 지금 욕하는 자, 비방하는 자, 그리고
성급히 무엇이 이루어지지 아니한다
하여 불평하며 또 그를 보고 있는 백
성,
30 그리고 어떤 기적의 역사를 보이지 아
니한다 하여 의심하는 백성,
31 너희들이 기다림 속에서 모두는 다 이
루어질 것이니라.
32 너희들 자신이 실망하지 아니하며,
33 나의 법전이 정녕 나 여호와의 뜻이
며, 이는 이 시대에 나로부터 선택된
나의 아들이라 믿고 그리 기다리고 기
다리는 자만이 영광과 축복이요, 그
모든 기적의 역사함을 보게 될 것이
며, 그날이 머지아니하였음이니라.
34 너희들은 인내하고 기다릴 줄 모르며
참을 줄 모르느니라.
35 이와 같은 너희들의 성격이요, 마음
자세를 모두 다 다스려,
36 온화한 백성으로서, 그리고 기다릴 때
기다릴 줄 알며, 인내할 때 인내하며,
남을 인정할 때 인정하며,
37 사랑이 무엇인가를 알고 깨우쳐 실천
하는 그와 같은 백성으로 바로 세우고
자 내가 알기 쉽게 지금 160권의 법전
을 세상에 내려보내 너희 손에 미리
쥐어 줌이니라.
38 이를 보고 깨우친 백성이 많이 있으며
나를 믿고 법전을 믿는 백성이 있을
때,
39 나의 아들로 하여금 모든 기적의 역사
를 이루는 그와 같은 무서운 소용돌이
의 변화가 이루어질 것이니 그리 알라.

5,177 번째 하나님 말씀

2003년 2월 24일 08시 38분

1 사랑하는 나의 아들아!
2 "네, 아버님! 말씀하옵소서."
3 나에게 정녕 너희들이 오르고자 한다
면 너희들 자신이 개개인의 그 소중함

을 먼저 알고 깨달으라 그리하였음이
니라.
4 그리고 너희가 존재함은 나 여호와가
필요로 하여 쓰고자 이 세상에 나왔
음이니라.
5 그리고 너희들은 나의 뜻에 살아가는
그 틀 속에서 모두를 이루도록 그리되
어 있음이니,
6 내가 너희들의 생명을 세상에 내려보
내 너희들을 존재하게 함은 내가 다
필요로 하여 너희들이 그와 같이 세상
에 나왔다는 것을 안다면, 너희들 자
신이 얼마나 소중한가 그 이치를 깨닫
게 될 것이니라.
7 너희들 개개인이 다 소중하다는 것을
먼저 깨닫고 사는 그와 같은 백성이
되었을 때, 너희들 자신이 흔들리는
삶을 살지 아니할 것이니라.
8 지금 나의 법전을 읽고 깨우치며 나의
아들을 따르는 백성, 너희들이 능력이
없으며 가진 것이 없으며 나이가 많다
하여 주저하지 말며,
9 나의 법전을 전하는 데 과연 너희들이
어찌 선택되었는가 하는 그와 같은 의
심과 두려운 마음을 갖지 말라.
10 나 여호와가 역사하여 너희들을 쓰고
자 한다 하면 지금에 너희들이 처해
있는 환경과 그 능력 그것도 나에게는
관계없는 것이며,
11 너희들이 나이를 가지고 따질 필요가
없으며, 능력이요, 또 학력이요, 배운
지식이라는 간판 그 모두도 내가 너
희들을 쓰고 역사하고자 하면 아무런
관계가 없다는 것을 너희들은 알아야
할 것이니라.
12 모세는 80이 되어 내가 그를 썼음이
니, 너희들이 과연 그보다 나이 많은
자가 있는가?
13 지금 나의 아들은 어찌 가고 있는가?
14 나의 아들은 60이 다 되어 나로부터
선택되어 명을 받아 그가 일하기 시작
함이니,
15 지금 288쪽의 법전을 6일에 한 권씩
을 써 내려 가고 있어, 160권의 법전
을 세상에 만들어 내 만백성을 구하는
그 역사를 함이니,
16 너희들이 이를 보고도 깨닫지 못하는
가?
17 내가 너희들을 쓰고자 하며 내가 너희
들을 인도하여 나의 역사하는 데 한
부분의 임무를 주고자 하며 내가 너희
들을 다스려 역사하고자 한다면,
18 너희들은 모두를 초월하며, 너희 자신
을 평가하지 말라.
19 나이가 어떠하든, 환경이 어떠하든,
배우지 아니했든, 그 어떠한 것도 내
가 너희들을 쓰고자 하면 그는 아무
런 관계가 없음이니라.
20 다만, 나의 아들의 제자요, 나로부터
선택된 백성 너희들은 개인이 다 중요
한 자들이나,
21 너희들은 또한 나의 임무를 특별히 수
행하여 만백성을 구하는 그 지도자로
서 다시 태어나는 그와 같은 삶을 살
수 있는 자질과 능력이 있으며, 내가
너희들을 그리 키울 수 있기에 나로부
터 선택된 너희들이라는 것을 알며,
22 너희들이 얼마나 소중한가를 알라.
23 이를 보고도 나 여호와가 쓰고자 한다
면 너희들이 어떠한 역사든지 못 이룰

것이 없다는 것을 알지 못하는가?
24 이제 너희들은 두려워하지 말며, 불안
해하지 말며, 너희들의 나이를 걱정하
지 말며, 배우지 못한 것을 걱정하지
말며, 재물이 없는 것을 걱정하지 말
며, 권력이 없고 부귀영화가 없다 하
여 두려워하지 말며 걱정하지 말라.
25 그 모두는 내가 역사하고자 하는 것과
는 아무런 관계도 없으며, 하나의 흘
러가는 낙엽과 같음이니, 걱정하지 말
며,
26 내가 쓰고자 할 때 너희들에게 역사하
는 모든 기적이 거기에 같이함을 너희
들은 믿고,
27 그와 같이 자신을 갖고 나의 아들을
따라 내가 전하는 160권의 법전을 세
상에 만들어,
28 하얀 눈이 세상을 다 덮듯이 나의 법
전이 세상을 덮는 그와 같은 역사를
이룸에 주저하지 말며 물러나지 말며
두려워하지 말며 이를 의심하지 말라,
사랑하는 선택된 나의 아들딸들아!

5,178 번째 하나님 말씀

2003년 2월 24일 08시 49분

1 사랑하는 나의 아들아!
2 "네, 아버님! 말씀하옵소서."
3 이 지상이요, 내가 만든 아름다운 성
전에 사는 나의 사랑하는 모든 백성은
발을 땅에 대고 바로 서서 세상사를
바로 깨우쳐 그 뜻을 깨우치며 살아가
고자 하는 것이 나의 사랑하는 백성이
니라.
4 그러나 유독 종교 집단이요, 나에게
오르는 길을 가르치는 모든 종교 지도
자요, 그 집단들만이 이 세상을 바로
서서 바로 살아가는 것이 아니요,
5 거꾸로 서서 세상을 살아가고자 하는
것이 지금 모든 종교 집단들이 하고
있는 형태이니라.
6 그러니 바로 보고 바로 서서 사물을
판단하며 바른 판단을 하기도 바쁜 이
세상에 거꾸로 세상을 살아감이니, 이
세상의 사물을 그들이 바로 바라볼 수
있겠는가?
7 그들은 모든 사물을 바로 바라볼 수도
없으며 그리하여 바른 판단과 현명한
판단을 할 수 없는 것이 지금의 종교
집단이요, 종교 지도자 그들이 가고
있는 형국임을 너희들은 알아야 할 것
이니라.
8 이 세상에 태어난 나의 피조물 만백성
이 아무리 총명하고 천재요, 똑똑한
지혜를 가졌다 하여도, 그들은 하늘의
이치요, 나의 뜻을 알 수 없는 것이니
라.
9 너희들은 넘지 못할 그 한계가 있으며
깨닫지 못할 그 선이 있음이니,
10 그것이 인간이 가진 그와 같은 한계
이니라.
11 그러나 나로부터 선택된 백성이요, 나
로부터 모든 임무를 받은 백성은 바로
하늘의 뜻을 알며, 하늘의 이치를 알
게 되며, 내가 이루고자 하는 그 뜻을
알게 되어 있음이니,
12 그것이 선택된 백성과 선택되지 아니
한 백성과의 차이이며, 선택되지 않은
백성의 한계임을 너희들은 알아야 할
것이니라.

13 지금의 모든 종교 집단 그들이 하고
있는 형태를 너희들이 돌아다보라.
14 인간의 능력은 한계가 있으며, 너희들
이 할 수 있는 길이 한계가 있거늘,
15 그 모두를 다 초월하여 하늘나라 나를
다스리고자 하는 것이 지금 종교 지도
자 그들이 하고 있는 행위가 아닌가?
16 그러니 그들이 세상을 거꾸로 살아가
며 모든 사물을 거꾸로 보고 있음이니,
17 그들이 어찌 그것을 판단할 수 있단
말이던가?
18 그들은 하늘에 오를 수 있는 모든 것
을 다 갖췄으며, 다 하늘에 오를 수 있
도록 결정되어 있으며,
19 그리고 저희들은 예수의 보혈로써 이
미 다 구원을 받은 자라 그리 말하며,
20 하늘에 재물을 많이 쌓음으로써 저희
들이 죽어 와 그 재물 창고 앞에 문을
열 때,
21 나 여호와가 문을 열며 저희들에게 보
여 주고 자랑하며 '네가 수고했다.' 그
리하며,
22 이와 같이 금화와 은화를 바쳤으니
'너는 여기서 좋은 자리에 앉도록 하
라.' 그와 같이 내가 명하는 것처럼 그
착각 속에 그들이 살아감이니,
23 이것이 정신 있는 자들이 할 수 있는
짓이며, 정신 있는 자들이 이리 할 수
있다고 생각하는가?
24 너희들의 육의 삶은 영혼의 삶의 그
연장이요,
25 그리하여 육의 삶의 행함이 소중하며,
그 행함으로 인하여 육의 영혼이 살고
못 살며, 지옥으로 가며 천국으로 가
는 그와 같은 것이 너희들의 육의 행
동에서 이루어진다 하였으나,
26 너희들은 육의 행동은 아무것도 아니
요, 그저 말로써 수다 떨며 우리 부자
의 이름을 불러 대며,
27 그저 '영광의 주여!' 그리고 '구세주
여!' 그리 부르기만 하면 너희들이 구
원받는다 그리 생각하니,
28 이것이 어디 두 살 먹은 아이가 하는
짓인가?
29 두 살 먹은 아이의 지능만도 못한 짓
을 너희들이 지금 하고 있으며,
30 그러면서 나에게 구원받을 수 있으며
나의 천국의 문을 마음대로 열고 닫을
능력이 있는 것처럼 지금 나의 피조물
만백성을 가르치며 그리 선전하고 있
으며,
31 제가 당당히 단상에 서서 교리요, 설
교라 하여 지금도 떠들어 대고 있음이
니,
32 그들이 바로 제정신을 가지고 세상을
바로 보고 사는 자들인가?
33 나의 순박한 백성은 바로 서서 세상의
정도의 길을 가고자 발버둥치나, 이
종교 집단이요, 그 지도자들만이 세상
을 거꾸로 살아가며 거꾸로 보고 있음
이니, 그들이 무엇을 알겠는가?
34 그러니 내가 이들을 더 이상 볼 수가
없으며, 거꾸로 세상을 보고 거꾸로
판단하는 그와 같은 자들의 밑에 가
너희들이 신도라 하여 한평생을 바치
며 재물과 모두를 다 바치며,
35 그저 그들이 '맞습니까?' 물으면 '맞습
니다.' 대답하며, '믿습니까,?' 물으면
'믿습니다.' 소리 지르며 '구원받았습
니까?' 하면 '구원받았습니다.' 그리

말하는 것이 너희들이니,
36 어찌 이게 두 살 먹은 아이의 나이를
벗어나서 하는 행위던가?
37 이를 보는 나 여호와가 나의 백성이
너무나도 불쌍하고 가련하여 그들을
구원하고자 제3의 시대를 지금 열어
감을 너희들은 알아야 할 것이니라.
38 너희들이 바로 그와 같은 행위를 하는
것이 아니요, 성경이요, 율법이요, 십
계명이요, 내가 내려보낸 나의 법전,
이를 보고 깨우쳐 하늘에 오르는 그
길을 가며 그를 지키고 살아가고자 하
면 너희들이 바로 나에게 올 수 있는
것을,
39 너희들은 이 모두를 거역하며 이를 지
킬 수 없다 말을 하며, 그리고 나의 법
전을 심지어 사탄이요, 사악한 자가
마지막 시대에 이루는 것이라 함이니,
40 이 법전은 나의 성령의 모두를 태워
마지막으로 너희들을 구원하고자 내
리기에,
41 법전의 뚜껑을 열 때 내가 너희들과
같이한다 그리 말하였거늘,
42 감히 이 말을 거역하며 이를 인정하지
아니하며, 사탄이요, 사악한 자라 말
하니,
43 너희들이 하늘에 오른다 하며 나 여호
와요, 창조주에게 오른다 하면서,
44 창조주 나 여호와가 만들어 내려보내
는 새로운 성경이요, 나의 법전을 욕
하며 짓밟으며, 그러면서 어찌 나의
뜻을 너희들이 알 수 있으며 나에게
올 수 있는 길을 볼 수 있다 말하는가?
45 그러니 너희들이 바로 세상을 바로 사
는 자들이 아니요, 거꾸로 서서 세상
을 보니, 너희들이 다 정신 나간 자의
삶임을 알라.
46 그리하여 나의 피조물 만백성의 정신
을 산란케 하며 정신이상자로 만들어
너희들이 재물과 금화를 그들로부터
거둬들임이니,
47 그들이 어디다 바치는지도 모르며 누
구를 위해서 바치는 것인지도 모르며
자신이 희생양으로 살아가는 그와 같
은 나의 백성을 우롱하지 말라.
48 이제 그를 내가 용서하지 아니할 것이
며,
49 그와 같은 자를 단죄하는 역사가 이루
어짐을 너희들은 알아야 할 것이니라.

5,179 번째 하나님 말씀

2003년 2월 24일 08시 59분

1 사랑하는 나의 아들아!
2 "네, 아버님! 말씀하옵소서."
3 나로부터 선택된 너희들이요, 나의 법
전을 가지고 공부하고 깨우친 자요,
나의 아들로부터 강론을 듣고 깨우친
너희들이 바로 서지 못하며 너희들이
바로 역사하지 못할 때,
4 나 여호와는 너희들을 버릴 수밖에 없
으며 내가 손을 놓을 수밖에 없다 하
였음이니라.
5 그러니 내가 너희들에게 깨우쳐 이르
기를, 내가 너희들을 버렸을 때 너희
들만이 나로부터 버림을 받는 것이 아
니요,
6 너희 모든 백성이 다 비행기에서 낙하
산이라는 것을 짊어지고 뛰어내리나,
그 낙하산이라는 것이 펴지지 않아 떨

어져 죽는 형국으로 간다는 것을 알아
야 할 것이며,
7 만백성이 다 그와 같은 형국이 됨을
너희들은 알아야 할 것이니라.
8 그러니 제3의 시대에 내가 새로운 역
사를 이루어 가며 새로운 성경을 내려
보내며 나의 법전을 내려보내어 만백
성을 구하고자 하여 선택된 너희들이
얼마나 바르고 곱게 살아가야 하며 나
의 법전대로 나의 십계명대로 지키고
살아가야 하는지 알아야 할 것이니라.
9 보이지도 아니하며 만질 수도 없는 나
여호와의 뜻에 따라 순종하며 살아간
다는 그 길은 멀고도 험난하며 좁고도
험한 길임을 내가 알고 있음이니라.
10 그러나 이 길을 가는 것만이 너희들이
싸움이 아님을 알아야 할 것이니라.
11 너희들은 그 길을 달려오는 그 고통만
을 싸워서 이겨 나에게 오는 것이 아
니요,
12 나로부터 선택된 백성 너희들은 스스
로 그와 같이 좁고 힘든 길을 모든 힘
을 다하여 고통을 마다하지 아니하며
나에게 와야 하는 것은 물론이요,
13 또한 너희들을 쓰러트리고자 하며 나
의 피조물 만백성을 지옥으로 이끌어
가는, 너희들이 나를 보지 못하듯이
보이지 않는 사탄들,
14 그 사악한 자들의 그 길을 막아야 하
며 그들이 하고 있는 것을 막아야 하
며 너희들이 그들과 싸워 이겨야 됨이
니,
15 너희들이 얼마나 힘들고 어려운 길을
가는 백성인가를 나 여호와는 알고 있
음이니라.
16 그러나 너희들이 가야 함을 잊어서는
아니 됨이니라.
17 너희들이 잘못 가고 깨우치지 아니하
며 나의 계명대로 살지 아니하며 나의
법전대로 살지 않았을 때,
18 나 여호와는 더 이상 이 세상에 지상
의 낙원을 이룰 길이 없으니,
19 그때 내가 나의 마음이요, 내 모두를
접어 너희들을 버릴 때, 너희들이 어
떠한 형국이 이루어지는지를 내가 일
찍이 깨우쳐 주지 아니하였는가?
20 너희들 자신이 그리되며 너희들 주변
이 그리되며 모든 백성이 그와 같이
떨어져 지옥으로 가는 그와 같은 형국
이며,
21 내가 하늘에서 이루어진 것같이 천국
을 지상에서 이루고자 했던 그 모든
꿈은 다 사라진다는 것을 너희들은 알
아야 함이니, 오늘의 너희들이 얼마나
귀하고 소중한가를 알아야 할 것이니
라.
22 이와 같은 뜻을 깊이 새겨, 너희들이
살아가며 변화되는 그 자세를 흐트러
짐이 없이 살아가야 함을 알아야 할
것이니라.
23 모든 백성이 나에게 오르고자 하며,
나에게 영광의 축복을 얻으려고 너희
가 지금 믿음의 길을 가고 있으며, 나
여호와에게 오르고자 하는 것이 너희
들의 삶이 아닌가?
24 너희들이 정녕 그와 같이 나에게 오르
며 내 품에 오고자 한다면, 너희들은
육으로써 할 수 있는 그 모두에 최선
을 다하는 그와 같은 삶을 살아가는
것부터 훈련해야 하며 그리 살아가야

함을 잊지 말라.
25 그러나 너희가 할 노력은 하지 아니하
면서,
26 너희가 나에게 기도하며 나 여호와를
찾으며 나의 아들 예수의 이름을 부르
면 모든 것이 이루어질 것이며 역사한
다는 그와 같은 생각을 하고 있음이니,
27 그 생각부터 바꿔야 함을 알라.
28 너희들의 육이 존재할 때 최선을 다하
며, 육의 노력을 아낌없이 다할 때,
29 너희들이 바로 나에게 오를 수 있으
며, 나에게 올 수 있는 축복이요, 영광
된 것을 얻을 수 있다 함을 너희들은
알아야 할 것이니라.
30 바다를 향해하는 배를 이끄는 선장이,
이 모두는 나 여호와가 알아서 인도해
주겠지 하며 제가 키를 잡지 아니하며
그 뱃길을 따라가지 아니한다 하면,
31 그 배는 암초에 부딪히며 파손될 것이
며, 거기에 탄 백성은 모두가 다 죽음
을 면치 못하지 아니하는가?
32 구멍이 뚫려 그 배 바닥에서 물이 솟
아오르나, 이것은 나 여호와가 막아
주겠지 하며 너희들이 막지 않고 그를
정리하지 아니한다면, 과연 그 배는
침몰되지 아니하는가?
33 그와 같은 마음의 믿음으로써 가서는
아니 되는 것이 너희들이니라.
34 노력하여 최선을 다하며, 육의 삶을
아름답게 살고자 엮어 갈 때,
35 그때 내가 너희들에게 모두를 역사함
을 알아야 할 것이니라.
36 그와 같이 나를 찾으며 나의 아들을
부르며 그리하면 모두가 다 역사할 것
이라 그리 기대하고 그리 생각하고 살
아가는 너희들은 하나도 이루어짐이
없으며 얻어짐이 없다는 것을 알아야
할 것이니라.
37 저 자신이 마약을 하며 방탕한 생활을
하면서, 나 여호와가 남들에게 뒤지지
않는, 그리고 남들보다 축복받은 삶을
살 수 있게 해 주겠지 하고 나를 찾고
나의 아들 예수의 이름을 부른다면 과
연 어찌 되겠는가?
38 너희들이 육의 생활에서 마약이라는
그것을 끊어야 할 것이며,
39 방탕한 생활을 청산하는 그 속에서 너
희들이 노력하는 만큼 나 여호와가 너
희들에게 길을 열어 주며 축복을 준다
는 것을 잊어서는 아니 될 것이니라.
40 그러니 너희들이 육의 삶에서 최선의
노력을 다하여 하늘에 오르고자 할
때, 내가 너희들에게 그 길을 인도해
주며 그 빛을 보게 되며, 그와 같은 자
를 내가 손을 내밀어 나의 품에 안음
이니 그를 알라.
41 지금까지 너희들이 믿음의 길을 가는
것을 너희들 자신이 어떠한 믿음으로
갔는가?
42 과연 너희들이 육의 행동으로써 모두
를 실천하며 사랑을 실천하며 그와 같
이 살아가는가, 말로써만 모두를 부르
짖는가를 한번 견주어 보라.
43 제 생활이 방탕하며 저 자신을 가누지
못하는 자, 그리고 노력하지 않는 자,
일하지 않는 자가 재물이 쌓이길 바라
며 부귀와 영화를 나 여호와가 줄 것
이라 생각하는 자,
44 너희들은 그저 쓰러짐이요, 병들어 감
이요, 그저 지옥으로 죽어 가는 그 삶

밖에 없으니,
45 너희들이 육이 있는 이 세상에서 최선
의 노력을 다하여 살아가는 그와 같은
아름다운 모습을 가지고 있는 자, 그
가 바로 나로부터 선택된 백성이요,
나에게 오르는 길이요,
46 너희들이 그리 갈망하고 소원하는 그
천국의 문에 들어설 수 있는 기본임을
너희들은 잊지 말도록 그리하라.

5,180 번째 하나님 말씀

2003년 2월 24일 09시 21분

1 사랑하는 나의 아들아!
2 "네, 아버님! 말씀하옵소서."
3 하늘의 뜻이요, 하늘의 뜻을 역사함이
요, 하늘의 뜻을 가르친다는 그 백성
이요, 그리고 백성의 그 소중한 생명
이 다시 태어나는 그 역사의 길을 이
루고자 하는 그들이 그 믿음의 형태가
어찌 가고 있는가?
4 작은 것 하나도 저희들이 노력하지 아
니하고, 잘못됐을 때 그 모두는 나 여
호와의 뜻이라 그리 말하며,
5 가장 작은 것 하나 행동하는 것도 나
여호와의 뜻이라며 노력하지 아니하
는 자들이 수없이 있음이니,
6 그들로 인하여 너희들이 나 여호와를
바라보지 못하며,
7 나의 뜻을 모르는 그와 같은 종교 지
도자들이요, 지금 가르치는 종교 집단
들이 이 세상을 지배하며 덮고 있음이
니라.
8 모든 백성이 지금 생각하기를, 저희들
이 노력하여 헤쳐 나가며, 이루고자
하며, 또 얻고자 하며, 역사하고자 하
는 생각이 아니요,
9 그 모든 잘못된 생활이요, 잘못된 생
각 속에서 살아가면서도 나 여호와가
축복을 줄 것이며 내가 인도해 줄 것
이라 생각하며 그리 가고 있는 것이
지금의 모든 나의 백성을 그 종교 지
도자들이 그리 가르쳐 놨음이니,
10 이를 바로잡을 길이 없음을 너희는 알
아야 할 것이니라.
11 이제 내가 나의 법전이요, 새로운 성
경이요, 나의 뜻을 전함이니, 이를 갖
고 너희들이 행하여 깨달음을 얻도록
그리하라.
12 나의 백성 너희들은 이 세상에 나가면
서 너희들이 해야 할 일과 역사할 직
분이 다 있음이니라.
13 그러니 너희들에게 주어진 그 직분이
요, 맡은 바 책임을 다하지 아니하고
나에게 무엇을 이루어 주기만을 바라
는 믿음은 잘못된 믿음이라는 것을 알
라.
14 작은 사고 하나, 실수하여 그릇 하나
깬 것까지도 나 여호와에 의하여 이루
어진 것같이 생각함이니,
15 너희들이 선하고 아름다운 일을 행하
면서 나 여호와의 뜻이라 그리 말하며
그리 생각하면 내가 뭐라 말하겠느냐?
16 그러나 너희들은 사악한 짓이요, 추한
짓을 하면서도 그는 나 여호와의 뜻이
요, 내가 그를 역사하기 때문에 그리
행했다 하는 것이 종교 지도자들이요,
지도층에 있는 자들이니,
17 그리 변명을 하여 나의 이름을 팔아
그들이 모면하며 그를 벗어나고자 하

는 그 사악한 행위가 지금 자행되고
있는 현실이니,
18 이를 내가 용납할 수 없으며 너희들이
이를 깨달으라 함이니라.
19 내가 일찍이 말하였느니라.
20 물이 새는 배의 그 구멍을 막지 아니
하고 '하나님 창조주께서 막아주겠지'
하면 그 배는 침몰한다 하였음이니,
21 너희들의 삶의 이치를 그런 식으로 가
서는 아니 됨을 알라.
22 너희가 부주의하여 발생했던 재난이
요, 너희들이 부주의해 생겼던 가장
작은 모든 것까지도 다 나 여호와가
만든 것이며 내가 너희들에게 그리한
다 생각하며,
23 너희들이 부주의해 생긴 작은 실수까
지도 나 여호와가 해결해 줄 것이며
이루어 줄 것이다 그리 밀어붙이는 그
가르침으로 가지 말라.
24 너희들이 주의하면 손에 있는 그릇을
놓치지 아니할 것이며, 그를 놓치지
아니하면 그 그릇은 깨지지 아니할 것
이니라.
25 그러니 너희들이 먼저 최선을 다하여
노력하며 잘 다스리며 정도의 길을 가
고자 노력하는 그 속에서 모두가 이루
어짐이니라.
26 내가 명한 대로 사는 것이 너희들이
바로 하늘에 오르는 길인 것처럼,
27 모든 것을 정해진 대로 원칙에 의하여
거래하고 사고판다 하면 이 세상에
불평이 없으며 서로 불신이라는 것이
없느니라.
28 무엇을 하나 만들어 남에게 장사하는
자,
29 보여 주는 것은 완벽한 것을 보여 주
나, 만들어서 파는 것은 그 보여 주는
것만큼 따라가지 못하며 그에 미치지
못하면 그것이 바로 거짓이요, 사기침
이니,
30 이 세상의 나의 피조물 만백성이 가장
소중한 인간을 두려워하고 믿지 못하
며 그와 같이 사는 것이 아니던가?
31 그렇다면 그와 같이 하는 자, 그리하
여 사고가 나며 재난을 당하는 그것도
나 여호와의 책임이요, 나의 뜻이란
말이던가?
32 그것은 너희들 인간이 만든 것이며 인
간이 부른 것이니, 그와 같이 무서운
것을 알라.
33 너희들의 재난이요, 작은 실수요, 그
모두는 너희들의 부주의함에서 이루
어짐이니,
34 너희들이 노력하고 깨닫고 최선을 다
하여 바로 살고자 노력하면 그 억울한
재난은 면하여 갈 수 있음을 알라.
35 지금 종교 지도자들이 나의 뜻이라 하
여 모든 것을 작든 크든 나의 뜻이며,
그저 나의 뜻에 이루어진다 그리 가르
치고 있음이며,
36 그리하여 나의 피조물 만백성에게 공
포와 불안 심리를 갖도록 하여, 그 잘
못되는 불안 심리를 이용하여 너희들
이 지금 재물을 거둬들이는 그와 같은
역사를 함이니,
37 세상의 모든 것은 나의 주관하에 나의
뜻에 이루어진다 하나,
38 너희들이 얼마만큼 노력하며 최선을
다하느냐에 따라 너희들이 겪는 작은
고통이요, 작은 재난이요, 작은 시련

은 예방할 수 있다는 것을 알아야 할
것이니라.
39 너희들이 노력할 부분이라는 것이 내
가 말하지 아니하였던가?
40 80퍼센트는 내가 너희들에게 모두를
주었으며 내가 역사하며,
41 20퍼센트는 너희들 스스로 고치고 다
스려 너희들 것으로 만들어야 한다 하
였음이니,
42 바로 이것은 너희들이 재난을 막으라
함이니라.
43 깨지는 그릇을 손에 들고 있을 때, 너
희들이 부주의하면 그는 깨지게 되어
있으나,
44 주의하면 너희들이 그 자리에 갖다 놓
을 수 있는 이 간단한 20퍼센트의 이
치는 너희들의 몫임을 잊지 말라.

5,181 번째 하나님 말씀

2003년 2월 24일 09시 35분

1 사랑하는 나의 아들아!
2 "네, 아버님! 말씀하옵소서."
3 너희들이 참진리의 길을 가는 것이며
나의 피조물 만백성이 하늘에 오르는
길을 간다 하면 어렵고 힘든 길을 선
택하여 가는 것이라 하였음이니라.
4 성서를 이해하는 것도, 너희들에게 가
장 어렵고 고통스러운 길로 모두를 해
석하여 너희 것으로 만들라 하였음이
니라.
5 그러니 너희들이 구원을 받는다 하여
나의 아들 예수요, 주 예수요, 구세주
라 부르짖는 것도,
6 너희들은 나의 아들 예수의 보혈로써
구원을 받았다는 간단하고 편안한 그
와 같은 가르침이요, 그와 같은 생각
에서 깨어나야 함을 알아야 할 것이니
라.
7 그와 같이 너희들이 부르짖기 전에,
종교 지도자는 정녕 나의 아들 예수의
삶을 바로 보고 가르치라 하였음이니,
그 개인의 삶이 과연 어떠했더냐?
8 내가 미리 너희들에게 말했듯이, 나의
사랑하는 아들은 나의 아들이며 세상
의 왕으로 그가 내려갔으니,
9 그는 두 벌 옷이 없었고 일정한 주거
지가 없었다 내가 너희들에게 그리 가
르쳤음이니라.
10 그리고 그는 아내도 없었고 재산을 모
아 둔 것도 없었으며, 동전 몇 닢을 쌓
아 둔 것도 없었느니라.
11 그리고 그는 모두를 스스로 다 해결했
으며, 그가 노력하여 얻은 만큼 그리
생활하고 갔음이니라.
12 그와 같은 것을 너희들은 들여다보지
도 아니하고 보지도 아니하며, 과연
그와 같이 살아가는 것이 너희들이 어
렵고 힘든 길 쪽으로 모두를 깨우쳐
너희 것으로 만들어 가는 길인가?
13 그저 나의 아들 예수가 흘린 보혈로써
구원을 받았으니, 너희들이 손으로 지
은 성전에 나오는 것만이 구원을 받는
다 말하는 것이 힘든 길인가,
14 예수의 삶을 그대로 행하고 따르라 하
는 것이 너희들에게 어렵고 힘든 길
인가?
15 여기에는 두말할 것 없이 답이 나와
있음이니라.
16 그러나 지금의 종교 지도자요, 그 신

도라 하여 구원을 받았다 하며 '믿습
니다.' '아멘!' 소리 지르고 있는 백성,
너희들은 과연 어찌 살아가는 것이며
무엇을 생각하고 사는가?
17 나의 아들이 단 한 벌의 옷을 가지고
살아갔던 그와 같은 삶을 너희들이 따
라가고자 하는가, 그저 그 보혈로써
구원을 받았다 소리 지르는 그 길만을
가고자 하는가?
18 너희들은 어렵고 힘들게 예수가 십자
가에 못 박혀 죽어 가면서 너희들을
용서해 달라 했던 그와 같은 애절한
사랑의 아름다움에는 귀를 막고 들으
려 하지 아니하며 보지도 아니하려 함
이니,
19 아름다운 말이요, 구원하는 진리의 말
은 귀를 막고 듣지 아니하려 하며,
20 사악한 것이요, 지옥으로 가는 그와
같은 이야기에만 너희들의 양식이요,
구원의 빛이라 그리 발버둥치고 소리
치고 가는 것이니라.
21 지금의 가르치는 종교 지도자요, 사악
한 자들이 단상에 서서 외치며, 그를
보고 따라가는 나의 백성, 신도라 하
는 너희들이 과연 어떠한 길을 가고
있으며,
22 너희들이 어떠한 길을 가는 것이 진정
한 나에게 오르는 길인가를 한번 들여
다볼 수는 없겠는가?
23 너희들은 예수의 보혈로써 구원을 받
았다 하며,
24 참진리요, 아름다운 사랑이요, 너희들
을 깨우치고자 하는 그 고통의 길이
요, 그 가르침은 들으려 하지 아니하
며,
25 행하고 지키기가 힘들고 어려운 가르
침은 듣지 않으려 하면서 너희들은 특
권 의식 속에 사는 그 믿음만이 세계
에서 최고며, 구원을 받은 것이며,
26 남들 위에, 그들 위에 존재하고 있다
는 착각 속에서 너희들이 살아감이니,
27 그것이 바로 너희들의 가장 어리석음
이요, 욕심 때문이라는 것을 알아야
할 것이니라.
28 너희들은 지금 어찌 사는가?
29 나의 아들 예수도 모든 백성은 다 같
은 형제며, 높고 낮음이 없다 그리 가
르치고 그리 전하였음이니라.
30 그러나 인간인 종교 지도자가 감히 세
치의 혓바닥으로 나의 피조물 만백성
의 고혈을 빨아먹으며 그들을 지옥으
로 인도하는 그자들은 바로 무엇인가?
31 주인과 종의 관계를 확실히 하고자
하며, 저희들은 주인이요, 나의 백성
은 종이라 그리 만들어 놓고 지금 가
고 있는 것이 바로 너희들 정신병자들
이 하고 있는 짓임을 알아야 할 것이
니라.
32 그와 같은 정신병자와 같은 자들 속에
서 너희들이 무엇을 배우고자 함이니,
인간 세상에서도 정신이 오락가락하
는 자가 모두를 지키고 살아갈 수 있
다 생각하는가?
33 정신이 오락가락하는 자는 믿을 수 없
으며, 언제 어떠한 돌발 사태로 사고
를 저지를지 모른다 하여 너희들이 경
계하고 멀리하면서,
34 어찌하여 너희들의 귀중한 영혼의 생
명을, 새로 태어나는 그 생명을 정신
병자들이 이끌어 가는 그것을, 정신병

자의 그 행동을 모르고 가는가?
35 이제 나의 사랑하는 백성 너희들이 불
쌍하여 내가 이 모두를 무서우리만큼
나의 아들을 통하여 이 법전에 기록하
여 너희들에게 전함이니, 이를 깨우쳐
야 할 것이니라.
36 이 법전이 사탄이 하는 것이라 하면,
나의 아들을 편안하게 살아갈 수 있도
록 너희들이 하고 있는 것이 가장 위
대하며 아름다운 것이요, 그 길만이
구원을 받는 길이라 내가 너희들을 칭
송하며 찬양하는 말로써 얼마든지 나
의 법전을 기록하여 세상에 내보낼 수
있을 것이니라.
37 그러나 이는 사탄이 아니고 나 여호와
창조주요, 만백성을 창조한 너희들의
어버이기 때문에,
38 자식에게 극약과 같은 매를 들며 그와
같은 말로써 너희들을 다스리는 것이
나 여호와이니,
39 오늘날 나의 법전을 기록하여 너희들
을 깨우쳐 줌이 너희들이 잘하는 것을
내가 탓하는 것인가, 너희들이 잘못하
는 길을 내가 탓하는 것인가?
40 이것을 한번 들여다보라.
41 너희들은 이를 보고도 알 수 있을 것
이니라.
42 성서를 깊이 읽어 정독해 보라.
43 거기에 나의 아들은 높은 자가 아니
며, 너희들 위에 군림하는 자가 아니
며,
44 보낸 자 나 여호와의 뜻에 따라 살아
가는 것이 하늘에 오르는 길이요,
45 나의 아들 예수는 자기 능력으로 아무
것도 할 수 없으며,
46 보낸 이가 있으니, 그 뜻대로 사는 것
이 예수를 따르는 길이며, 더불어 하
늘에 오르는 길이라 그리 명시하여 가
르쳤던 그 구절구절을 너희들은 한번
읽고 깨우쳐 보라.
47 과연 지금 나의 법전을 통하여 나의
아들이 너희들을 깨우치고자 하는 내
용이 어디가 잘못되었으며, 잘못 흘러
가는 내용이 있는가를 이를 보고 바로
깨우쳐 하늘에 오르는 영광을 얻도록
하라, 사랑하는 나의 아들딸들아!

5,182 번째 하나님 말씀

2003년 2월 24일 18시 28분

1 사랑하는 나의 아들아!
2 "네, 아버님! 말씀하옵소서."
3 너희들이 하루의 시간을 살아가면서
죄를 짓고 산다 하면 차라리 죄를 짓
지 아니하고 하루를 살지 않은 것만
못하지 않겠는가?
4 너희들은 시간을 다퉈서 죄를 짓고 살
며, 그와 같이 하루를 살면서 얼마나
너희들 자신이 부끄러운 삶을 많이 사
는가?
5 인간 너희들이 지금 그리 살아가느니
라.
6 그러니 너희들이 한 시간을 소비함에
있어서 그 시간이 어떠한 시간이던가?
7 나로부터 죽음에 대한 그 시간을 너희
들이 달려오고 있는 것이니라.
8 그런데 그 소중한 시간을 한 시간을
쓸 때 그 시간 속에 너희들이 나로부
터 부끄러운 일이요, 만백성에게 본보
기가 되지 못하는 아름답지 못한 행위

를 하며 아름답지 못한 삶을 산다면
그것은 얼마나 억울한 것이던가?
9 아름답게 써도 부족할 그 소중한 시간
을 너희들이 악한 것이요, 사악한 것
에 그 시간을 쓴다면 얼마나 억울한
인생을 사는 것이던가?
10 너희가 악한 짓을 하며 추한 짓을 하
며 인간으로서 부끄러운 짓을 하는 그
것이 다 죄가 된다 하였음이니,
11 너희들은 죄를 짓지 아니하고 사는 삶
을 사는 것보다도, 죄를 짓고 사는 데
그와 같은 소중한 시간을 낭비함이니,
얼마나 너희들이 어리석은 삶을 사느
냐?
12 하루에 열 시간을 살고 움직이면서
너희들이 열 시간을 선하고 착한 일을
하고 산다면 그 열 시간은 보람된 시
간이며 아름다운 시간이 아니던가, 그
리고 나로부터 받은 그 시간을 가장
값지게 너희들이 활용하는 것이 아니
던가?
13 그러나 열 시간을 살면서 스스로 너희
들이 죄를 짓고 사악한 짓을 하며 그
리 산다면,
14 그것으로써 모두가 끝나는 것이 아니
요, 너희들이 사악한 짓을 한만큼 나
에게 와 벌을 받고,
15 그에 따라 영원히 사는 새 생명이 태
어나는 영광을 얻지 못하며, 나로부터
버린 자식이 되어 지옥 불로 흘러가는
그와 같은 무서운 결과를 초래하는 것
이니,
16 그리하여 내가 너희들에게 삶을 아름
답게 살라 함이니라.
17 내가 너희들에게 지금 너희들이 힘이
있고 능력이 있을 때, 그 시간이 소중
함이니 그를 아껴 쓰라, 그리고 그 시
간을 죄짓는 곳에 쓰지 말며 선하고
아름다운 곳에 그 모든 시간을 투자할
수 있는 그와 같은 아름다움을 갖고
살라 해도,
18 너희들은 그를 듣지 아니하며 그저 그
와 같이 허송세월하는 사람이 많이 있
음이니, 이를 보는 나 여호와가 얼마
나 안타깝겠는가?
19 더군다나 모든 시간을 다 바쳐 구원의
길이요, 믿음의 길이라 달려가는 그
백성이 정녕 나와 관계없는 길을 달려
간다면, 과연 너희들은 얼마나 억울하
며, 잘못 사는 삶이던가?
20 그와 같은 너희들 자신을 한번 들여다
보고 너희들 자신을 되돌아보도록 그
리하라.

5,183 번째 하나님 말씀

2003년 2월 24일 18시 32분

1 사랑하는 나의 아들아!
2 '나의 법전을 가슴에 안고 정독하는
자, 반석 위에 일어서서 하늘에 오르
는 찬란한 빛을 보게 된다'는 그 구절
을 내가 너희들에게 가르쳤음이니, 너
희들은 이 뜻을 어찌 받아들이는가?
3 이는 육이 존재하는 이 세상에서 모두
가 다 이루어지며, 그 이루어짐이 구
원의 길에 연장된다는 것을 내가 너희
들에게 깨우쳐 줌이니라.
4 나의 법전을 가슴에 안고 정독하여 그
를 보고 깨우쳐 너희들이 그와 같은
삶으로 바꿔 가는 것, 그것만이 구원

의 길이요, 하늘에 오르는 길임을 알
라.
5 그리하여 나의 새로운 성경이요, 나의
법전이라 그리 말하였음을 너희들은
어찌 그리 모르던가?
6 이는 지금 사는 이 세상에서 너희들이
존재하는 속에서 이루어지는 그 모두
가 심판대에 올라서게 되는 것이며,
7 너희들이 그 삶을 어찌 살았느냐에 따
라서 나에게 오르고 못 오른다는 것을
내가 여기 십계명 뒤에 한 줄을 더 집
어넣어 그를 너희들에게 깊이 깨우쳐
주고 가르쳐 줌이니,
8 너희들은 이와 같은 뜻을 알아야 할
것이니라.
9 너희들이 육의 세상의 삶을 소홀히 생
각하며, 육의 삶 그 자체가 심판이라
는 것을 모르고 살며,
10 그저 나의 아들을 믿으며, 구주 예수
라 나의 아들을 찬송하고 부르면 너희
들이 구원을 받는다는 그와 같이 잘못
가는, 행위를 소중히 하지 아니하는
너희들에게,
11 육의 세상의 행위가 얼마나 소중한 것
인가를 가르쳐 주는 것이 바로 나의
아들이 내 뜻을 받아 법전에 기록하여
너희들에게 전함이거늘,
12 어찌하여 나의 아들을 귀신 들린 자
요, 사탄이요, 마귀의 자식이요, 이단
이라 그리 말하며, 나의 법전을 보지
아니하며 찢어 버리고 태워 버리는 그
와 같은 사악한 행위를 하는가?
13 너희들은 돌이켜 생각해 봐야 할 것이
니라.
14 2천 년 전 나의 아들 예수를 그와 같
이 고통스럽게 죽게 한 자들은 과연
어떠한 자들인가?
15 그 당시 믿음의 길을 가는 백성이요,
나를 찬양했던 자들이 저희들의 잘못
가는 것을 바로 가르치며, 모든 인간
은 평등하며, 다 형제며, 똑같이 사랑
하고 살아야 한다는 그것에,
16 저희들이 종을 부리기 위한 그와 같은
방법이요, 그 제도를 다 무너트리며
인간은 똑같다 부르짖는 나의 아들 예
수의 그 가르침에,
17 지금까지 내려왔던 저희들의 기득권
이요, 모든 그 탄탄한 조직이요, 저희
들이 지배했던 그 지배층이 무너지는
것을 볼 수 없어 나를 공경하며,
18 나를 따르는 그 백성이 나의 아들 예
수를 죽이라 그리 소리 질렀으며, 그
들이 팔고 죽이는 그와 같은 짓을 했
음이니라.
19 그러한 그 후손이 2천 년이 흘러온 지
금에도 이 세상에서 저희들만이 구원
의 길이요, 하늘에 오르는 길이라는
그 믿음의 성을 무너트리지 못하고 그
와 같은 소리를 똑같이 하고 있음이
니, 이것이 바로 어찌 된 일이던가?
20 2천 년 전에 나의 아들 예수를 죽게
했듯이,
21 지금의 나의 아들이 나의 법전을 전하
여, 너희들을 깨우쳐 하늘에 오르는
길을 인도하고자 하건만,
22 어찌하여 그 후손들이 오늘에 또 똑같
이 사악한, 감히 상상할 수도 없는 그
짓을 반복하려 하고 있는가?
23 내가 이를 용서하지 아니할 것이며,
너희들이 그 죄가 얼마나 무서운 것인

가를 알아야 할 것이니라.
24 나의 아들을 통하여 160권의 법전은
세상에 나올 것이며,
25 이 법전은 세상을 덮어 너희들의 사악
한 마음이요, 너희들이 나의 피조물
만백성을 잘못 이끌고 잘못 가는 그
모두를 다스리는 때가, 머지않아 심판
의 시대가 열린다는 것을 잊지 말라.

5,184 번째 하나님 말씀

2003년 2월 24일 20시 02분

1 사랑하는 나의 아들아!
2 "네, 아버님! 말씀하옵소서."
3 나의 아들 예수는 혈혈단신 세상에
내려와 만백성을 이끌어 가는 그 역사
를 이루었음이니,
4 그는 의식주가 준비되어 있지도 아니
하였으며
5 그저 한 벌의 입는 옷과, 그저 때에 따
라서 그가 강론하며 나의 뜻을 전하며
발이 닿는 곳에 가 잠을 자는 그와 같
은 삶을 살았으며,
6 그 모두를 그가 다 스스로 해결해 나
가면서 그와 같이 이끌어 갔었음이니
라.
7 그러니 그 삶이 얼마나 힘들었으며 그
역사하는 것이 얼마나 힘들었겠는가
를 너는 과연 상상이나 할 수 있겠는
가?
8 그러나 지금 나의 아들 너는 과연 어
떠하던가?
9 네가 머리 두고 누울 데가 있으며, 네
모두를 다 나 여호와가 도와주고 있으
며, 네가 의식주를 해결할 수 있도록
네 모두를 다 관장하여 역사해 줌이니,
10 너는 앉아서 기도하며 나의 성령을 받
아 책으로 만드는 그 일에 전념하는
데 게을리해서는 아니 되지 않겠는가?
11 네가 모두를 다 해결하며 역사하는 것
이 아니요,
12 나의 법전으로써, 내가 새로 내린 성
경으로써, 이 책으로써 네가 모두를
다 움직이며 활동할 수 있도록 나 여
호와가 너를 다 그리 지켜 주며,
13 또한 너의 제자들이 모두가 다 생업에
종사하며,
14 네가 나의 성령을 받아 법전을 세상에
만들어 내며, 네가 나에게 기도하며
그들에게 강론하게 하기 위하여 그들
이 맑은 마음의 자세로, 천사와 같이
곱고 아름다운 마음으로써 너를 지켜
보며,
15 때로는 너를 격려하며 너의 어려운 점
을 들어주고자 그들이 너를 찾아오고
있음이니,
16 너야말로 나의 아들 예수보다도 열 배
더 편안한 자세이며,
17 네가 그때보다 더 편안한 자세로써
네 육신의 고통과 정신적인 고통이 없
이 나의 성령을 받아 이 책을 만들어
내 만백성을 구하는 그 역사를 할 수
있으며 여건이 훨씬 낫거늘,
18 어찌하여 네가 이를 힘들다 생각하며,
감히 시간을 네 마음대로 낭비하는가?
19 네가 피로하다 하여 함부로 네 머리를
땅에 대고 눕는 그와 같은 시간을 가
져서야 되겠는가?
20 네가 모든 의식주를 해결하며, 네가
나의 아들 예수처럼 세상의 그 제자들

을 다 돌보며 이끌어 가는 속에서 강
론을 하고 다니는 그와 같은 길이라면
과연 얼마나 힘들고 어려웠겠는가?
21 너는 한 곳의 나의 성전에 상주하여
나에게 기도하며 경배함으로 내가 너
에게 모두를 다 전해 줌이니, 그것보
다 네가 편안한 자세의 삶이 없음이니
라.
22 그러니 내가 너를 나의 아들 예수보
다는 열 배 더 편안한 마음이요, 편안
한 자세로써 지금 모두를 이끌어 가고
있음을 알라.
23 너의 사랑하는 제자들이 네가 바르게
서기 바라며, 네가 나로부터 성령을
받아 160권의 법전을 빠른 시간 안에
만들어 내게 하기 위하여 그들이 바라
는 그 곱고 고운 마음이요, 그 아름다
운 마음에 상처를 줘서는 안 되며, 그
들의 마음을 아프게 해서도 아니 됨을
너는 알아야 할 것이니라.
24 종교 지도자는 뭐라 말하였더냐?
25 유리로 비춰 봐서 한 점의 부끄럼이
없는 그와 같은 삶을 사는 것이 지도
자라 하였으니,
26 너의 제자들이 너를 따르며 네가 바로
서기를 바라는 그들의 마음을 아프게
하며 그들의 마음에 상처를 주며,
27 네가 그들 앞에서 하는 말과 뒤에서
혼자 네가 어두운 밤에 행하는 모든
행동이요, 말이 다르다면,
28 이는 너는 살인하는 자보다도 더 사악
한 자라는 것을 잊지 말라.
29 그러니 너는 밤과 낮의 말이요, 행동
하는 것이 같으며,
30 네가 제자들을 사랑하는 마음이 항상
같아야 할 것이며,
31 그들의 고운 마음과 그들의 아름다움
이요, 네가 바로 가도록 그들이 모든
정성을 다 들여 너를 지켜 주고 있는
너의 제자들의 마음을 들여다보며,
32 그들의 정성을 들여다보며, 그들의 수
고로움을 들여다보며, 그들이 고통스
러운 길을 가는 것을 들여다보는 그와
같은 사랑하는 마음으로써 네가 갖고
있어야 함이니,
33 그 마음을 잠시라도 지워서는 아니 될
것이니라.
34 네가 끼니 때가 되면 너를 걱정하며,
네가 잠잘 시간이 되면 너를 걱정하
며, 네가 부족함이 무엇이 있는가 하
여 그들이 항상 보살피며 생각하는 그
정성이요, 그 아름다운 마음에 네가
역행하는 것, 그들을 배신하며 그들을
속이며 그들에게 거짓된 말을 하며 거
짓된 행위를 하는 것이 하나라도 있어
서는 아니 됨이니,
35 그것이 바로 종교 지도자가 가는 길이
요, 나로부터 선택된 백성이 가는 길
이니라.
36 이제 네가 변화되며 더 깨우치며 그리
하여 네가 바로 섰을 때, 너를 보는 그
제자들이 또 바로 설 수 있음이니라.
37 사랑하는 나의 아들아!
38 이 세상에 아무도 가지 못한다 해도,
너는 나의 계명을 지키며 나의 법전을
지키며 바로 살며 아름다운 삶을 살아
가는 그와 같은 자로서 네가 굳건히
지키도록 그리 노력하라.
39 내가 너에게 노력하라 함은, 네가 노
력해서 얻은 것만큼 그 모두를 네가

실천할 수 있으며, 단단한 역사 위에
단단한 기초 위에 네가 그리 변할 수
있음이니라.
40 내가 너에게 쉽게 모두를 깨우쳐 주고
가르쳐 줘 네 손에 쥐여 줬을 때,
41 너는 쉽게 얻었음이니 그것이 귀한 줄
모르며,
42 그와 같은 일에 부닥쳤을 때, 네가 얻
은 만큼 견딜 수 있는 그와 같은 인내
함이 없음이니,
43 너 스스로 깨우쳐 얻도록 그리 내가
너에게 지금 훈련을 시키고 있음이니,
44 바로 서고 바로 가도록 하라.
45 그리고 너를 위하여 모두를 다 바치며
너를 바라보는 그 제자들의 마음에 상
처를 주는 일이 있어서는 아니 되며,
그들에게 거짓 하는 일이 있어서도 아
니 되며, 그들을 기만하는 일이 있어
서도 아니 됨이니라.
46 그리하니 네가 그와 같은 행위를 하지
아니하고 당당히 살면서 또 그 제자들
에게 그와 같은 모습으로 살아갈 수
있도록 그들에게 가르쳐 주도록 그리
하라, 사랑하는 나의 아들아!
47 그리하여 그들이 열 명 이상의 그 제
자들을 육성하고 또 나의 성전에 와
너의 강론을 듣게 될 때,
48 내가 그들에게 하나씩의 상을 내려 준
다는 그 약속은 반드시 지켜질 것이며
그리 역사할 것이니,
49 그들에게 나의 뜻을 다시 한 번 깊이
전해 주도록 하라, 사랑하는 나의 아
들아!
50 내가 너에게 법전을 내리는 지금이 2
년이라는 세월이 지난 다음에 내가 그
들에게 각자 열 명씩 제자를 선택하
여 나의 성전에 와 나의 강론을 직접
듣게 하라는 것을 내가 2년 만에 너에
게 전함이니,
51 오늘의 너희들의 깨달음이 있을 때까
지 2년 동안을 기다렸음이니,
52 2년 동안 공부하고 깨달은 것이 바로
너희들이 제자를 육성할 수 있는 그와
같은 나의 사랑하는 아들딸로서 성장
하였음이니,
53 나 여호와의 기쁨이요, 만백성의 기쁨
이요, 하늘의 모든 천사도 다 같이 기
뻐함이니,
54 너희들이 여기서 무너지지 말며, 더
정진하고 더 노력하여 너희들이 제자
를 다스릴 수 있는 선생으로서 한 점
의 부끄럼이 없이, 손색이 없는 그와
같은 길을 가도록 그리하라.
55 너희들이 말을 잘하는 것이요, 설교를
잘하는 것이요, 나의 법전의 강론을
잘하는 그것이 아니라,
56 너희들이 행동으로써 묵묵히 그들에
게 보여 줘, 그 모든 제자들이 그 선생
이 하는 언행을 보고 따를 수 있도록
곧고 바른 자세로 살아가도록 그리하
라.
57 그들이 너를 보고 따르며 배우는 것보
다도, 그들이 그 제자들을 가르침에
의해서 그들이 바로 설 수 있는 그 무
서움이 있어, 더 그들이 변하는 역사
가 쉽게 이루어질 것이며,
58 그들이 제자를 열 명씩 만들었을 때,
변하는 그 속도는 무서우리만큼 역사
할 것이니라, 사랑하는 나의 아들아!

5,185 번째 하나님 말씀

2003년 2월 24일 20시 11분

1 사랑하는 나의 아들아!
2 "네, 아버님! 말씀하옵소서."
3 나로부터 선택된 백성, 법전을 읽고
깨우친 백성, 너희들은 지금까지 살아
오면서 너희들도 모르게 지은 죄, 알
면서 지은 죄, 그 모두를 다 털어 버리
는 그와 같은 삶을 살아야 할 것이니
라.
4 그 속에서 너희들이 고통스러운 삶이
며 그 아팠던 삶이요, 그리고 남에게
해서는 안 되는 잘못된 그 모든 삶이
요, 나 여호와에게 부끄러운 그와 같
은 삶을 살아온 그 모두를 하나하나
너희들의 가슴에서 꺼내 그 모두를 다
먼저 지워 버리는 노력을 해야 함을
알아야 할 것이니라.
5 너희들이 그 모두를 지우는 것은 말로
써 지우는 것도 아니요, 그 상대방의
이름을 부르며 눈물로써 회개하며 부
른다 하여 그것이 지워짐이 아니니라.
6 그 모두는 그들의 아픔이 있었기에,
그들의 고통이 있었기에,
7 너희들이 잘못하며 잘못된 짓을 할 때
마다 상대방의 그 아픔이 있었음이니,
그를 너희들이 다른 사람들에게 열 배
로 갚는 그와 같은 무한한 노력, 무수
한 선행을 하는 길밖에 없음을 너희들
은 알아야 할 것이니라.
8 그러니 너희들이 지난날에 잘못 살았
던 그 모두를 가슴에서 꺼내어, 고통
스럽고 아프며 잘못된 그 모두에 그
몇 배를 다 선행으로써 갚는 그와 같
은 삶을 살도록 그리하여야 할 것이며,
9 지금의 삶에 나 여호와의 계명이요,
내가 나의 아들을 통하여 내리는 새로
운 법전이요, 새로운 성경, 그 내용대
로 지키고 살아가는 거기에 모두를 다
바치는 그와 같은 삶을 살지 아니하면
아니 됨을 너희들은 깊이 깨달아 행하
도록 그리하라.
10 잠시도 그와 같이 살아감에 게을리해
서는 아니 되는 것이며,
11 너희들이 나의 법전을 손에서 놓고,
세상살이를 살며 생각날 때마다 임의
로 한 줄씩 읽는 그와 같은 마음으로
써는 나의 법전의 내용을 알 수 없음
이니,
12 너희들이 항상 나의 법전을 의식하고
생각하며 너희들의 손에서 놓지 않는
그와 같은 삶의 자세로 살아갈 때, 너
희들이 그 모든 이치를 깨우칠 것이니
라.
13 그리하여 하늘에 오르는 이치요, 나
여호와가 역사하고자 하는 그 뜻을 너
희들이 알았을 때, 그때는 너희들이
서서히 나의 법전을 정독하고 깨우쳐
가도 될 것이니라.
14 너희들이 내가 원하는 것이 무엇인가
를 깨달을 때까지 너희들은 나의 법전
을 읽고 또 읽어 그 뜻을 알도록 그리
하라.
15 오늘의 너희들이 나의 법전대로 살아
가며 나의 계명대로 살아가는 것이 얼
마나 고통스럽고 힘든 길인가?
16 아무나 그와 같이 갈 수 없다는 것을
나 여호와는 잘 알고 있음이니라.
17 그러나 너희들은 그 길을 가는 것이

오늘의 고통이 아니요,
18 축복이요, 행복임을 알아야 할 것이니
라.
19 너희는 정녕 행복함을 알아야 할 것이
니라.
20 나 여호와로부터 너희들이 선택된 백
성이요, 그리하여 너희들이 나의 법전
을 읽으며 나 여호와가 이루고자 하는
것을 다 알고 있음이니,
21 내가 너희들을 나의 계획과 나의 뜻
안에 쓰고자 준비되고 선택된 백성이
라는 것을 잊어서는 아니 될 것이니,
22 이 세상의 창조주요, 나 여호와로부터
쓰고자 선택된 백성이요, 내가 이루고
자 하는 그 계획이요, 내가 역사하고
자 하는 그곳에 너희들을 쓰고자 나로
부터 선택된 백성이니,
23 이보다 더 큰 희망과 영광이요, 축복
이 없다는 것을 너희들은 알아야 할
것이니라.
24 그러니 나로부터 내 계획에 의하여 내
뜻에 따라 선택된 너희들이 역사를 이
루는 나의 아들딸로서 선택되어,
25 오늘에 나의 법전을 읽고 너희들 스스
로 변화되는 삶을 살아가는 것, 그리
고 너희들이 어렵고 힘든 그 변할 수
없는 고비 때마다 너희들이 고통과 눈
물로써 그 고비를 넘어 가며,
26 악과 선의 선택에서 악을 버리고 선
을 선택할 수 있도록 그와 같이 너희
들이 오늘의 변화되는 그 삶은 정녕
상처와 고통이요, 괴로움이 아니니라.
27 그 모두는 나 여호와로부터 너희들이
새로 씻음을 받으며, 나로부터 축복을
받으며, 새로 태어나는 영광의 길을
너희들이 나에게 오며,
28 나로부터 내가 부르는 나의 가슴에 지
금 오고 있음을 너희들은 알아야 할
것이니라.
29 이제 내가 너희들에게 다시 깨우쳐 전
함이니라.
30 너희들이 오늘의 상처요, 고통이요,
그 괴로움은,
31 남들은 편안하게 살며 이 고통의 길을
가지 않는 백성 그들보다도 유독 나의
법전을 지키며 십계명을 지키며 그 어
렵고 힘든 길을 가는 너희들이 바로
어떠한 백성인지 알겠는가?
32 그를 잊어버리고 사는 백성 그들은 나
에게 와 심판을 받아 죽음의 길로 지
옥으로 가나,
33 너희들은 밤에 졌다 아침에 떠오르는
태양처럼, 너희들의 그 육의 삶이 끝
나고 나에게 왔을 때 그 빛보다도 더
찬란하게, 그보다도 더 아름답게 너희
들이 다시 태어남을 알아야 할 것이니
라.
34 졌다가 아침에 떠오르는 태양보다도
더 찬란하고 아름답게 너희들의 새로
운 생명이 역사함이요,
35 그 생명은 바로 내가 나의 천국이요,
나의 나라에 와 너희들이 영원히 사는
그 축복이니,
36 그보다 더 큰 영광이요, 축복이 없음
을 너희들은 알라.
37 오늘의 육의 삶에 너무 연연하며, 그
육에 의하여 너희들이 구원을 받는 다
음 세상이 있는 것을 잊어버리고 사는
그와 같은 백성이 되어서는 아니 됨을
알아야 할 것이니라.

38 오늘의 고통은 나 여호와가 너희들을
쓰고자 너희들을 내가 필요로 하여 그
길을 간다는 것을 잊지 말라.
39 그러니 그 모두는 너희들의 축복이요,
영광이라 그리 생각하며,
40 너희들이 오늘의 고통을 즐거운 마음
으로 기쁜 마음으로 받아들여 살아가
는 그와 같은 용기 있는 삶으로써 너
희들이 나에게 달려오는 선택된 백성
으로,
41 또 하나의 손색이 없으며 부족함이 없
는 그와 같은 너희들로서 변해 주기를
바라는 바이니라.
42 너희들이 바로 서고 바로 변했을 때,
나의 피조물 만백성이 역사할 수 있음
을 알라.

5,186 번째 하나님 말씀

2003년 2월 24일 20시 18분

1 사랑하는 나의 아들아!
2 "네, 아버님! 말씀하옵소서."
3 적은 세월이 아니니라.
4 6천 년이라는 그 세월은 길고도 긴 너
희들의 시간이니라.
5 그 6천 년 동안 흘러온 지금의 종교
지도자들이 오늘의 서 있는 자리는 과
연 무엇이던가?
6 모든 종교 집단의 지도자를 놓고 너
희들이 성공이라는 그 단어를 사용할
때,
7 너희들은 성공했다는 그 단어를 어느
기준에 의해서 지금 사용하고 있는가?
8 너희들은 종교 지도자가 남들보다도
더 큰 교회요, 큰 성전을 가지고 있으
며,
9 그리고 많은 백성 앞에 서서 설교할
수 있는 그 많은 신도를 거느리는 그
숫자를 가지고 너희들이 따지며,
10 너희들이 거둬들이는 각종 헌금에 명
칭을 붙여 많은 재물을 거둬들이는 자,
11 그와 같은 역사를 하는 자들을 너희들
은 성공했다 생각하며, 또 그를 위대
한 자라 생각하며, 그를 부러워하는
것이 너희들 종교 집단이니라.
12 또 그와 같은 수단을 가지고 있는 자,
장사꾼의 탁월한 수완을 가지고 있는
종교 지도자들은 그리하여 내가 사랑
하는 나의 백성을 저희들의 종이나
물건이 되듯이 그들의 머릿수를 세고,
13 저희들이 지은 성전이요, 교회요, 그
집단의 머릿수를 가지고 팔아먹고,
14 또 다른 데 가서 만들어서 또 파는 그
와 같은 장삿속으로 하는 종교 지도자
가 이 세상에 없다 말할 수 있는가?
15 그와 같은 자들이 지금 지도자로 서
있는 것이 지금의 너희들의 형국임을
알아야 할 것이니라.
16 진정한 깨달음이요, 참진리를 연구하
여 가르치며, 단 한 명이라도 세상에
의인이 있으면 그를 내가 바꾸지 아니
한다 하였거늘,
17 한 명의 의인을 만드는 데 너희들의
모두를 다 바치는 그와 같은 참진리
요, 나 여호와의 뜻에 따라 가르치고
지도하는 것이 아니라,
18 많은 신도들을 거느리며 많은 재물을
거둬들이며, 그와 같은 자를 성공했다
하며, 그 성공 여부로써 구분하며 그
를 따르는, 그리고 그를 부러워하는

것이 지금 가고 있는 지도자들의 형국
이니라.
19 너희들이 믿음의 길이라 하는 것이 과
연 진정한 믿음의 길을 지금 가고 있
는가?
20 너희들은 나의 성경을 마음대로 고쳤
으며 너희들의 임의대로 고쳐, 너희들
이 유리한 쪽으로 모두를 생각하며 설
명하며 해석해서 그리 행하고 있음이
니라.
21 그것도 부족하여 너희들은 믿음이라
하여 가는 그 지도자들이 인간적인 세
상에 인간 세속의 삶의 방법을 적용
하여 거기에 살아가기가 바쁘며,
22 너희들이 성경으로써 나의 피조물 만
백성을 깨우치고 참진리로 가는 것이
아니라,
23 우리 부자의 이름까지 거기다 붙여 인
간의 삶의 방법과 수단으로써 모두를
밀고 나가며,
24 거기에 초점을 맞춰 행사하며, 나의
사랑하는 백성을 이끌고 가는 것이 너
희들의 지금의 사악한 형국이니라.
25 그러니 폭리를 남기는 장사꾼이 이익
을 남기는 그 수단과 방법보다도 너희
들의 방법이 더 무서운 계산으로써 나
의 백성에게 영수증 하나 주는 것이
없이 평생 그 재물을 긁어모으며 나의
피조물 만백성으로 하여금 맹종토록
하는 것이 지금의 종교 지도자 너희들
이 하고 있음이니라.
26 그리하여 나의 피조물 만백성을 저희
들의 종과 같이 부리며, 제가 마음대
로 휘두를 수 있는, 그와 같이 저희들
에게 속해 있는 주인과 종의 관계보다
더 무서운 관계를 맺어 놓고,
27 너희들의 선전술로 절대적인 울타리
를 쳐 놓으며 넘을 수 없는 금을 그어
놓고 나의 피조물 만백성을 그와 같이
부리고 악용하는 것이 너희들이니라.
28 성경을 갖고 너희들이 나의 피조물 만
백성을 아름다운 쪽으로 가르치며 하
늘에 오르는 길로 가르치는 것이 아니
요,
29 너희들은 우리 부자의 이름을 가지고,
성경이라는 그 글귀를 가지고 지금 사
탄들과 타협하며 사탄들과 협잡하여
너희들이 지금 지탱해 가고 있다는 것
을 알아야 할 것이니라.
30 우리 부자의 이름을 팔아 우리 부자의
뜻이라면서 너희들은 사악한 짓을 하
며,
31 성서에 기록된 이 역사를 이루기 위함
이라면서 너희들은 부정을 하며 추한
짓을 하며 죄를 짓고 살아가니,
32 그와 같은 너희들의 그 모두를 다 우
리 부자의 이름으로 덮어 나가며,
33 하늘의 뜻이요, 나 여호와의 뜻이라
하여 너희들이 잘못하며 나쁜 짓을
하는가 하면, 인간으로서 도저히 용서
할 수 없는 짓을 하면서도 너희 신도
들이 너희들을 다스릴 수 없다 하여,
34 그리 너희들이 허물 수 없는 그 장벽
을 쳐 놓고 그 안에서 사악한 행위를
하며 인간의 향락을 즐기는 데 모두를
다 바치고 있음이니,
35 너희들이 나의 뜻을 가르치는 것이 아
니요,
36 악마요, 사탄과 협잡하고 타협하여 그
들과 의논하여 그들이 즐거워하는 행

동을 하며,
37 그 사탄이요, 사악한 자들이 즐거워하
며 웃는 모습을 보며 그들이 행복해하
는 모습을 보기 위하여 너희들이 그
들의 종이 되어 지금 사악한 행위를
하고 있음을 잊어서는 안 될 것이니라.

5,187 번째 하나님 말씀

2003년 2월 24일 23시 34분

1 사랑하는 나의 아들아!
2 "네, 아버님! 말씀하옵소서."
3 너희들이 인간 세속에서 살아가면서
인간으로서 만들어 놓은 것, 그리고
인간으로서 역사한 것, 너희들이 다듬
고 세우는 그 광명이요, 부귀와 영화
요, 그 모두를 다 이루는 것,
4 인간 세상에서 너희들이 이루는 것은
나 여호와에게 하나도 가지고 올 수
없으며, 너희들이 죽어 갈 때 가져갈
수 없는 것이니라.
5 너희들이 아무리 소중한 것이며 아무
리 귀한 것이라 하며, 너희들이 손에
놓기 싫어 몸부림치는 것이라 해도,
6 너희들이 죽을 때 그를 손에서 놓지
아니하는 자 없으며, 그를 가지고 가
는 자가 없는 것이니라.
7 너희들이 죽어 갈 때, 인간 세상에서
만들어진 것을 하나도 나에게 가지고
올 수 없다는 것을 눈으로 보고 안다
면,
8 너희들이 하늘나라의 나에게 재물을
많이 바침으로써 구원을 받는다 그리
가르치는 종교 지도자들이 얼마나 사
악하고 간악한 자들인가를 알겠는가?
9 너희들 스스로 이제 이 이치를 깨달으
라.
10 나 여호와는 아무것도 필요 없다 말하
였음이니라.
11 하늘나라에는 그와 같은 것이 필요로
하지 아니하며, 아무것도 나는 관계없
다 하였음이니,
12 나는 다만 너희들에게 먹고살 수 있는
그 모두를 내려 주고 베풀어 주는 여
호와 하나님이요,
13 내가 너희들에게 받아들이는 것이 아
님이니라.
14 내가 받아들이는 것이 아니라 하여 나
의 아들을 통하여 나의 법전이요, 새
로운 성경에 기록하여 너희들이 귀가
따갑도록 그리 전하고 전하며,
15 하늘에 재물을 쌓아 놓는 것이 잘못
가르치는 종교 지도자들이 도둑질하
는 것이며,
16 너희들이 각종 헌금이라 하여 바치는
것이 다 그들이 내 이름을 팔며 나의
아들 이름을 팔아 도둑질하는 것이라
내가 그리 말하였음이니라.
17 너희들이 정녕 그를 쌓아 놓음으로써
죽어 하늘에 와 나에게 그 축복과 영
광을 받는다면,
18 너희들이 지상에서 이루어진 그 모두
를 너희들이 죽을 때 가져갈 수 있는
그와 같은 역사가 이루어질 것이니라.
19 그러나 너희들은 하나도 가져가지 못
하듯이, 너희들이 죽어서 나에게 영혼
이 올라오는 것이요,
20 그 재물이나 무엇을 쌓아 놓는 것은
너희들이 죽을 때 가져가지 못하듯이,
21 하나도 너희들과 관계없으며, 그것으

로써 나에게 구원을 받을 수 없음을
알라.
22 너희들이 재물을 하늘나라에 많이 바
침으로써 구원을 받는다면, 내가 너희
들이 죽어 갈 때 그 재물을 가져갈 수
있도록 그리했을 것이니라.
23 네가 노력해서 벌었으며 네가 거둔 그
것을 네 영화나 부귀를 위하여 네가
산다는 데, 내가 왜 그를 반대하겠는
가?
24 그리고 너희들은 들어야 할 것이니라.
25 나 여호와가 재물을 많이 받음으로써
내가 너희들의 죄를 용서해 주며 너희
들을 내가 나의 품에 안고 천국에 올
수 있도록 한다면,
26 너희들이 재물을 잔뜩 짊어지고 와서
나에게 영광을 받겠다는 것을 내가 그
를 왜 못 하도록 하겠는가?
27 너희들이 죽어 갈 때 바리바리 지고
가 쌓아 놓도록 내가 그리할 것이며,
28 그를 가지고 나에게 오면 나는 그 재
물을 거둬들임이니, 영광되며 나의 기
쁨이 있지 않겠는가?
29 너희들이 지금 나에게 바치는 것이 무
엇이던가?
30 너희들은 성전을 너희 자신이 관리하
기 힘들어 나의 재물을 도둑질함이니
라.
31 그리하여 나의 아들이요, 나의 이름을
팔고 있는 것이 아니던가?
32 그러면 너희들이 도둑질한 재물이든
강도질한 재물이든 그저 갖다 바치기
만 하면 축복받는다 그리 말함이니,
33 너희들은 도둑질하고 강도질하며 부
정하고 추하게 번 그 돈도 다 그저 갖
다 바치기만 하면 축복을 받는다 하니,
34 나 여호와는 무슨 돈이든 너희들이 죽
을 때 바리바리 짊어지고 쌓아 가지고
하늘에 와서 나에게 바치도록 그리 만
들 것이 아니던가?
35 너희들은 이와 같은 이치를 깨달으라.
36 너희들이 얼마나 사악한 짓을 하고 있
으며, 나의 피조물 만백성 너희들은
얼마나 어리석게 끌려가고 있는가?
37 너희들이 죽어 갈 때 한 닢도 가져가
지 못하듯이,
38 너희들이 죽어 나에게 올 때 한 닢도
하늘에 와서 그것이 너희들을 구하고
너희들을 영광의 길이요, 하늘에 오르
는 길이요, 죄사함을 받으며 축복을
받는 것과는 전혀 관계가 없음이니라.
39 그와 같은 이치를 너희들은 깨달아야
할 것이며, 그 의미를 알아야 할 것이
니라.
40 너희들이 남들이 집을 지으며 담장을
쌓는 곳에 돌 하나 주워다 주는 것만
큼도, 너희들이 아무리 많이 갖다 바
치고 많이 쌓아 놓아도 나와는 아무런
관계도 없음이니라.
41 너희들이 지나가는 노인의 짐 하나를
들어 주는 것은 그를 가져올 수 있으
나,
42 그것만큼도 못한 것이 너희들이 수없
이 바치는 그 재물의 가치이니라.
43 내가 준 재물을 내가 거둬들인들 내가
그것이 무엇이 필요하겠는가?
44 그와 같은 이치를 너희들은 하나하나
깨닫고 너희들의 삶을 바로 살아야 할
것이니라.
45 육의 세상에서 이루어지는 것은 하나

도 나에게 가지고 올 수 없다는 그와 같은 깊은 뜻을 너희들은 알아야 할 것이니라.
46 하나도 가지고 오지 못하며, 나와는 관계없음을 너희들이 알아야 할 것이니라.
47 그러니 너희들이 나에게 오를 수 있는 것은 진정한 기도요, 경배요, 깨우침이요, 회개요, 너희들이 죄를 짓지 않는 것이요,
48 악하고 죄를 지은 그 모두를 가슴에서 하나씩 끌어내어, 그 이상으로 몇 배의 선한 일을 행하며 살아가는 그것이 너희들이 나에게 구원을 받는다는 것을 잊어서는 아니 될 것이니라.
49 재물을 가져올 수는 없음이니라.
50 인간 세상에 이루어진 그 모든 재물은 하나도 너희들이 가지고 올 수 없듯이,
51 인간 세상에서 너희들이 이루어진 그 모든 선과 악이요, 그 두 가지만이 나에게 따라온다는 그 이치를 잊어서는 아니 될 것이니라.
52 이제 그 의미를 알라.
53 내가 너희들에게 뭐라 말하였느냐?
54 너희들이 떨어지는 낙엽 하나를 정성껏 나에게 바치는 그 마음이면 세상의 어떠한 재물보다도 나에게 더 소중하다 하였음이니라.
55 그러니 그 나의 가르침이요, 나의 뜻을 너희들이 알도록 하라.
56 너희들은 이제 알 것이니라.
57 모두가 다 부질없는 것이며, 너희들이 가고 있는 길이 잘못된 길이며, 사악한 종교 지도자들이 재물을 거둬들이며 저희들이 쓰고자 지금 수단과 방법을 다 동원하여 너희들을 우롱하고 있다는 것을 알아야 할 것이니라.
58 너희들이 인간 세상에서 이루어 놓은 모든 재물이요, 너희들이 역사한 것을 하나도 가지고 올 수 없듯이,
59 너희들이 생각하고 머리로 연구하는 것, 그 모두는 넘지 못하는 그 한계가 있음을 알아야 할 것이니라.
60 너희들의 머리를 가지고 너희들의 생각으로 하늘을 지배할 것처럼 그리 말하나,
61 너희들은 지금 모든 인간 세상에서 이루어진 것은 하나도 가져오지 못하며 다 놓고 오듯이,
62 인간 세상의 너희들의 머리로 생각하며 연구하는 것은 아무리 높고 기발한 방법으로써 세상을 다 지배할 것처럼 생각해도, 너희들은 또한 그 한계를 넘지 못함을 알라.
63 재물을 가지고 나에게 올 수 없듯이, 너희들이 생각하는 것, 연구하는 것, 그것 또한 한계가 있어서 인간 세상의 그 한계를 넘지 못함이니,
64 이것이 바로 너희들이 처해진 운명이며, 너희들이 가야 할 길이며, 그리 행하여짐을 알아야 할 것이니라.
65 너희들이 이 세상에 살다 죽어 갈 때 재물을 하나 가져가지 못하듯이, 너희들이 하늘에 그 재물을 갖다 쌓아 놓을 수 없듯이,
66 이 또한 아무리 머리가 명석하며 아무리 천재적인 재능을 가지고 생각한다 해도 너희들이 하늘의 이치를 알 수 없듯이, 그와 같이 한계가 있음이니라.
67 너희들이 생각하고 연구하는 것도 천

국이요, 내 나라는 그것이 하나도 반
영되지 않으며,
68 그것이 그 세상을 넘어올 수 없으며,
그 선을 넘지 못하는 것이 너희들의
생각이며,
69 재물은 육에서 사는 데 필요한 것이
요, 하늘에는 모래알만큼도 가치가 없
으며, 하나도 필요 없으며, 그를 받아
들이지 않는다는 이와 같은 이치를 알
고 살아가는 백성이 되도록 그리하라.

5,188 번째 하나님 말씀

2003년 2월 24일 23시 42분

1 사랑하는 나의 아들아!
2 "네, 아버님! 말씀하옵소서."
3 구약 시대와 신약 시대를 흘러 내려
온 그 종파의 뿌리요, 지금의 방대한
종교 집단의 그 능력과 물질이 한계를
넘고 넘치며 그와 같이 성장되어 있
는 종교 집단이요, 그 밑에서 나의 피
조물 만백성을 지도한다는 지도자,
4 너희들은 다 똑같이 나 여호와를 속일
듯이, 나를 속일 수 있는 것처럼, 그리
고 내가 모르는 것처럼 교묘하고 사
악한 방법으로 나의 백성들에게 속임
수를 쓰고 있으며,
5 그 속임수를 가지고 그들의 재물을 거
둬들이는 그와 같은 행위를 하고 있는
것이니라.
6 너희들이 내가 모를 것이라 생각하는
것, 내가 보지 못할 것이라 생각하는
그 교묘하고 사악한 방법,
7 그 모두를 나는 하나도 놓치지 아니하
고 너희들의 이름 밑에 기록해 놓고
있음을 너희들은 알아야 할 것이니라.
8 이는 곧 너희들이 죽어 왔을 때 그 무
게에 따라 너희들이 지옥 불에 가 대
가를 치른다는 것을 잊어서는 아니 될
것이니라.
9 이제 사랑하는 나의 백성 너희들은 들
으라.
10 모든 종교 지도자들이 교묘한 방법으
로 너희들이 감히 생각할 수도 없는
그 사악하고 능란한 방법으로써 너희
들의 재물을 착취해 가며, 너희들을
지금 지옥의 구렁텅이로 인도한다는
것을 알아야 할 것이니라.
11 너희들이 이를 정녕 알지 못하겠거든,
12 내가 지금 잘못 가고 있다 하여 나의
새로운 성경이요, 나의 법전에 기록하
여 너희들에게 전하는 이 대목을 읽거
든,
13 너희들이 그 순간부터 한 획도 고치고
빼도 안 된다는 그 성경책을 정독해서
한 번 읽어 보고 또 읽어 보라.
14 너희들이 정독해서 읽게 되면 그 속에
잘못된 부분을 알 수 있을 것이며,
15 그리고 나서 나의 법전을 정독하면 너
희들이 몰랐던 그 부분의 모두를 다
알게 될 것이며,
16 나의 법전은 나 여호와가 같이한다 하
였음이니, 그리고 나의 성령의 뜻이라
하였으니,
17 너희들이 나의 법전을 정독하면 성경
을 정독해 깨우치고 얻지 못한 것까지
거기서 찾을 수 있고 얻어짐을 너희들
은 알라.
18 너희는 신도들에게 지금 속임수를 쓰
고 있느니라.

19 그리고 모든 종교 지도자들이 나의 순
박한 백성에게 재물을 거둬들이고 너
희들을 혼란케 하고 있으며, 그리하여
그들은 저희들이 스스로 지은 죄를 알
고 있느니라.
20 그리하여 저희들은 나의 피조물 만백
성 앞에 성인군자처럼 호화찬란한 모
습으로써 사기극을 벌이나,
21 저 혼자 캄캄한 방에 있을 때는 제 죄
가 무서워 제 죄를 용서해 달라 기도
드리는 것이 지금의 종교 집단이요,
지도자들이 가고 있는 형국이 아닌가?
22 저희들의 잘못된 그 죄가 두렵고 무섭
기에 예수님이요, 그리고 창조주요,
영광의 하나님이요, 저희들의 죄를 용
서해 달라, 살려 달라, 저 자신이 혼자
캄캄한 방에서는 기도 드리는 불안한
마음을 가지고 살고 있는 것이 그들이
아니던가?
23 저희들이 하고 있는 그 사기극을 나
여호와요, 나의 아들 예수에게 제발
눈을 감아 주십사 그리 기도 드리는
자들이 아니던가?
24 그리고 언젠가는 바로 서 나의 아들
예수가 원하는 길이요, 나 여호와가
원하는 길을 가겠다 그리 후회하며 눈
물의 기도를 드리지 않는가?
25 그러면서 그들은 또 그 다음 날 나의
피조물 만백성 앞에서 그와 같은 죄를
지으며 그 사악한 짓을 하고 있느니라.
26 그리하여 저희들이 나의 아들 예수에
게 기도하고 또 죄짓고 또 기도하기가
부끄러워 그들은 어찌 말하는가?
27 '주 예수여! 영광의 주 예수여! 우리
가 주 예수를 구세주라 부르며, 우리
가 주 예수를 하나님과 같이 신격화하
여 그렇게 만들어 당신을 우리가 받들
지 않습니까?
28 마구간에서 태어난 예수 당신을 지금
창조주 하나님과 같이 우리가 신격화
하여 이렇게 만들어 놓고 모시고 있으
니, 그 공은 있는 것이 아닙니까?' 하
고 그들은 나의 아들에게 반박하는 마
음을 가지고 있으며,
29 그들이 그와 같은 사악한 생각으로써
죄를 짓고 또 용서를 빌며 또 죄를 짓
고 그와 같이 살아가는 것이 오늘의
종교 지도자들이라 하면, 그들은 뭐라
말하겠는가?
30 나 여호와가 보는 형국은 그러하니라.
31 마구간에서 불쌍하게 태어난 나의 아
들을 그들이 나 여호와처럼 똑같이 동
등한 신으로 만들었으며,
32 영광의 구세주요, 너희들을 구원하는
구세주라 부르도록 저희들이 그렇게
만든 그 공로는 나의 아들 예수에게
인정해 달라는 것이며,
33 그 공로로 인하여 저희들이 지은 죄를
나의 아들에게 눈감아 달라 하며,
34 나 여호와가 저희들의 죄를 눈감아 주
기를 바라는 것이 그들의 그 추악하고
더러운 마음이 아니던가?
35 어찌하여 그들은 그리도 부끄러운 줄
모르며, 그리고 저희들이 또 지도자라
하여 모든 나의 백성 앞에 근엄한 자
세요, 성인군자처럼 서서 또 세 치의
혓바닥으로 너희들을 울리고 우롱하
며 재물을 또 받아 가며 재물을 거둬
가는 그와 같은 짓을 하고 있음이니,
36 하늘의 영광은 재물의 양에 달려 있다

하는 그들의 사기극에,
37 나의 불쌍한 백성이 평생 그들을 따라
그들의 명에 의해 손발이 저리도록 번
재물을 갖다 바치는 그와 같은 행위를
계속 반복하고 있음이니라.
38 그와 같이 반복하고 또 거둬들이면서,
종교 지도자 저희들은 캄캄한 방에 앉
아 나에게 기도를 하느니라,
39 제발 눈감아 달라, 그리고 못 본체 해
달라, 그리고 저희들이 나 여호와의
뜻에 살아가겠다, 그리고 예수의 삶을
살아가겠다.
40 그리하여 그도 고통스러워 용서받지
못하며 저 자신이 부끄러울 때는 나의
아들 예수를 창조주와 같이 신격화하
였으니,
41 그리고 빈민굴에서 가난하게 태어난
나의 아들 예수를 그와 같이 제왕처럼
신처럼 모셔 놓았으니,
42 그 공로로써 저의 죄는 눈감아 줘야
할 것이 아니냐는 그와 같은 사악한
마음을 가지고 나의 아들 예수에게 도
전하며,
43 나 여호와를 거역하며 나를 능멸하는
그와 같은 사악한 마음을 가지고 있는
것이 지금 종교 집단이며 지도자들이
요, 잘못된 자들임을 알아야 할 것이
니라.
44 그 모두를 나는 알고 있음이니라.

5,189 번째 하나님 말씀

2003년 2월 24일 23시 56분

1 사랑하는 나의 아들아!
2 "네, 아버님! 말씀하옵소서."
3 너희들의 인생의 삶이라는 것이 과연
무엇이던가?
4 나의 백성 그 누구도 나의 뜻을 거역
하지 아니하며 나로부터 생명을 받아
가지 아니한 백성이 없으며,
5 너희들이 인생의 세속의 삶을 살다가
죽어 가는 그와 같은 길을 가지 않는
자가 아무도 없음이니라.
6 수천 년 역사 동안에 흘러온 그 많은
나의 피조물 만백성 너희들은 나로부
터 생명을 받아 세상에 태어났으며,
7 세속의 삶을 살다 너희들이 죽음이라
는 그 문턱을 넘지 않는 자는 아무도
없었음이니라.
8 그와 같이 돌고 도는 삶의 세월 속에
서 많은 너희들의 뿌리부터 오늘의 너
희들까지, 그리고 지상에 존재하는 동
안 너희들의 후손이 또한 그와 같은
자리를 지키고 돌아갈 것이니라.
9 죽으면 너희들은 태어났던 그 자리로
바로 돌아가는 것이 과연 죽음이 아니
던가?
10 너희들은 세상사에 살아가다 죽음이
라는 그 순간에 제자리로 돌아가는 것
이니,
11 바로 원상태로 너희들이 원상복귀되
는 것임을 알아야 할 것이니라.
12 너희들이 그 원상태로 돌아가는 그것
이 바로 너희들이 원하는 길이며, 그
리 갈구하는 길이 아니던가?
13 그렇다면 지상에 너희들의 지금의 삶
은 과연 어떠한 것이던가?
14 너희들이 세상에 태어나고, 죽어서 나
에게 오르며 육은 흙으로 돌아가는 그
일련의 과정 중에서, 중간의 한 과정

에 불과한 것이 너희들의 육의 삶이 아니던가?
15 너희들이 세상에 태어나 죽어서 나에게 오며 육은 흙으로 돌아가는 과정 중에 그 하나에 불과한 것이 육의 세상의 그 삶이 아니던가?
16 그렇다면 한 과정의 스쳐 지나가는 그 세월인 것이니라.
17 그러나 그 과정이 얼마나 소중하며 중요한 것인가를 지금 모르고 살아가는 것이 너희 백성들이니라.
18 너희들이 나에게 올 수 있으며 나에게 구원을 받고 못 받는 것, 그 모두가 또한 너희들이 원상태로 돌아가느냐 못 돌아가느냐, 제자리로 갈 수 있느냐 못 가느냐 거기에 너희들의 모두가 다 달렸음을 알아야 할 것이니라.
19 그러니 그 중간 과정의 삶이 너희들이 영원히 새로운 생명으로 태어나는 그와 같은 근본이요, 기초의 밑바탕의 그 틀을 닦는 삶이라는 것을 잊어서는 안 될 것이니라.
20 너희들이 지나가는 과정이라 해서 그리 소홀히 생각하며 함부로 인생을 살아가면 안 될 것이니라.
21 다만, 그 중간 과정을 살아가는 그 삶에 너희들이 인간의 욕심이라는 것을 버리지 못하여,
22 인간 세속의 한계인, 인간의 육이 존재하며 더 부귀영화를 누리고자, 더 많은 재물을 가지고자, 그리고 더 높이 오르고자, 남을 지배하는 자리에 서고자,
23 그와 같은 너희들이 놓지 않고는 갈 수 없는 그 모두를 위하여 너희들이 욕심을 부리고 살아가는 것이 잘못된 것이며 가장 어리석은 삶이며,
24 그와 같은 삶으로 인하여 너희들이 원상태로 돌아가지 못하며 원 자리로 돌아가지 못하고 지옥 불로 가는 형국이 이루어짐을 알아야 할 것이니라.
25 이제 너희들이 잠깐 스쳐 가는 그 중간의 삶에서, 영혼으로 새로 태어나는 그 삶을 위하여 선하고 아름다운 마음이요, 천사와 같은 마음으로써 살아가는 삶을 저버리고,
26 너희들이 사악한 마음으로써 욕심이요, 그 사악한 뿌리를 뽑아내지 못하고 살아간다면 너희들은 정녕 제자리로 돌아갈 수가 없는 것이니라.
27 곧 너희들이 제자리로 돌아갈 수 없으며 원상태로 돌아가지 못한다는 것은 바로 나 여호와가 보냈던 그 자리로 너희들이 오지 못함이요,
28 나와는 전혀 관계없는 지옥으로 가는 것이니라.
29 그리하여 너희들이 이 이치를 깨닫지 못하며, 이를 어찌 행해야 제자리의 원상태로 돌아가는 것이며, 어찌 잘못 살면 지옥으로 가는 것이며,
30 너희들이 제자리로 돌아가는 길이 무엇이며 너희들이 원상태로 돌아가는 그것이 무엇인가, 그리고 너희들이 어찌 살아가는 삶이 원상태로 돌아가는 삶의 기본인가 그것을 알지 못하며 알지 못하기에 너희들이 행하지 못하므로,
31 내가 나의 아들을 통하여 지금 160권의 법전을 세상에 내보내니,
32 그 속에 누구나 다 읽으면 알 수 있으

며 들으면 알 수 있는, 너희들이 깨우
치기 쉽고 깨닫기 쉬운 아주 기초적인
그 진리의 뜻을 내가 기록하여 너희들
에게 전하는 뜻이 여기에 있음이니,
33 나의 법전을 읽고 깨우치는 자, 감긴
눈을 뜨게 되는 것이며,
34 듣지 못하는 귀가 소리를 듣게 되는
그와 같은 변화의 역사가 이루어짐을
알라.
35 이제 내가 나의 아들을 통하여 내리는
대역사의 기적이요, 160권의 법전을
읽어 보도록 그리하라.
36 모세 시대의 그 기적보다도 더 위대한
것이 나의 법전이요,
37 예수 시대에 이루었던 그 모든 역사의
기적보다도 더 위대한 것이 나의 160
권의 법전이니라.
38 이는 내가 직접 나의 아들을 통하여
책으로 만들어 내며, 글로써 만들어
너희들 가슴에 전함이니,
39 이것이 바로 심판의 기준이기 때문이
니라.
40 모세가 살아온 시대는 출발의 시대요,
41 예수의 시대는 중간을 달리는 시대요,
42 마지막 시대에 나 여호와가 나의 아들
을 통하여 나의 법전을 책으로 기록하
여 내 뜻을 전하여, 너희들이 하늘에
오르고 못 오르는 길의 기초를 내려보
내 너희들을 심판하는 가장 무서운 시
대에 지금 너희들이 살고 있음을 잊어
버리지 말라.
43 다만, 너희들이 나의 법전을 지키지
아니하고 거역하고 사는 자는 가장 어
리석으며 무섭고 두려운 세상에 지금
사는 것이며,
44 나의 법전을 읽어 깨우치고 바로 살고
자 하는 자들은 가장 영광된 시대에
선택되어 태어난 백성이며, 가장 축복
받은 너희들 자신이라는 것을 절대 잊
지 말라.
45 그 은혜 하나를 너희들이 생각한다 해
도 이 세상에 너희들이 남들이 봐서
부끄러운 그와 같은 행위를 하지 말고
살라 함이니라.
46 너희들이 나의 법전을 읽지 아니해도
좋으니라.
47 그리고 너희들이 다니는 그 성전이요,
교회라는 곳에 가서 구원의 길을 바라
도 좋으니라.
48 다만, 너희들의 마음이 남으로부터 한
점의 부끄럼이 없는 그와 같은 삶을
사는 것,
49 그리고 너의 자식과 남의 자식을 버릴
때 네 자식을 버릴 수 있는, 그와 같은
내가 법전에 기록한 모든 사랑의 그
원천의 마음대로 산다 하면, 곧 내가
구원할 수 있는 자식이며 나에게 올
수 있는 자격을 얻는 자임을 너희들은
알라.

5,190 번째 하나님 말씀

2003년 2월 25일 0시 26분

1 사랑하는 나의 아들아!
2 "네, 아버님! 말씀하옵소서."
3 너를 따르는 제자들이 얼마나 힘들고
어려운 길을 가고 있는가를 나 여호와
는 알고 있음이니라.
4 그들이 변하고자 하는 마음이요, 정녕
나의 뜻에 따라 가고자 하는 마음이요,

5 수십억 만백성이 지킬 수 없다는 그
십계명을 지킬 수 있다는 생각과, 지
키고자 살아가는 그 무섭게 변하는 너
의 제자들을 나 여호와가 사랑하고 있
음을 너희들은 알아야 할 것이니라.
6 너희들이 살아가는 그 똑같은 삶에서
똑같은 고통과 시련을 겪는다 해도,
7 그 길을 역행하던 백성이 진정한 하
늘에 오르는 길을 가는 삶을 산다 하
면, 너희들이 과연 무엇으로써 그 기
쁨이요, 축복을 다 맞출 수 있으며 감
사하다 생각할 수 있겠는가?
8 지금 수천 년 동안 흘러오는 나의 백
성이 하늘에 오르는 길이요, 나에게
오른다 하며 그들이 기다리며 그들이
붙잡고 하늘에 오르고자 하는 그 줄은
다 썩어 있으며,
9 그 줄은 하늘에까지 올라올 수 없는,
지탱할 힘이 없는 줄이니라.
10 다 썩어서 그저 당기면 끊어질 그와
같은 줄을 저희들이 하늘에 오르는 길
이라 하여 거기에 매달려 있으며,
11 그 줄을 잡으려고 서 있는 것이 지금
의 종교 집단의 그 백성이 가고 있는
형국이니,
12 그들이 얼마나 불쌍하며 얼마나 처량
한 백성인가?
13 너희들은 그렇지 않으니라.
14 너희들 모두가 다 매달려도 끌어올릴
수 있는 끊어지지 않는 동아줄이요,
그 밧줄에 매달려서 그 길을 올라오고
자 지금 준비하고 있는 것이 너희들이
니,
15 너희들 앞에 있는 그 줄은 끊어지지
아니하며,
16 너희들이 그를 잡고 계속 올라와도 올
라올 수 있는 그와 같이 단단한 그 줄
앞에 너희들이 모여서 지금 오르고자
몸을 풀고 있는 것이 나로부터 선택
된 백성 너희들의 모습이요, 삶이며,
17 수천 년 동안 하늘에 오르는 길이라
하여 저희들만이 우월하다는 우월주
의에 빠진 백성이요, 예수의 보혈로써
무조건 구원을 받았다 소리 지르며 광
분하는 백성,
18 그들은 매달려 올라오고자 할 때, 그
줄이 썩어서 도저히 올라올 수 없는
그와 같은 밧줄 앞에 서서 그것이 하
늘에 오르는 길이라 지금 준비하고 있
는 것이니,
19 과연 어떠한 백성이 행복한 백성이며
어떠한 백성이 불행한 백성인가?
20 하늘에 오를 수 있는 줄 앞에서 몸을
풀고 준비하고 있는 너희들이야말로
얼마나 행복한 백성인가?
21 세상의 그 모두를 다 준다 해도 바꿀
수 없는 그와 같은 영광의 너희들이니
라.
22 그러니 너희들이 하늘에 오르는 길을
오면서 고통과 시련을 겪는다 해도,
23 그 길이 아닌 곳에서 고통과 시련을
겪는 그 백성보다 너희들은 그 모두를
즐거움이요, 행복함으로 생각하며 나
에게 오도록 그리하라는 나의 뜻이 거
기에 있음이니라.
24 너희들이 아무리 정답이 아닌 것을 가
지고 써낸들 그것은 점수를 줄 수가
없음이니라.
25 정답을 가진 사람이 얼마나 행복하며
당당한 모습이던가?

26 그리고 정답을 기록한 자에게 그 상
을 줄 것이니라.
27 너희들이 나에게 오를 수 있는 그 밧
줄 앞에서 몸을 풀어 그를 잡고 올라
오는 자는 정답을 아는 자요, 정답을
쓴 자니, 내가 너희들에게 상을 줌이
니,
28 너희들이 선택되어 얼마나 행복한 백
성인가를 알아야 할 것이니라.
29 너희들은 이제 더 깊이 깨우쳐야 할
것이니라.
30 이 환란의 시대요, 마지막 심판의 시
대에 태어나서,
31 그 심판의 시대에 너희들이 심판의 법
전인 나 여호와의 새로운 성경을 접하
며,
32 그를 읽고 공부하며 그를 깨우쳐 바로
너희들 것으로 만들어 하늘에 오르는
길에 너희들이 서 있음이니,
33 그것이 얼마나 영광된 축복이며, 너희
들이 나로부터 은혜와 영광이요, 얼마
나 감사의 기도를 드려야 하는지 과
연 알겠는가?
34 상상할 수 없는 은혜요, 축복을 받은
백성임을 알라.
35 그러면서 너희들이 오늘의 육의 삶이
시련이요, 고통이요, 나의 법전을 만
들어 만백성에게 전하는 것에 게을리
할 수 있는가?
36 거기에 너희들의 모두를 다 바치는 마
음의 자세가 무엇이 그리도 억울하며,
무엇이 그보다 더 소중한 것이 있는가?
37 너희들은 바로 하늘에 오를 수 있는
그 줄 앞에서 지금 준비를 하고 있는
자들이니, 너희들은 그저 올라오면 되
느니라.
38 그 줄을 따라 너희들이 하늘에 오르면
되는 것을, 인간 세속의 재물이 무엇
이 필요하며, 명예가 무엇이 필요하
며, 무엇을 쌓아 놓은들 무엇하며 감
춰 놓은들 무엇하겠는가?
39 너희들은 그와 같은 너그러운 마음이
요, 여유 있는 마음으로 이 세상의 모
든 백성을 깨우치며 인도하며,
40 그들에게 아름다운 미소를 줄 수 있는
그와 같은 삶으로 살아가는 나의 백성
의 자세로 살아가도록 그리 전하라.

5,191 번째 하나님 말씀

2003년 2월 25일 0시 32분

1 사랑하는 나의 아들아!
2 "네, 아버님! 말씀하옵소서."
3 수십억 나의 피조물 만백성이 세상에
살아감이니라.
4 나 여호와의 아들 이름으로써 구원을
받았다 하는 자,
5 그리고 나를 찾지 못하는 자,
6 너희들과 같이 정답을 가지고 있으며
정통의 길을 나의 성령을 들어 깨우쳐
하늘에 오르는 길에 들어서 있는 백성,
7 이와 같이 다 구분이 되어 있음이니라.
8 그러니 과연 너희들은 이 백성 중에서
누가 가장 선택된 백성이며 가장 축복
받은 백성이라 말하는가?
9 바로 나의 법전을 읽고 깨우치며, 나
의 아들이 내가 내리는 강론을 듣는
너희들이 그와 같이 행복한 자이니,
10 너희들은 세상을 살면서 웃는 얼굴로
써, 미소 짓는 얼굴이요, 미소 짓는 마

음으로써 세상을 보고 살아가야 함을
알아야 할 것이니라.
11 내가 일찍이 너희들에게 깨우쳐 전하
지 아니하였던가?
12 웃으며 사는 자, 그리고 '허허' 웃는
자, 독화살이 날아와 너희들의 몸을
상하게 하려 해도 그 화살이 네 앞에
와 발아래 떨어진다 내가 그와 같이
말하지 않았던가?
13 그와 같이 미소 짓는 마음, 그리고 웃
는 얼굴의 모습이요, 웃는 마음의 자
세가 그와 같이 소중하고 위대함을 내
가 너희들에게 일찍이 깨우쳐 주었음
이니라.
14 독화살도 '허허' 웃는 사람 앞에 그를
상하게 하지 못하며 그 발아래 떨어진
다 하였으니,
15 너희들은 사랑을 실천하며 아름다운
마음을 가지고 살며 나의 법전대로 나
의 율법대로 지키고 살아가는 자가 얼
마나 행복한 자며,
16 미소를 머금고 살아가는 것이 얼마나
위대한 백성이 사는 것인가를 알아야
할 것이니라.
17 그러하니 선택의 길에 들어서며 가장
큰 축복의 길에 들어서 있는 나의 아
들을 따르는 제자들이요, 나의 법전을
읽고 깨우친 백성, 너희들은 웃고 미
소 짓는 그와 같은 아름다운 마음으로
살라.
18 그 고운 마음속에 사랑을 실천하며 그
고운 마음에 사랑이 곱게 피어남을 너
희들은 알아야 할 것이니라.
19 미소 짓고 웃는 아름다운 마음을 가지
고 사는 백성 너희들에게는 감히 사탄
도 근접하지 못함이니,
20 사탄으로부터 넘어지지 아니하는 것
이 아름다운 마음이요, 미소를 짓는
그 위대한 마음으로 살아가는 것임을
너희들은 알아야 할 것이니라.
21 너희들은 이제 살아가는 너희들의 모
든 삶에서 미소를 짓고 아름다운 마음
을 갖고 살아가며, 어떠한 행동을 해
도 그것이 천사와 같은 행동이요, 남
들이 봐서 아름다운 행동으로써 그와
같은 삶을 살아가도록 스스로 다스려
지며 변화되는 그 개인의 역사를 이루
고 사는 너희들이니, 얼마나 나의 뜻
을 실천하는 백성이요, 그리고 또 나
의 뜻을 위해 살아가는 백성인가?
22 그와 같이 너희들은 항상 미소 지으며
아름다운 미소를 머금고 살아가는 모
습으로 살아야 함을 잊지 말라.
23 그러나 지금 모든 종교 집단들은 과연
어찌 살아가는가?
24 아름다운 미소를 짓고 아름다운 웃음
을 짓고 살아가면 화살도 너희들을 상
하게 하지 못한다 하였음이며, 사탄도
너희들에게 근접하지 못한다 하였으
나,
25 지금의 종교 집단들이, 과연 사랑을
베풀고 살며 웃음과 아름다운 마음을
가지고 산다는 그들이 살아가는 모습
이 어떠하던가?
26 그들이 실제로 그와 같은 마음을 가지
고 사는가?
27 저희들과 같이 공부하지 아니하며 같
은 길을 가지 아니하는 백성을 같은
형제라 그리 받아들이며, 마음에 미소
로써 그들을 반기며 살아가는가?

28 너희들 자신을 돌이켜 보라.
29 지금의 모든 종교 집단들은 자기 주장
과 같지 아니하며 제가 가고 있는 길
에 손뼉 치지 않는다 하여, 그와 같은
백성을 멸망시키고자 하며,
30 그와 같은 백성을 세상에 존재치 못하
도록 하고자 하는 것이 너희들의 그
무서운 마음이니라.
31 제 편이 아닌 자는 미워하며, 그들을
이 세상에 존재하지 못하도록 하며,
그들을 죽이고자 하는 것이 너희들이
니,
32 '내 편', '네 편'을 갈라 놓은 것이 지금
의 종교 집단 너희들이 몇천 년 동안
흘러오면서 역사해 놓은 지금의 현주
소이니라.
33 '내 편'이요, '네 편'을 갈라, '내 편'이
아닌 자는 미워하며 그를 죽이고자 하
는 그와 같은 삶을 살아가고 있는 것
이 너희들이니,
34 그와 같은 삶을 사는 백성은 나의 뜻
을 알 수 없으며 하늘에 올 수 없음을
너희들은 알아야 할 것이니라.
35 이와 같이 험악한 세상을 내려다보는
나 여호와의 마음이 얼마나 아프겠는
가?
36 그리하여 너희들이 그렇게 무너져 가
는 그 인간성을 들여다보는 내 마음은
어떠하던가?
37 너희들이 나로부터 떠난 자리로, 육의
세상의 그 거쳐 가는 삶을 살다 나에
게 원상태로 돌아와야 하는데,
38 그것을 돌아보지 못하는 너희들을 바
라보는 나 여호와의 마음은 얼마나 아
프겠는가?
39 이 세상을 누가 만들었으며 이 세상을
누가 통제하며 이 세상의 운영을 누가
하는가?
40 그와 같은 이치를 깨우친다면, 나 여
호와의 은혜요, 내가 내려 준 그 모두
에 감사하고 산다 하면,
41 너희들이 웃음을 잃고 살 필요가 없으
며, 웃음을 잃은 그와 같은 삶을 살지
아니할 것이니라.
42 항상 감사하는 마음으로 사는 그것이
너희들의 마음에 아름다운 미소를 짓
고 사는 길이요,
43 그 아름다운 미소를 짓고 사는 자는
사탄도 근접하지 못한다 하였음을 너
희들은 깊이 깨우쳐 그와 같은 아름다
운 마음으로 살라.
44 미워하지 아니하는 마음, 그리고 남을
사랑하는 고운 마음, 그 마음속에서
정녕 진실한 사랑의 꽃이 무럭무럭 자
라는 것을 잊지 말라.

5,192 번째 하나님 말씀

2003년 2월 25일 0시 36분

1 사랑하는 나의 아들아!
2 "네, 아버님! 말씀하옵소서."
3 나의 법전이 성경을 대신하여 이제 만
백성을 깨우치는 강론의 책으로써 전
해질 것이며,
4 이를 보고 깨우치는 너를 따르는 제자
들과 이를 보고 깨우치는 만백성이 나
의 법전을 가지고, 성경을 가지고 만
백성을 깨우쳐 하늘에 오르는 길이라
하여 가르치는 그와 같은 방법으로써
세상 방방곡곡에 나의 법전이 전해져

만백성을 구하는 그 역사가 이루어진
다는 것을 너희들은 믿어야 할 것이
며, 그리 믿으라.
5 이 길만이 만백성이 나에게 오르는 길
이요, 너희들이 구원을 받는 길이니라.
6 나의 법전을 세상 방방곡곡에 전하여
그를 보고 깨우치는 그와 같은 백성이
구원의 길에 바로 들어선다는 것을 너
희들은 알아야 할 것이니라.
7 그리하여 너희들이 고통과 시련에서
벗어날 수 있도록 내가 너희들에게 역
사하고자 하는 것이 내 마음이며,
8 너희들을 그와 같은 곳에서 헤어나게
하며 구원하고자 하는 것이 나의 뜻이
니라.
9 나의 법전을 읽고 깨우치며 나의 법전
을 들고 만백성을 깨우치고자 하는 선
택된 너희들에게 내가 모두를 이루어
주고자 함이니라.
10 그러나 너희들의 지금의 자세가 과연
어떠하던가?
11 그것부터 먼저 돌이켜 봐야 할 것이니
라.
12 너희들이 나의 법전을 읽고 깨우치며
나의 아들을 통하여 내리는 나의 강론
을 들으며 변하여 가는 그와 같은 삶
을 살아야 하거늘,
13 어찌하여 육의 삶의 고통과 시련에서
벗어날 수 있도록 나 여호와가 너희들
에게 은혜를 내려 주지 아니하는가
하며, 너희들은 나 여호와에게 실망하
며 나를 원망하는 그와 같은 너희들의
마음임을 나 여호와는 알고 있음이니
라.
14 그러나 너희들은 과연 얼마나 변화되
었는가?
15 너희들이 과연 얼마나 나의 법전을 읽
고 삶의 행동에서 변화된 삶을 사는가?
16 너희들이 행하고 살아가는 그 변화된
마음의 무게를 한번 너희들 스스로 저
울에 달아 보도록 하라.
17 너희들이 과연 얼마나 변했는가?
18 너희들이 진정으로 변화되었으며, 사
악한 마음의 뿌리를 버려 천사와 같은
마음으로 돌아서 지금 살아간다면, 그
리고 어떠한 환란에도 마음이 흔들리
지 아니하며 나를 믿고 따르는 그와
같은 선택된 나의 백성으로 너희들이
굳게 굳어져 있으며 지켜 가고 있다면,
19 내가 무엇인들 너희들에게 내려 주지
아니하며, 너희들에게 상을 내리지 아
니하겠는가?
20 그러나 너희들은 아직 멀었음이니라.
21 너희들 마음속에 있는 사악한 마음의
뿌리도 뽑지 못하였으며, 너희들 마음
속에 있는 사악하며 수시로 너희들을
쓰러트리고자 돌출하여 나오는 그 사
악한 마음 자체도 너희들이 다스리지
못하며 조종하지 못하고 살아가는 것
이 지금의 너희들이 살아가는 형국이
니,
22 그와 같은 너희들에게 내가 무엇을 내
려 주며 무엇을 역사해 주겠는가?
23 이는 너희들을 영원히 파멸하는 길이
요, 영원히 지옥으로 가는 그 사악한
마음의 욕심만을 더 키워 주는 것이기
에,
24 너희들이 마음속에 있는 사악한 마음
을 다스릴 수 있는, 그와 같이 조정할
수 있는 능력이 되었을 때 너희들은

넘어지지 아니함이니, 나 여호와가 무
엇인들 못 주겠는가?
25 너희들이 원하는 그 모두를 다 내가
상으로 내려 줄 것이니 그리 알라.

5,193 번째 하나님 말씀

2003년 2월 25일 08시 43분

1 사랑하는 나의 아들아!
2 "네, 아버님! 말씀하옵소서."
3 내가 지금 제3의 시대에 새로운 성경
이요, 나의 법전을 세상에 내려보냄이
니,
4 너희들이 성전이요, 교회라 그리 부르
는 그 모든 곳에서 지금 성경을 가지
고 공부하며 그를 가지고 너희들이 깨
우침이니,
5 첫째는 그 비유의 뜻이요, 내가 원하
는 그 깊이를 너희들이 모름이니,
6 너희들이 편리한 쪽으로 임의대로 해
석하여 쓰고 있음이니 그것은 인간의
생각인 너희들의 가르침을 전하는 것
이니라.
7 그리하여 내가 성서의 구약과 신약을
덮고, 제3의 시대에 새로운 성경으로
써 모두를 심판하며 역사한다 하였음
이니, 이는 곧 무엇이던가?
8 너희들의 성전이요, 교회라는 그 모든
문을 닫는다는 무서운 의미를 너희들
은 알아야 할 것이니라.
9 너희들은 '설마 그러할까, 그와 같은
역사가 이루어질까?' 생각하나,
10 나 여호와가 하는 일, 내가 역사하고
자 하는 것은 반드시 이루어진다는 것
을 내가 너희들에게 수차 강조하였음
이니,
11 그와 같은 나의 무서운 뜻을 알아야
할 것이니라.
12 지금의 방대한 조직이요, 그 방대한
인력을 가진 너희들이 과연 문을 닫
겠느냐 하여 비웃으며 코웃음 칠 것이
니라.
13 그러나 내가 역사하고자 하는 것은 반
드시 이루어지며,
14 그와 같이 이루어지지 아니한다면 나
여호와가 아니며 참진리의 뜻의 가르
침이 아님을 알라.
15 모든 종교 집단 너희들은 깨우쳐야 할
것이니라.
16 정녕 나 여호와가 모두를 닫을 것이라
말한다면, 너희들은 한 번이라도 나의
법전을 들여다보며, 왜 닫으려 하며
닫는다 하는 것인가를 너희들 자신을
돌아다봐야 할 것이니라.
17 그와 같은 깨달음이요, 그와 같은 반
성이요, 회개를 하지 아니하는 자,
18 어떠한 종교 집단도 그 형태로써는 구
원을 받을 수 없다는 것을 너희들은
알아야 할 것이니라.
19 나의 법전에 기록하여 말하기를, 십계
명에도 '네 부모를 공경하라.' 하였음
이니,
20 나의 아들을 통하여 너희 부모를 공
경하는 것을 먼저 하라 하는 것이 과
연 무엇이 틀리며,
21 너희 부모를 먼저 공경하는 것보다도
나 여호와에게 찬송하며 나를 경배하
며, 우리 부자의 이름을 부르며 그리
고 재물을 갖다 바치는 것이 더 우선
이며,

22 나에게 하면 너희들의 부모에게는 자
연히 그와 같은 은혜가 돌아간다 그리
말하고 그리 가르치는 자,
23 그는 부모를 공경하라는 나의 십계명
을 교묘히 역이용하는 것이며, 아주
사악한 나의 백성으로 만드는 그 근본
의 자세가 거기 있으니,
24 그것은 너희들의 머리로써 너희들의
생각으로 만들어 내며 지어낸 그와
같은 사악한 행동을 하고 있음임을
알아야 할 것이니라.
25 너희들은 그리 말하느니라.
26 내가 내린 십계명에 '네 부모를 공경
하라.' 하였으나,
27 다른 구절에는 너희들이 이와 같이 만
들어 놓았음이니라.
28 네 부모에게 하기 전에 나에게 모든
정성을 다 바치면 네 부모에게 하는
효도요, 네 부모를 공경하는 것과 똑
같다 한 것은 너희들이 만들어 놓은
글귀이며 너희들이 써 넣은 것이니라.
29 그리해 놓고서 앞에 있는 것은 무시하
며 너희들이 한 것이 우선이요, 그것
을 믿고 따라가며 그와 같은 것만을
지키는 너희들이니,
30 과연 성서에서 가는 길이 어떤 것이
어렵고 힘든 길이던가?
31 내가 그리하여 너희들에게 두말하지
못하게 하여 깨우치지 아니하였는가?
32 성서의 모든 가르침은 너희들에게 불
리한 쪽이요, 힘들고 어려운 길이 나
의 진리요, 나의 뜻이니, 그리 해석하
라 하였음이니라.
33 이는 무엇을 의미하는가?
34 너희들이 성서를 마음대로 해석하며
너희들 마음대로 필요한 구절을 써 넣
고 너희들 것으로 만들어 사용하기 때
문에, 너희들은 편리한 쪽으로 쓰고자
집어넣었음이니라.
35 너희들이 고통스럽고 어렵고 지키기
힘든 그 대목을 너희들이 지켜 행하고
자 했다면 내가 무어라 말하겠는가?
36 너희들이 유리한 쪽으로, 좋은 쪽으
로, 편리한 쪽으로 살아갈 수 있도록
너희들이 만든 문구이니,
37 그래서 내가 성경을 읽고 가르치는 종
교 지도자는 가장 어렵고 힘든 쪽으로
해석하는 것이 성서를 바로 보는 것이
라 한 것은 너희들의 그 가르침에 역
행하라는 것이니,
38 그리해야만 너희들이 진정한 성경의
뜻을 알기 때문에 내가 미리 너희들에
게 그리 가르쳐 주고 전한 뜻을 알아
야 할 것이니라.
39 내가 성서의 내 뜻을 너희들에게 그리
가르쳐 주었으며,
40 너희들의 생각이요, 너희들의 임의대
로 고친 것이 없다면 그대로 배우라
그리할 것이지,
41 어찌하여 어렵고 힘든 것으로 이해하
라 마라 하겠는가?
42 이는 곧 너희 뜻대로 고쳤으며, 너희
뜻대로 손질하였으며,
43 너희들의 입맛에 맞도록 만백성을 우
롱하며, 너희들이 군림하여 그들을 종
과 같이 부리고자 하는 주종관계를 만
들어 놓은 그와 같은 내용이 있기에,
44 너희들이 그를 어렵고 힘든 쪽으로
이해하라 하여 내가 너희들을 깨우치
고자 하였음이니,

45 그리 생각하면 성서에서 내가 원하는
뜻에 너희들이 근접할 수 있으며 그
뜻을 알기 때문임을 알라.
46 너희들은 이제 들으라.
47 내가 모든 구약과 신약을 다 덮는다
면, 모든 종교 집단들이 구약과 신약
을 가지고 하늘에 오르는 길이라 하여
나의 백성을 우롱하고 재물을 거둬들
이는 너희들 그 모두의 문을 닫는다는
것을 알라.
48 이 무서운 사실을 너희들이 지금 접하
지 아니하고 이를 믿지 아니하며, 이
를 거짓 선지자요, 사탄이요, 사악한
자가 너희들을 희롱하고자 하는 그와
같은 것이라 말하는 자,
49 너희들은 정녕 영원히 그 소중한 다시
태어남이요, 하늘에 오르는 길이요,
구원의 길을 보지 못함이니 그리 알라.

5,194 번째 하나님 말씀

2003년 2월 25일 08시 50분

1 사랑하는 나의 아들아!
2 "네, 아버님! 말씀하옵소서."
3 종교 지도자요, 만백성을 가르치며 나
의 백성을 하늘로 인도하는 지도자로
선택된 자들은, 그 진정한 지도자의
길이라는 것은 얼마나 험하고 멀고 고
통스러운 길인가?
4 넓은 길이 아니요, 좁은 길이라는 것
을 너희들은 알아야 할 것이니라.
5 정녕 종교 지도자요, 만백성을 구하는
나로부터 선택된 백성이 가는 길은 말
로써 표현할 수 없는 어렵고 힘든 길
이며,
6 수시로 무너지고 또 무너지는 그와 같
은 어렵고 험난한 길을 가는 것이 바
로 너희들이니라.
7 인간 세상의 부귀와 영화요, 모든 욕
심의 뿌리를 하루아침에 뽑을 수 없음
이니,
8 그를 뽑아냈다가 다시 사악한 마음이
너희들을 또 무너지게 함이니,
9 그리하여 너희들은 싸우고 또 싸우는
그 속에서 너희들의 몸과 마음은 만신
창이가 되며, 울고 또 울며 고통스러
운 그 길을 인내하고 가고자 몸부림칠
때,
10 그리하여 왜 그것이 필요했던 것이며
그 길을 가야 하는가를 깨달았을 때,
11 너희들이 진정한 아름다운 빛을 보게
되며, 진리를 지키기 위하여 얻어지는
그 찬란한 빛을 보게 되는 것이니라.
12 믿음의 길을 가는 지도자는 백사장에
모래성을 쌓을 때 파도가 밀려와 무너
지며 비바람이 그를 무너트려도 그를
쌓고 또 쌓으며, 무너트리고 또 무너
트려 흔적도 없이 쓸어 가는 그와 같
은 반복된 시련과 고통 속에서 바로
서는 그와 같은 아름다움을 얻게 됨이
니라.
13 그러니 믿음의 길을 가는 것이 얼마나
힘들고 어려운 길인가?
14 또한 그와 같이 자신도 힘든 길을 그
들에게 가르치고 인도하는 지도자로
서, 너희들이 상상할 수 없는 고통의
길을 가는 것이 지도자의 가는 길이니
라.
15 지금 너희들처럼 만백성과 주종 관계
로서, 주인의 역할을 하며 그저 말로

써 재물을 거둬들이며, 나의 피조물
만백성을 지옥으로 이끌어 가는 그와
같은 방법으로 가는 것은 진정한 지도
자가 아니요, 깨우침이 없음을 너희들
은 알아야 할 것이니라.
16 너희들이 생각하고 연구하는 그 속에
서 모든 것을 만들어 내고 역사를 하
듯이,
17 너희들이 고통 속에서 그를 깨닫고 고
통의 삶에서 그를 알고, 많은 고통 속
에서 체험을 얻음으로 너희들이 바로
설 수 있는 것이니라.
18 배부른 자는 기억하지 못하며, 창의력
이 없으며 변화되지 못하며, 진리를
보지 아니하는 것이며 볼 줄도 모름이
니라.
19 그러니 종교 지도자가 만백성과 주종
관계로서, 종과 같이 부리며 마음대로
그들의 재산을 거둬들이며 갈취하는
편안한 방법으로 살아가는 자는 앵무
새처럼 지껄이는 그것 외에는 아무것
도 변화가 없으며, 그 자신이 깨달음
을 알 수 없으니,
20 성서의 참진리를 알 수 없으며 성서가
원하는 그 뜻을 알 수 없음이니라.
21 그리하여 수박 겉핥기로 흘러가는 것
이 배부른 종교 지도자들이요, 편안한
종교 지도자들이니라.
22 내가 너희들에게 말하여 가르쳤음이
니라.
23 결혼하지 아니한 자는 가정의 참사랑
을 모르듯이, 너희들과 거리가 먼 속
에서 가르치는 종교 지도자는 그를
알 수 없다 하였음이니,
24 너희들이 10리, 20리 길을 단돈 천 원
이 없이 걸어가는 어려운 사람의 심정
을, 걸어가 보지 아니하면 그는 모르
느니라.
25 그는 천 원이 없기에 걸어갔으나,
26 너희들은 좋은 차, 좋은 의자, 좋은 환
경에서 그저 기계의 힘으로 편안하게
10리 길을 가니, 그 걸어가는 자의 고
통을 모를 것이니라.
27 무더운 날에 땀이 날 것이며 발이 부
르틀 것이며, 그리고 온갖 고통 속에
생각하며 걸어가는 그의 마음을 너희
들은 모르며, 그를 이해할 수 없듯이,
절대 모름이니라.
28 그러니 너희들이 가장 낮은 자로서,
가장 낮은 삶을 삶으로 인하여 가장
낮은 자들이 사는 그 고통을 깨닫고
같이 가면서
29 거기에서 너희들이 인간의 소중함을
알며, 정을 알며, 나눔이 무엇인지를
알게 됨이니,
30 그곳에서 사랑이 싹트는 것이니라.
31 그러나 편안한 길을 근심 걱정이 없이
가는 그 종교 지도자들은 먹고 자는
짐승과 똑같은 것이니라.
32 그들만큼도 생각하는 것이 없으며, 그
들만큼도 변화하지 않는 것이 그들이
니라.
33 그러니 종교 지도자는 어렵고 좁은 길
을 달려가는 것이요,
34 편안하고 안락한 의자에 앉아 생각하
고 연구하고 살아가는 그와 같은 자는
정녕 나의 종교 지도자로서 자질이 없
으며,
35 그는 진정으로 변할 수도 없으며, 그
하늘에 오르는 길을 볼 수도 없으니

그리 알라.
36 그리하여 너희들이 수없이 어렵고 힘
든 생활 속에서 반복하고 또 반복하
며, 얼마나 인간으로서 견디기 어려운
길인가를 너희들은 알아야 할 것이니
라.
37 그 어렵고 힘든 속에서 너희들이 변화
의 역사가 이루어지며,
38 변화되는 인간의 삶 속에서 참진리를
보게 되며,
39 너희들 스스로 기쁨이요, 행복과 영광
을 얻을 수 있는 그와 같은 자세로 살
아가는 것이 종교 지도자요, 만백성을
이끄는 자임을 알아야 할 것이니라.
40 너희들이 변하는 그 행동에서, 너희들
이 깨우쳐 가는 그 모두를 얻는 것에
서 행복하며, 스스로 즐거워하며, 스
스로 그리 승화시키는 너희들의 그와
같은 눈물 어린 삶의 길을 가는 것, 그
것밖에는 없음이니라.
41 고통의 눈물에서 깨우치는 그 행할 수
있고 변화되는 것이 행복함이요, 즐거
움이요, 용기로 승화시킬 수 있는 그
와 같은 삶의 길을 가는 것이 종교 지
도자가 가는 길이며, 만백성을 인도하
는 자가 가는 길임을 너희들은 잊어서
는 아니 됨을 알라.

5,195 번째 하나님 말씀

2003년 2월 25일 09시 57분

1 사랑하는 나의 아들아!
2 "네, 아버님! 말씀하옵소서."
3 이 세상에 살아가는 백성이 수십억이
요, 그 수를 헤아릴 수 없음이니라.
4 그러나 너희들은 다 같이 살아가면서
제 것만이 옳은 것이며, 제 뜻만이 관
철되어야 하며,
5 제가 가지고 있는 것이 정답이요, 가
장 소중하다 그와 같이 고집을 피우고
제 것을 내세우는 그와 같은 세상이
된다면, 그 세상은 바로 어찌 되겠는
가?
6 질서라는 것이 없으며, 너희들이 존재
할 수 없으며,
7 서로 아귀다툼의 싸움의 판국으로써
이 세상에서 살아가는 그와 같은 형국
이 될 것이니라.
8 제 것만이 소중하며 제 것만이 최고
요, 그리고 제 것만이 정답이라 부르
짖는 삶을 너희들이 살아간다 하면,
9 거기는 양보가 없으며 이해가 없으며
사랑이 없으며 정답을 정답이라 인정
하는 자가 없는 그와 같은 험악한 세
상이 얼마나 혼란을 빚고 살겠는가?
10 지금 바로 그와 같은 집단이 누구던가?
11 수천 년 동안 흘러오는 역사의 뼈대를
지키고 있으며, 전통이요, 그 관습을
가지고 흘러내려 온 너희 종교 집단
이 이 세상을 이와 같이 험악하고 사
악하게 만드는 원흉이라는 말을,
12 과연 너희들이 이제 그 뜻을 수긍하며
그 뜻을 받아들일 수 있겠는가?
13 이 세상의 질서를 파괴하는 가장 위험
한 것은 제 것이 최고며 저만이 최고
며, 제 뜻이 아닌 것은 적이라 생각하
며 그와 같이 살 때 이 세상은 존재할
수 없듯이,
14 바로 너희들 종교 집단만이, 너희들이
가는 믿음이요, 오로지 네 것만이 하

늘에 오르는 길이요, 진정한 진리라
그리 가르치고 지금 왔기에 이와 같이
험악한 세상이 만들어진 것이 바로 너
희들이니라.
15 너희들 것만이 위대한 것이요, 너희들
것만이 진정한 하늘에 오르는 길이요,
16 너희들과 뜻을 같이하지 아니하는 자
죽이고자 하며, 너희들과 뜻이 같지
아니한 자 인정하지 않으려 하며,
17 너희들과 뜻이 같지 않은 자 무너트리
며 그저 쓰러트리려 혈안이 되어 있
는 것이 바로 너희들이니라.
18 지금 너희들 그 많은 종교 집단이 다
그와 같은 생각을 가지고 있음이니,
19 너희들이야말로 이 세상을 험악하게
만든 자들이며 이 세상을 문란케 만
든 자들이니라.
20 그러니 이 세상이요, 내가 아름답게
만든 이 성전을 지키고 있는 것은 너
희들이 아니니라.
21 바로 나의 아름다운 이 지상의 성전을
지키는 것은 지금 나를 찾지 아니하며
나를 부르지 않고 묵묵히 살아가는 그
백성들이니라.
22 그들은 제 것이 가장 옳으며 제 것이
나 여호와의 뜻이며 제 것만이 위대한
것이며, 영혼을 구원받는 것이 저희들
것이라 부르짖지 않느니라.
23 그들이 존재하고 그들이 있기 때문에
그나마 이 세상이 존재하는 것이요,
24 너희들이 조금만 더 숫자가 늘어난다
하면 그들이 지탱할 힘이 없으니,
25 이 세상은 대혼란이요, 사탄이요, 사
악한 것이요, 살인이요, 그와 같이 무
서운 형국으로 변화되는 수밖에 없음
이니라.
26 다 제 것이 옳다 주장하며 양보하지
아니하며, 죽도록 그를 지키려 하니,
27 거기에는 전쟁이요, 총칼의 싸움밖에
더 있는가?
28 이 지상의 세상에 집단과 집단이요,
나라와 나라가 싸우는 것이 과연 무엇
이던가?
29 서로 제 주장을 하며 제 것이 옳다 생
각하며 그와 같은 마음을 가지고 살며,
30 제 뜻을 따르지 아니하며 제 지배를
받지 아니하기 때문에 너희들은 그 수
많은 생명을 죽여 가며 그와 같은 사
악한 짓을 하지 않던가?
31 종교 집단이 바로 그 근본이며 원흉임
을 알아야 할 것이니라.
32 지금 이 세상의 수십억 인구 중에서
너희들처럼 종교 집단을 가진 자와
갖지 않은 자가 있으니,
33 너희들은 믿음을 갖지 않는 자들을 이
방인이요, 사탄이라 그리 말하나,
34 제 것만이 최고라 부르짖는 것은 사
악한 자들이요, 이 세상을 파괴하는
원흉이니라.
35 그러나 지금 믿지 않는 백성은 제 것
이 최고요, 저만이 최고라는 말을 하
지 아니하니, 그들이 그래도 버티고
있기에 이 지구가 존재하며 이 세상이
지금 존재하는 것을 알라.
36 너희들처럼 그들도 다 제 것이 옳다,
최고라 부르짖으며 그리 악을 쓰고,
저와 같이 가지 아니한다 하여 적으로
생각하여 그를 죽이고자 하는 그 사악
한 마음을 가지고 있다 하면,
37 이 세상에 사랑이 어디 있으며 살아갈

근거가 어디 있으며 뿌리가 어디 있겠
는가?
38 이제 모든 백성 너희들은 알아야 할
것이며 종교 집단의 신도라 하는 너희
들은 알라.
39 세상에 아무리 너희 것이 옳다 해도
제 것이 옳다 주장하는 것이 아니니라.
40 그리고 남의 것을 보고 들을 수 있는
것이며 남의 것을 소화시킬 수 있는
마음, 그리고 양보하는 마음, 용서하
는 마음, 그와 같은 미덕을 가지고 살
지 아니하면 너희들은 아니 될 것이니
라.
41 너희들이 잘 알고 있지 않은가?
42 너희들이 좁은 공간에서 재앙을 만나
하나의 좁은 문으로 나갈 때, 서로 저
만이 먼저 나가야 하며 저만 나가겠다
고 몸부림치면 한 사람도 거기서 빠
져나오지 못함이니,
43 거기서 순리에 따라 좁은 문에 맞춰
질서를 지키면 그나마 너희들이 살아
서 나올 수 있는 것인데 지금의 종교
집단이 무엇이더냐?
44 좁은 문에서 나가는 자를 네가 먼저
나가면 아니 되며 제가 먼저 나가야
한다며 밀치고 붙잡고 늘어지며, 앞에
가는 사람을 못 가도록 하는 것이며,
45 그것이 바로 너희들만이 위대한 길이
요, 너희들만이 산다 그리 부르짖음이
니,
46 그와 같은 너희들로 하여금 지금의 사
탄이요, 사악한 종말의 시대가 이루어
졌음이니, 그 죄는 너희들이 져야 할
것이니라.
47 이제 믿지 않는 그 백성의 감사함을
알며, 그들에게 절할 줄 알며, 그들에
게 경배하는 마음을 가지라.
48 너희처럼 제 것만이 최고요, 저와 뜻
이 같지 않은 자는 죽이려 하며 밀어
붙이려 하는 그와 같은 사악한 생각을
하지 아니하고 사는 그들이 있기 때문
에 너희들의 사악한 마음이 세상을 덮
지 못하였음이니라.
49 너희들처럼 제 것이 최고요, 저만이
최고라 부르짖는 그 모두가 지금 세상
을 다 덮어 버렸으며,
50 나를 믿지 아니하여도 제 것이 최고
요, 저만이 최고라 부르짖지 아니하고
묵묵히 살아가는 내 사랑하는 그 백성
이 없었다면 이 지상은 사탄에게 다
넘어갔을 것이니라.
51 내가 그들을 바로 세우고자 하며, 그
들의 공로를 인정하고자 하며,
52 그들로 하여금 참진리요, 나 여호와의
뜻이 무엇이며 그들이 가는 길이 무엇
인가를, 그리고 그들이 가고 있는, 시
기하지 않으며 질투하지 아니하며 남
의 것은 잘못된 것이며 제 것만이 최
고라 악을 쓰지 않고 사는 그들을 구
제하고자 하여 나의 법전을 지금 세상
에 내려보냄이니,
53 이 세상을 험악하게 만드는 것이 너희
들이니라.
54 더 이상 여기서 너희들이 갑론을박하
지 말며 더 이상 생각할 필요도 없느
니라.
55 제 것만이 최고라고 모든 백성이 천
명이면 천 명이 소리 지르고 아우성
을 치면 아무것도 이루어질 것이 없음
이니라.

56 서로 타협하는 것이요, 너희 작은 집
단이 모이며 회의를 하며 너희들의 뜻
을 하나로 모아 무엇을 역사하고자 하
지 않고 열 명이면 열 명이 다 제 것
만 갖다 소리 지른다면 합의점을 찾을
수 없으며 아무것도 이루어질 수 없으
니,
57 서로 멱살 잡고 전쟁하고 반목하고 치
고받는 그와 같은 형국밖에 더 되겠는
가?
58 지금의 모든 종교 집단들이 그와 같은
원흉이요, 그와 같은 행위를 함이니라.
59 남을 인정하지 않으려 하며 남의 것을
듣지 않으려 하며,
60 오로지 제 것만을 들어줘야 하며 제
것만을 따라야 하며,
61 제 뜻을 관철하지 않는 것은 적이요,
그들을 쓰러트리고 밀어붙이고 그저
죽이려 하는 그와 같은 너희들이 얼마
나 사악한 자이며 얼마나 이 세상을
이리 삭막하게 만들었는가?
62 그와 같은 행위를 하며 우리 부자의
이름을 팔아 재물을 거둬들이며 도적
질하며 갈취하며 사기극을 벌이면서
살아온 너희들이 존재하여 이 세상이
이리 되었으니,
63 내가 너희들의 성전이요, 교회라는 문
을 다 닫아 너희들을 단죄하고자 함이
여기 있음이니,
64 이것은 정당한 것이며 이는 올 것이
왔으며, 시작할 것이 시작하였음을 너
희들은 알라.

5,196 번째 하나님 말씀

2003년 2월 25일 10시 05분

1 사랑하는 나의 아들아!
2 "네, 아버님! 말씀하옵소서."
3 너를 따르는 사랑하는 제자들이요, 나
의 법전을 읽고 깨우친 나의 백성, 그
들이 다 가난하고 어려우며 고난 속에
서 살아가며,
4 그 고난 속에서 나의 아들 너를 찾아
오며 그들은 나의 성전을 또 찾아오
며, 그리고 나의 법전을 찾고 나의 법
전을 읽으며 나 여호와를 찾는 그 백
성이야말로 얼마나 그들이 어렵고 힘
든 길을 오는 자이며 그들이 얼마나
소중한 나의 아들 딸인가 너는 아는가?
5 그들의 소중함을 너는 알아야 할 것이
니라.
6 어렵고 가난한 삶이요, 고난 속에서
저희가 바른길을 찾고자 하며 참진리
를 찾고자 하여 지금의 모든 종교 집
단이요, 물질적인 방대한 조직을 가지
고 있는 그들에게서 손을 놓고 너를
찾으며,
7 그리하여 내가 너를 통하여 내리는 그
강론을 듣고 그들이 눈물을 흘리며,
8 오늘의 삶을 잘못 산 것을 회개하고
반성하며 아름답게 살아가고자 하는
그들,
9 그리하여 정해진 그 시간에 저희들이
나의 강론을 듣고자, 또는 나의 법전
을 가지고 공부하기 위하여 나의 성전
을 찾는 자,
10 그리고 나의 법전을 가슴에 간직하고
사는 그 백성, 바로 나를 찾는 백성이

야말로 선택된 백성이며, 그들이야말
로 진정한 나의 백성이라 함을 너는
알아야 할 것이며,
11 그리하여 그들을 나를 대하듯이 그 모
두를 네가 사랑하는 마음으로 살아가
야 함을 너는 알아야 할 것이니라.
12 어렵고 힘들게 나에게 오르는 길을 마
다하지 아니하는 그들이야말로 하늘
에 오르는 길을 올 수 있으며,
13 어렵고 힘든 고비를 나의 사랑이요,
나 여호와를 믿는 마음으로 모두를 인
내하고 올 수 있는 선택된 백성임을
너는 알아야 할 것이니라.
14 내가 너에게 뭐라 말하였더냐?
15 내가 이 세상에 지상의 낙원을 만들
어, 하늘에서 이루어진 것같이 그 낙
원을 만들어,
16 어렵고 불쌍한 자들이 그곳에 와 너의
강론을 들으며 너와 더불어 살아가는
그들이
17 '하나님의 말씀을 듣고 이와 같이 지
상에 낙원을 만든 이 지상이 이리도
아름다우며 이 모든 백성이 천사와 같
은 삶을 사니, 하늘나라는 정말 얼마
나 아름다우며 하나님이 역사하는 그
세상은 어떠할 것인가?' 하여,
18 그들이 잘못 살아온 그 모두를 회개하
고 깨우쳐 하늘의 영광된, 내가 만든
낙원을 오겠다는 마음을 갖도록 하고
자 함이니,
19 그는 다 병들고 가진 것 없으며 쓰러
져 가며 낙오자며 그리고 힘없는 자들
을 내가 먼저 구원하고자 한다 하지
아니하였던가, 나의 사랑하는 아들아!
20 그러니 지금 고난과 고통 속에 어렵고
힘들어 너를 찾아오는 백성이 당연하
며, 그들이 바로 그 역사를 이룰 수 있
음이니라.
21 그들은 그들의 고통을 이해할 수 있으
며,
22 이다음에 내가 아름다운 성전을 만들
어 어렵고 불쌍한 그 백성을 도와줄
때, 그들은 찾아오는 불쌍하고 어려운
백성을 저의 형제요, 나 여호와를 대
하는 마음으로 사랑할 수 있는 마음
의 훈련을 오늘 내가 시키고자 하며
거기에 선택된 자들이니라.
23 지금의 너를 찾아오는 그 백성이요,
가진 것 없으며 능력이 없으며 힘이
없으며 고통과 시련을 마다하지 않으
며 법전대로 살아가는 그 고통을 마다
하지 아니하며 지키고 살아가고자 애
쓰는 백성,
24 그들이야말로 내가 아름다운 성전을
만들었을 때 그들의 손발이 되어 그들
을 깨우치며 그들을 다스리는 천사로
서 그 임무를 대행할 내가 사랑하는
자식들이니라.
25 그러니 네가 그들을 사랑하기를 네 몸
보다도 더 사랑하며 그들을 더 소중히
해야 함을 잊지 말라, 사랑하는 나의
아들아!
26 그들이 있음으로 내가 이루는 역사가
이루어질 것이며 새로운 시대가 건설
되니,
27 배부르고 등 따뜻한 자, 그리고 종교
집단에서 많은 백성 위에 군림하며 군
주와 같은 역할을 하는 종교 지도자,
그들은 절대로 그를 할 수 없으며 그
역사를 할 수 없음이니라.

28 그리고 배부른 자들이 또한 그와 같이
오늘의 너를 따르는 제자들처럼 불쌍
하고 가난한 자들의 손발이 되어 천사
와 같은 삶의 역사를 할 수 없는 자들
이기에 내가 그들을 선택하지 아니함
이니라, 사랑하는 나의 아들아!
29 그리하여 나의 말씀이요, 나의 법전이
요, 나의 책으로써 모두를 내가 충당
해 주며 그로써 모든 역사를 이루고자
하며,
30 오만한 자, 배부른 자, 그리고 너를 따
르는 제자들처럼 아름답고 순박한 마
음으로 쓰러져 가며 병든 자를 씻어
주고 닦아 줄 수 있는 마음을 갖지 못
하는 자들의 재물을 갖다 쓴들 무엇하
며,
31 그 재물을 내가 왜 아름다운 성전을
만들고 이루는 데 쓰겠는가?
32 그 추하고 더러운 재물을 쓰지 아니하
고자 함이니,
33 오늘의 너희들의 재물의 고통이 있다
해도 걱정하지 말라.
34 내가 다 임하여 나의 법전으로 너희들
에게 이루어 줄 것이니, 오늘의 고민
을 너희들은 덜도록 그리하라, 사랑하
는 나의 아들딸들아!

5,197 번째 하나님 말씀

2003년 2월 25일 10시 08분

1 사랑하는 나의 아들아!
2 "네, 아버님! 말씀하옵소서."
3 너의 제자가 너에게 그리 말하였느니
라.
4 사탄의 돈을 쓰지 말며 사탄의 물건을
써서는 아니 되는 것이 아니냐?
5 그리 써서는 안 된다 그리 말하였음이
니라.
6 지금 내가 너에게 깨우쳐 주는 그 뜻
을 너는 알아야 할 것이니라.
7 나의 백성 너희들이 어렵고 힘든 고난
의 길을 간다 하나, 나의 법전이요, 내
가 너희들에게 내리는 그 재물로써 너
희들이 모두를 역사하기를 바라며 그
리 역사하고자 함이니라.
8 너희들이 잘못된 돈으로써 잘못된 자
들의 재물을 갖다 나의 법전을 역사하
고 그 길을 간다 하면,
9 그는 너희들이 나를 욕되게 하며, 이
것은 진리가 아니요, 나의 뜻이 아니
니라.
10 너의 제자가 말하기를, 사탄이요, 사
악한 자의 재물을 선지자가 써서는 안
된다 그리 말하였으니,
11 사탄이요, 사악한 자들이 거래하고자
하는 그 돈이요, 그 물질을 가지고 너
희들을 이루게 하며 너희들이 편안하
게 산다 하면 그것은 내가 공의의 하
나님이 아니니라.
12 그리하여 그와 같은 재물을 내가 너희
들에게 내리지 아니함이니라.
13 오로지 나의 법전으로써 역사하여, 그
모든 재물로써 너희들이 새로운 세상
을 열어 가는 그곳에 너희들의 모든
집념을 다 바칠 수 있도록 내가 그리
역사하고자 함이니,
14 잘못된 자요, 나와 관계없는 자요, 써
서는 안 되는 그 재물을 너희들이 생
각하며 그 재물을 거둬들여 너희들이
나의 법전을 세상에 전하고자 하는 그

와 같은 마음을 갖지 말라.
15 그와 같은 것으로써 내가 너희들에게
역사하지 아니함이니라.
16 오로지 내가 나의 법전으로써 내가 내
리는 그 상금으로써만 너희들이 쓰고
생활할 수 있도록 그리할 것이니,
17 그 재물은 풍족함이 아니요, 너희들이
어렵고 힘든 그 속에서 너희들 자신을
지켜 갈 수 있는 능력 이상의 것을 베
풀지 아니함이니 그리 알라.
18 너희들은 새로운 성전이요, 새로운 이
지상의 낙원을 건설하고 만드는 데만
내가 너희들이 충분히 쓸 수 있는 재
물을 그때 내릴 것이니라.
19 오로지 거기에만 쓸 것이요, 너희들이
잘못된 자들과 거래하며 잘못된 자들
과 잘못된 방법으로 재물을 모으는 그
와 같은 역사를 내가 너희들에게 허용
하지 아니하며,
20 잘못된 돈으로써 나의 법전이 세상에
나가는 그 역사를 내가 하지 아니하는
것이 나 여호와의 뜻이니 그리 알아야
할 것이니라.

5,198 번째 하나님 말씀

2003년 2월 25일 10시 15분

1 사랑하는 나의 아들아!
2 "네, 아버님! 말씀하옵소서."
3 너희들이 한 나라를 다스리는 왕이라
하는 자도 한 나라에 두 사람의 왕이
있어서는 아니 되며, 있을 수 없듯이,
4 나의 성령을 받아 만백성에게 전하는
그 역사를 하는 선지자요, 또한 그 지
도자요, 나의 아들이라 하여 이 세상
에 모든 나의 뜻을 전하며 만백성을
구하는 역사를 이루는 자는 이 세상에
두 사람이 같이 존재할 수 없으며,
5 두 사람이 있을 수 없는 것은 너희들
은 그 이유와 그 뜻을 알 것이니라.
6 그리하여 모세의 시대에도 모세 한 사
람을 통하여 그 역사를 이루었으며,
7 나의 아들 예수의 시대요, 그 신약 시
대 또한 나의 아들 예수를 통하여 그
모두를 이루었듯이,
8 지금 나의 아들을 통하여 그 모두를
이루며 제3의 시대요, 심판의 시대를
열어 가는 그 이유를 너희들은 인정하
며 그를 믿어야 할 것이며, 그와 같은
나의 뜻을 알 것이니라.
9 그러하니 이를 거역하며 이를 잘못됐
다 비방하는 자, 너희들은 스스로 무
덤을 파고 있음을 잊지 말라.
10 그러하니 지금 나의 아들을 따라 나의
법전을 만들어 세상에 전하는 대임을
맡아 선택된 너희들이요, 나에게 쓰이
고자 하여 부름을 받아 나의 아들을
따르는 제자들이요, 법전을 읽고 깨우
친 백성,
11 너희들이 하는 그 임무가 얼마나 소중
하며, 너희들이 얼마나 나에게 귀한
자식이요, 아들딸인지 알라.
12 이 세상에 단 하나밖에 없는 나의 아
들이요, 2천 년 만에 나의 성령을 받
아 책으로 만드는 나의 아들을 받들어
한 시대의 역사를 이루며,
13 이 법전을 만들어 만백성을 구하는 그
역사에 동참하는 너희들의 임무가 얼
마나 중요하고 귀한 것인가를 너희 스
스로 알라 내가 여러 번 너희들에게

가르쳐 주었음이니,
14 오늘 그와 같이 나의 쓰임에 부름을
받은 너희들이 얼마나 소중한 것인가
를 알아야 할 것이니라.
15 그러니 나의 아들 너는 기도하며 나로
부터 명을 받아 법전을 만드는 것을
잠시도 소홀히 해서는 안 되며 네가
게을리해서도 아니 되는 것을 알아야
할 것이니라.
16 이는 내가 다른 사람을 통하여 이 법
전을 만들 수 없으며, 나의 아들이 힘
들고 어렵다 하여 다른 사람의 입을
통하여 이를 기록할 수도 없는 것이니
라.
17 오직 나의 아들만을 통하여 이를 만들
며 너를 통하여 모두가 역사됨이니,
네가 얼마나 소중한가를 알아야 할 것
이며,
18 이를 만들어 전하는 선택된 백성 너희
들의 손을 통하여 이 모두가 만들어지
며 너희들의 손을 통하여 만백성에게
전해지는 그와 같은 역사를 이룸이니,
이는 누구도 할 수 없는 길이니라.
19 이는 나 여호와가 주관하지 않으면 그
누구도 할 수 없는 일을 너희들이 대
행하고 있음이니, 너희들이 그리 위대
하며 소중함을 알라.
20 나의 아들 너 자신이 게으름을 피우며
네가 시간을 소비해도 안 되고 시간을
함부로 낭비해도 아니 될 것이며,
21 너의 제자들 또한 너희들이 가지고 있
는 그 시간은 나로부터 선택된 그 순
간에 너희들 것이 아님이니,
22 너희들이 나의 법전을 만들어 세상에
전하는 그 대임을 소홀히 해서도 안
되며, 잠시도 너희들 머리에서 지워서
도 안 되며,
23 너희들이 가지고 움직여야 할 그 시간
을 함부로 너희들이 인간의 삶의 향락
에 의하여 낭비하는 것은 더욱더 용서
할 수 없으며, 너희들이 그와 같은 시
간을 가져서는 아니 될 것이니라.
24 너희들이 말하지 않느냐?
25 대를 위해 소가 희생하는 것은 그 많
은 자들을 위하여 너희들이 희생함이
니,
26 오늘 너희들은 수십억 인구요, 대대손
손 너희들의 후손을 위해 너희 자신이
희생되며 어렵고 힘든 고난의 길을 간
다는 것을 잊지 말라.
27 너희들이 고통이 있는 만큼 나의 피조
물 만백성이 구원을 받으며,
28 너희들이 그만큼 시련과 고통을 싸워
이기는 그 순간에 나의 법전은 아름다
운 모습으로써 내 뜻이 그대로 전해져,
29 내가 천 년에 거쳐 아름다운 이 지상
의 낙원을 만드는 그 역사를 바로 행
할 수 있으며 바로 이룰 수 있다는 것
을 너희들은 잊어서는 아니 될 것이니
라.
30 그러니 너희들이 시간을 함부로 써서
도 아니 되며, 게으름을 피워서도 아
니 되며, 잠시 쉬어 가서도 아니 됨이
니라.
31 오늘의 고통이 있는 만큼 너희 후손
대대손손 역사가 다 이루어지는 것이
며,
32 오늘의 백성을 한 명이라도 더 구하는
그와 같은 위대한 일을 너희들이 실천
하고 행해야 한다는 것을 잊어서는 아

니 됨을 그리 알라.

5,199 번째 하나님 말씀

2003년 2월 25일 10시 21분

1 사랑하는 나의 아들아!
2 "네, 아버님! 말씀하옵소서."
3 나의 법전이요, 나의 새로운 성경을 기록하여 만들고자 네가 기도를 하고, 또한 나에게 경배의 기도를 드려 이 법전이 하나하나 이루어져 감이니라.
4 너는 과연 여기서 무엇을 느꼈는가?
5 "네, 아버님!
6 저는 노력하고 노력하는 만큼 얻어지며 노력하는 만큼 이루어진다는 것을 깨달았사옵나이다.
7 노력하지 아니하면 역사함이 없으며, 노력하면 노력하는 것만큼 반드시 그 역사의 근거는 남는다는 것을,
8 그리하여 쉬지 않고 노력하는 길만이 아버님이 내리시는 160권의 법전을 만백성이 읽을 수 있는 시간이 단축된다는 것을 깨닫고 있사옵나이다."
9 노력하라. 노력하는 것만큼 얻어지는 것이며 노력하는 것만큼 이루어짐이니라.
10 네가 기도하고 경배하는 만큼 나의 법전이 세상에 나가는 시간은 단축되지 아니하던가?
11 사랑하는 나의 아들아, 너는 그 노력을 게을리하지 말지니라.
12 너는 지금 나의 뜻을 받아 나의 법전을 만들어 만백성을 구하며 그 많은 가르침을 나에게 들었으니,
13 너는 무엇을 깨달았던가?
14 이 세상의 모든 사물을 하나의 색깔로 보며 네가 하나로 볼 수 있는 그와 같은 경지를 깨닫고 네가 그 경지에 오른 지가 언제인데,
15 어찌하여 너는 이제까지도 나의 세상의 모든 백성을 하나로 보며 그들을 하나로 다스리고 하나로 생각하는, 그리고 하나로 대우하는 그와 같은 경지를 깨닫지 못하고 이리 헤매고 있는가?
16 네가 이 세상의 모든 사물을 하나로 볼 수 있는 그 경지를 깨달았다면, 이 세상의 모든 백성을 다 하나로 볼 수 있는 그와 같은 깨달음을 벌써 네가 얻어 그리 행하며 너의 제자들에게 그리 깨우쳤어야 하거늘,
17 어찌하여 그 경지를 네가 오르지 못하고 지금도 이리 헤매는 것이더냐?
18 네가 세상의 사물을 하나로 보며 너는 거기서 무엇을 느꼈느냐?
19 원천의 나 여호와가 이루는 그 뜻이 무엇이냐에 따라서, 내가 어떠한 마음을 가지고 세상 것을 창조했느냐에 따라서 내 마음의 색깔이 세상의 색깔이라는 그와 같은 깨달음을 얻지 않았는가?
20 이제 내가 너의 제자들과 나의 법전을 읽은 백성, 그리고 나의 아들 너에게 명함이니라.
21 이 세상의 모든 백성 그들을 다 너희들은 개개인으로 보지 말며,
22 오로지 그들을 접하며 그들과 상대하며 그들과 대화하며 그들과 만나며 너희들이 생활에 엮어지는 그 순간 그때마다 너희들은 모든 백성을 나 여호와라 그리 생각하라.

23 너희들이 모든 백성을 나 여호와라 생각하며, 나 여호와와 상대하며 나 여호와와 더불어 대화하고 일을 한다 생각하면,
24 바로 모든 백성을 하나로 볼 수 있는 그 깨달음을 얻을 수 있을 것이니라.
25 어찌하여 그 깨달음 하나를 얻지 못하여 그리 스스로 행하지 못하며, 인간이 생긴 대로 천태만상의 형태로 그를 보는 그 마음의 경지에서 벗어나지 못하는가?
26 그리 생각하면 네가 깨달음과 행함을 할 수 있을 것이니라.
27 나 여호와로 보라.
28 모든 백성을 나 여호와로 보라.
29 그 마음만이 네가 하나로 되는 길이며,
30 너의 제자들이 하나가 될 수 있으며,
31 너희들이 세상의 모든 백성을 하나로 볼 수 있는 길이 여기 있음이니라.
32 너의 제자들은 나 여호와의 아들딸이니라.
33 모든 사람을 보는 것을 네 부모처럼 보라 내가 말했듯이, 너희들이 네 부모를 보는 마음보다도 더 경건한 마음으로 나의 아들이요, 나의 딸인 너희들은 나를 보는 것처럼 그리 행하라.
34 너희들이 모든 백성을 보는 것을, 육의 세상에서는 너희 부모를 접하는 마음이요, 영의 세상에서는 나 여호와를 접하는 것처럼, 너희들은 나 여호와라 생각하고 모든 백성을 그리 상대하며 그리 접하라.
35 그와 같은 깨달음을 얻었을 때, 모든 백성은 하나라는 것을 너희들은 알게 될 것이며,
36 차별화하여 차등을 둘 수 없다는 것을 여기서 알 수 있을 것이니라.
37 나의 아들이 강조하고 부르짖는 그 뜻을 너희들이 깨달아 너희들 자신이 먼저 행하는 그와 같은 행함을 실천하도록 그리하라, 사랑하는 나의 아들딸들아!

5,200 번째 하나님 말씀

2003년 2월 25일 10시 25분

1 사랑하는 나의 아들아!
2 "네, 아버님! 말씀하옵소서."
3 나의 아들 예수가 세상에 나와 만백성을 깨우치고자 하던 그 2천 년 전의 백성의 인성보다도 오늘의 너희들의 인성이 더 사악하며 더 험악해진 그와 같은 형국이라 내가 말하였음이니라.
4 그러니 나의 아들 예수가 세상에 나와 기적을 이루며 그 모든 역사함을 보고도 그가 죽어 갈 때 그를 따라 대신 죽고자 한 백성이 하나도 없었다 하였음이니라.
5 그로부터 은혜를 입은 자, 생명의 구원을 받은 자, 병든 자, 몸을 고친 자, 그 많은 자들이 예수를 대신하여 죽고자 그와 같이 대든 자가 하나도 없었으며, 그와 같이 몸부림치는 자가 하나도 없었다 하였음이니라.
6 그리하여 그를 생각하는 나 여호와의 가슴이 그리도 아프며 슬픔으로 그득히 차 있으니, 이를 지워 줄 것은 너희들뿐이라 내가 그리 말하지 아니하였던가?
7 이는 바로 무엇이더냐?

8 너희들이 예수의 제자와 같은 역사를
이루지 아니하며,
9 내가 예수를 통하여 세상에 전하고자
했던 그 사랑의 뜻을 너희들이 만백성
에게 전하는 길을 가는 것만이 나 여
호와의 아픈 마음을 위로해 줌이라 내
가 그리 말하지 아니하였던가?
10 사랑하는 나의 아들을 따르는 제자 너
희들은 그 모든 아름다운 마음을 가
져 나의 만백성을 구하는 그와 같은
마음의 자세로 살아가는 것이 나 여호
와를 위로하며 내 뜻에 따라 살아가는
백성이라 하였음이니라.
11 나 여호와가 너희들에게 말하느니라.
12 너희들이 지금까지 살아왔던 모든 죄
악을 다 털어 버리며, 천사와 같은 마
음으로 살라, 그것이 나의 아들이 죽
어 가는 그 아픔을 보는 내 마음을 달
래 주는 길이라 그리했으니,
13 너희들에게 미안하고 미안하며 나의
가슴이 무척이나 아프고 쓰림을 알아
야 할 것이니라.
14 인간으로서 견디기 어렵고 인간으로
서 실천하기 그 어려운 길을 너희들이
묵묵히 갈 수 있을 때,
15 나 여호와가 나의 아들 예수가 죽어
가는 그 슬픔을 바라보며, 그 제자들
이 그를 팔았으며, 그에게 등 돌리며,
16 그를 대신하여 죽고자 하는 선택된 나
의 아들딸이 하나도 없었다는 그 아픈
마음을, 내가 생각하는 그것을 위로하
고 달래는 것은 너희들이 바로 서는
그 마음뿐이기에 내가 너희들에게 그
리 어려운 길을 가라 명함이니,
17 나 여호와가 너희들에게 그리 명하면
서도 나의 마음이 너희들에게 미안하
고 미안한 그 마음을 지울 수 없음이
니라.
18 그러나 너희들이 바로 서야 하며, 나
의 아들 예수의 그 죽음을 헛되이 하
지 아니하려면 너희들이 나의 계명이
요, 나의 법전대로 살아가는 것이며,
너희들이 변하는 삶을 사는 길밖에 없
음이니,
19 이리하여 내가 너희들에게 미안하고
미안한 그 마음을 갖고 또 너희들을
이리 독려하며, 이렇게 무섭게 살아가
라, 그리고 고통의 길을 마다하지 아
니하며 변해 가는 삶을 살라 나 여호
와가 말함이니라.
20 내가 너희들을 얼마나 사랑하는가?
21 내가 너희들을 사랑하는 그 마음의 위
안으로써 오늘의 삶을 바로 살아가는
아름다운 백성으로 변화되기를 나 여
호와가 간곡히 바람을 잊지 말라.

5,201 번째 하나님 말씀

2003년 2월 25일 10시 51분

1 사랑하는 나의 아들아!
2 "네, 아버님! 말씀하옵소서."
3 이 세상에 살아가는 수억의 백성이요,
너희들 조상의 백성으로부터 지금의
너희들, 또한 너희들의 후손까지 만백
성을 지도하는 인도자라 하며 또 깨
우친 자라 하여 성인이요, 군자라는
그와 같은 백성도, 너희들에게 많은
역사를 가르친 그 어떠한 백성도,
4 너희들이 살아가는 인간의 생각이요,
인간이 이루는 그 세계의 한계를, 나

로부터 선택되지 아니한 백성은 그를
넘지 못한다 내가 이야기했으며, 넘을
수가 없는 것이니라.
5 아무리 너희들이 혼자 고행의 길을
가며 깨우침을 얻고자 몸부림친다 해
도, 또 깨달음을 얻고자 수도 생활이
요, 고행을 자초해서 가는 그와 같은
백성이라 하여도, 나를 찾으며 금식을
하며 눈물 흘리며 기도하며 울고불고
소원을 다한다 해도,
6 그 누구도 인간의 정해진 한계를 나
여호와의 뜻이 없이는 넘을 수 없는
것이 너희들임을 알라.
7 그러니 겸손하게 너희들이 한계가 있
음을 스스로 인정하고 살아가는 백성
이 현명한 백성임을 알아야 할 것이니
라.
8 그를 넘었다 생각하는 자, 그를 벗었
다 생각하는 자들이 곧 나에게 도전하
는 자요, 하늘에 도전하는 자이니라.
9 그러니 감히 나의 피조물 만백성 너희
들이 어찌하여 구원을 받았으며, 그리
고 하늘에 오를 수 있으며, 나에게 갈
수 있다 그리 말하는가?
10 재물을 쌓아 놓는 것으로 갈 수 있다,
그리고 너희들이 내라는 모든 헌금이
요, 모든 시간을 성전에 봉사하는 그
와 같은 자들이 구원을 받을 수 있다
그리 말하는 것이 얼마나 우스운 사기
극이며 너희들을 우롱하는 것인가를
알라.
11 그들보다 몇천 배 더 유능한 성인이
요, 군자라 하여 그들이 감히 따라가
지 못할 역사를 이룬 그 백성도 인간
의 생각이요, 인간의 한계의 수준을
넘지 못했음이니, 그는 하늘에 와 닿
을 수 없듯이,
12 인간 세상에서 이루어지는 그 모두는
하늘나라에 이루어짐이 아니요, 거기
에 쌓아 놓을 수가 없음이니라.
13 다만, 너희들이 어찌 살았느냐, 나에
게 어찌 기도하고 아름다운 마음으로
살았으며 나의 계명을 지키고 순종하
며 살았느냐 그것에만 너희들의 그 무
게가 달려옴을 내가 가르쳤음이니, 이
를 명심하고 또 명심하도록 그리하라.
14 나 여호와로부터 선택되지 아니한 백
성은 정녕 그를 알 수가 없음이니라.
15 그러니 오늘 나의 아들을 따르는 제자
들이요, 그 백성 너희들이야말로 얼마
나 영광 속에 살아가는 백성인가?
16 나의 법전을 읽고 나의 아들을 따라
나의 성령을 듣고 직접 깨우치는 너희
들만이 하늘의 뜻이요, 내가 이루고자
하는 그 역사의 빛을 지금 보고 있는
것이니라.
17 그리하여 지금 나의 법전을 읽으며 나
의 강론을 직접 듣는 너희들만이 하늘
에 오르는 그 찬란한 빛을 이제 보기
시작하였음이니,
18 그 빛을 따라 너희들이 오기만 하면
되는 것이니, 선택된 백성 너희들이
얼마나 위대하던가?
19 너희들은 여기서 그와 같이 내가 쓰고
자 하여 선택된 백성이니, 너희들 자
신을 그리 알라.
20 내가 너희들에게 거는 기대요, 내가
너희들과 더불어 역사하고자 하는 그
뜻이 너희들은 감히 상상할 수도 없으
며 그릴 수도 없음이니라.

21 그리고 너희들은 그 위대한 역사가 어
찌 이루어질 것인가를 감히 생각조차
못 하며,
22 그 이루어지는 역사의 아름다운 세상
을 상상할 수 없음이니,
23 죽어서 나에게 왔을 때 너희들이 내려
다보는 이 지상에 이루어지는 것을,
그때 그것을 알게 될 것이니,
24 그때 너희들이 한 일이 얼마나 아름다
우며 얼마나 위대한 일이며 얼마나 대
단한 역사를 이루었는가,
25 그리고 나의 뜻에 따라 순종하여 그
아름다운 지상의 역사를 이루는 것이
얼마나 나에게 너희들이 기쁨을 주는
것인가 그 축복을 누리고 받을 수 있
는 것이 지금 나의 아들을 따르는 제
자들이요, 나의 법전을 읽고 깨우친
백성, 너희들이니라.
26 그러니 너희들은 인간의 욕심이요, 세
속에 사는 짧은 인생의 향락 때문에
나 여호와가 기대하는 그 모두를 다
저버리는 그와 같은 삶을 살지 말라.
27 너희들이 말하기를 '기대가 크면 실망
이 큼이라' 하니, 기대하지도 않고 그
저 살아가면 실망도 없다는 그러한 말
을 하느니라.
28 그러나 너희들과 나는 이미 그럴 수가
없음이니라.
29 내가 너희들에게 거는 기대요, 희망은
이루어져야 할 것이며, 반드시 성사되
어야만 하기 때문이니,
30 너희들이 사탄의 유혹이요, 사탄의 장
난에 넘어지는 그와 같은 삶을 살지
말라.
31 내가 너희들에게 거는 기대를 너희들
이 무너트리며 이를 행하지 아니할
때, 너희들은 나 여호와를 울리는 것
이니,
32 사랑하는 나의 아들딸들아!
33 창조주인 나 여호와의 뜻을 너희들이
거역하여 순종치 아니하며 나와 관계
없는 사탄의 자식으로 전락하여,
34 내가 기대하는 만큼, 내가 생각하는
것만큼 행하지 아니하며 따라 주지 아
니한다면,
35 너희들이 나 여호와의 눈에서 눈물을
흘리게 하는 그와 같은 아픔을 나에게
주며, 너희들의 그 죄 또 한 어떠한 것
이던가?
36 너희들이 감히 감내할 수 없는 그와
같은 고통의 세계로 전락함을 잊지 말
라, 사랑하는 나의 아들딸들아!
37 내가 너희들을 사랑함이니 그리 알라.

5,202 번째 하나님 말씀

2003년 2월 25일 10시 58분

1 사랑하는 나의 아들아!
2 "네, 아버님! 말씀하옵소서."
3 아무런 생각 없이 인간이 먹이를 주며
시키면 그냥 흉내 내는 앵무새처럼 지
껄여 대는, 그저 몇 가지 배운 말만 되
풀이하는 새의 삶과 같은 것이 지금
의 종교 집단과 지도자들이 하고 있는
형국이라면,
4 너희들은 나에게 반기를 들 것이며,
그를 용서하지 못한다 그리 말할 것이
니라.
5 그러나 너희들은 그를 알아야 할 것이
니라.

6 이제 사랑하는 나의 백성, 맹종하며
맹신했던 너희들의 신도들이, 너희들
이 앵무새처럼 몇 마디 배워 그것으로
그들을 현혹하였으며 그저 계속 재탕,
재탕하여 지껄이고 살아가는 것을 그
들이 잘못된 것이라는 것을 깨달을 때
가 있음이니,
7 나의 법전이 하얀 눈이 세상을 덮듯이
덮었을 때 그들은 알게 되어 있음이니
라.
8 그때는 너희들이 속이려 해도 속일 수
가 없으며, 몇 마디 배운 말로써 그저
그것으로 지껄여 대며 신비한 것처럼
나의 피조물 만백성에게 베일에 싸여
재물을 거둬들이며 사악한 행위를 했
던, 그리고 주인 역할을 했던 너희들
이 바로 종이 된다는 것을 잊지 말라.
9 이제 그들이 바로 반기를 들면서 그들
이 새로운 세상을 이루며, 정화되는
세상을 이룰 것이니라.
10 너희들은 어찌 가르치는가?
11 지금 종교 집단들이 앵무새처럼 지껄
이는 말이 무엇이던가?
12 그저 예수를 믿으라, 예수를 믿기만
하면 천국에 갈 수 있으며, 나의 아들
예수를 찾는 순간에 보혈로써 너희들
이 구원을 받았다고 평생 지껄여 대고
있으며,
13 저희들이 지은 성전에 나오는 순간에
너희들은 구원을 받으며, 나 여호와의
자식으로서 하늘에 오르는 그 모든 안
내장이요, 표를 받은 자라 그리 말하
느니라.
14 그러면서 너희들은 부모에게 사랑을
주는 것까지도, 형제에게 사랑을 나누
는 것도 메마르게 함이니라.
15 형제를 저주하고 미워하는 것도 지옥
불로 간다 했거늘,
16 너희들은 너희 부모에게까지도 사악
한 행위를 하도록 가르치는 것이 아니
던가?
17 너희들 부모에게는 잘못해도 관계없
다, 너희들 부모에게 잘못했으면 나
여호와에게 바치며 나 여호와를 찾으
며 나의 아들을 찾으며, 그리고 너희
들의 손으로 지은 성전에 와 그저 재
물을 많이 바치고 기도하면,
18 나 여호와에게만 잘하면 너희들의 부
모에게 잘못한 것은 다 덮어지며 씻어
진다 하니,
19 길러 주고 낳아 준 부모에게 잘못한
그 양심의 부끄러움을 달랠 수 없어
쥐구멍이라도 들어가야 하는 그들에
게 너희들은 면죄부를 주는 것이니라.
20 그리하여 많이 바치고 너희 손으로
지은 성전에 와 기도하고 나를 찾으며
창조주 나를 부르며,
21 그리고 구세주 예수를 부르짖으며 영
광의 예수를 부르짖으며 '아멘!', '할렐
루야!' 소리 지르고 악을 쓰고 그리하
면 모두를 다 용서받는다 그리 말함이
니라.
22 그것이 너희들이 재탕, 재탕하는 앵무
새가 지껄이는 그 말이 아니던가?
23 그리고 재물을 하늘에 많이 바쳐 너희
들의 창고에 그득히 쌓아 놓으면 창고
에 쌓은 만큼 너희들의 죄는 가벼워지
며, 그로 인하여 죄의 대가는 없으며
영광만 있으며, 용서를 받는다 그리
말함이니,

24 그 또한 앵무새가 그저 지껄이는 그와
같은 것이니,
25 그것이 바로 너희들의 집단이요, 너희
들이 가고 있는 행위가 아니더냐?
26 거기에 한 술 더 떠 가관이니라.
27 너희들은 길거리에 나앉는다 해도, 너
희들의 집을 팔고 모두를 다 팔아 그
저 바치고 기둥뿌리까지 빼서 종교 집
단의 사악한 지도자 앞에 바치면,
28 너희들이 길거리에 나가서 잠잘 데가
없는 것도 영광이요, 그것도 하나님이
내린 영광이라 그리 사기극을 벌이면
서 거두어들이는 죄인들 앞에 너희들
이 어찌하여 그리 바치는가?
29 그들이 바로 이와 같이 앵무새 같은
말을 배워서 이것만 계속 지껄이고
있는 것이 아니던가?
30 저희들이 영원히 그리 가지는 아니할
것이니라.
31 그와 같은 소리를 재탕, 재탕하는 그
성전이요, 그 교회라는 곳이 잘못되었
다는 것을,
32 그들이 사악한 자들이요, 위선자요,
마지막 시대에 오는 거짓 선지자요,
양의 탈을 쓴 늑대요, 이리라는 것을
알게 되는 백성이 나올 것이니, 너희
들을 단죄하기 시작할 것이니라.
33 너희들이 그곳에서 돌아서기 시작할
때, 무너지기 시작하며 저희들의 그
고통은 감내하지 못할 것이니, 그게
머지않았음이니라.
34 지금의 모든 종교 집단이 물리적이요,
그 집단이요, 이론이요, 그 모두가 완
전히 쌓아 놓은 철옹성이요, 영원히
무너지지 않는 성곽같이 그리 쌓고 있
음이니,
35 그곳을 외곽에서 공격하여 그를 허물
고 무너트리기는 정녕 힘들고 어려울
것같이 생각하나,
36 그 고인 돌이 하나가 무너지기 시작함
으로써 그들 모두가 무너지게 됨이니
라.
37 나의 법전이 세상을 덮었을 때, 그를
읽고 깨우치는 나의 백성이 그곳에서
그들을 단죄하기 시작함이니,
38 저희들 사탄의 집단을 받치는 그 돌
이 무너지기 시작한다면 그들이 무너
지는 것은 막을 수 없으며 순식간에
대변화의 환란이 이루어질 것이니,
39 그곳에 있는 그들이 나의 법전을 읽고
깨우치는 것이니,
40 그들이 볼 수 있도록 나의 법전이 세
상을 다 덮도록 하는 데 나의 아들과
너희들이 그 역사함을 주저하지 말며,
두려워하지 말며,
41 잠시도 멈추지 말며 게으른 시간을 갖
지 않도록 하며, 그 대역사를 이루는
데 최선을 다하도록 그리하라, 사랑하
는 나의 아들딸들아!

5,203 번째 하나님 말씀

2003년 2월 25일 11시 08분

1 사랑하는 나의 아들아!
2 "네, 아버님! 말씀하옵소서."
3 지금의 종교 집단 그 모두가 나의 성
령이라 하여 만백성이요, 세상 곳곳에
까지 나의 뜻을 전하고자 역사함을 나
여호와는 알고 있음이니라.
4 너희들이 세상 끝까지 나의 성령이요,

나의 뜻을 가르친다 하여 나의 문자
요, 나의 언어를 전하고 전파하는 그
역사의 노력함을 내가 알고 있음이니
라.
5 너희들의 그 역사함은 오늘의 역사를
너희들이 대행하여 역사한 것이니, 나
여호와가 너희들의 그 한 행위에 대하
여 그 노력을 기쁘게 생각하고 있음
을 알아야 할 것이니라.
6 그리고 나 여호와가 만백성이 깨우칠
수 있도록 만든 나의 문자요, 나의 언
어를 가지고 피부색이 다르며 환경이
다른 그 모든 백성 속에 너희들이 침
투하여 나의 언어요, 나의 문자를 깨
우치고 가르친 것만큼 너희들의 수고
로움에 나로부터 은혜요, 그 상이 당
연히 있음을 너희들은 알아야 할 것이
니라.
7 너희들이 내가 만든 문자요, 언어를
세상 곳곳에 다 전한 수고로움은 나
여호와가 기뻐하며 너희들의 노고를
알고 있음이니라.
8 그러나 너희들의 그 노고에 대한 것보
다, 너희들이 나의 피조물 만백성을
바로잡고 바로 가지 못하였기 때문에,
너희들이 전하는 과정이요, 깨우치는
과정에서 잘못되었음이니,
9 그를 바로잡고자 하는 것이 나 여호와
의 뜻이니라.
10 너희들이 나에게 오르는 그 은혜요,
영광의 일부를 충실히 행하고 행했음
을 아느니라.
11 이제 너희가 보고 듣고 깨달은 그 노
력만큼 내가 너희들에게 상을 내릴 것
이며,
12 이제 너희들이 바로 서 나의 참진리
요, 내가 원하는 그 뜻을 알아 스스로
변화되어 너희들이 다 같이 하늘에 오
를 수 있는 그 역사의 기쁨을 얻도록
하고자 하는 것이 나의 뜻이니라.
13 그리하여 내가 너희들에게 새로운 성
경이요, 나의 법전을 접하고 정독하여
깨우치도록 세상에 내려보내니, 이 뜻
을 너희들은 알아야 할 것이니라.
14 너희들이 내가 만든 문자요, 내가 쓰
고자 하는 이 언어요, 이 동양의 작은
나라의 문자를 가지고 이 넓은 세상의
구석구석까지 전한 것은 나의 음성이
요, 나의 뜻이요, 이를 전한 것이니,
15 이제 나의 법전이 세상에 나갈 수 있
는 그 길이요, 그 안내자의 역할을 한
공이요, 너희들의 노력은 다 나 여호
와가 잘 알고 있음이니라.
16 그러니 이제 지금의 방법에서 너희들
이 바로 깨우치며,
17 참진리요, 나 여호와가 이루고자 하는
그 역사를 알아, 너희들이 겸손한 마
음으로 조용히 받아들이는 그와 같은
깨달음을 가야 함을 잊지 말라.
18 너희들의 고집이요, 너희들의 아집만
을 부르짖으며 그를 내세워 너희들이
나의 법전이 세상에 나가는 것을 거부
하며 이를 막는 그와 같은 사악한 행
위를 해서는 아니 되는 것이니라.
19 지금 너희들이 나의 뜻에 따라 이 동
양의 작은 나라의 문자요, 언어요, 글
로써 나의 법전이 세상에 나가 전할
수 있는 그 길을 닦고 터전을 닦은 것
은 너희들에게 내가 상을 내린다 하였
음이니라.

20 그러니 너희들이 지금 그 상을 받기
위한 터전을 닦은 것은 오늘의 나의
법전이 세상을 덮는 역사의 길잡이로
서 이를 했음을 알라.
21 내가 너희들에게 물질을 준 것이며,
너희들의 집단의 힘 또한 그와 같은
역사의 한 부분을 써 왔기 때문에 그
또한 내가 알고 있음이니라.
22 그러나 너희들이 정녕 이 길을 위해
닦아 놓은, 그리고 나의 법전이 세상
에 나가기 위해서 역사하고 준비된 그
모두를,
23 그와 같은 힘과 능력이요, 재물이요,
물질을 가지고 너희들이 나의 법전이
나가지 못하게 하며, 이 법전이 세상
에 나오지 못하도록 하는 사악한 자는,
24 너희들이 나의 문자요, 나의 언어를
세상 방방곡곡에 전한 것보다도 더 큰
죄요, 원죄를 짓고 있다는 것을 잊지
말아야 할 것이니라.
25 너희들이 세상 방방곡곡에 나의 언어
요, 문자를 전한 것은 너희들의 공이
니,
26 그 상을 받고자 한다면 이제 정녕 나
의 법전이 세상에 전해지기 위한 그
역사를 이루었음이니, 너희들이 나의
법전을 받아 짊어지고 싣고 메고 그
곳에다 나의 법전을 뿌리는 역사를 하
는 것이 너희들이 지금까지 이루어 놓
은 상을 받는 것이요,
27 이를 거역하며, 이를 하지 못하도록,
이를 문을 닫도록 하는 그 사악한 행
위를 한다는 것은 너희들은 지금 사탄
의 자식으로 돌변하여 있다는 것을 잊
어서는 아니 될 것이니라.
28 너희들이 이룬 모든 것은 지금 나의
성령이요, 나의 참뜻을 세상에 전하고
자 하는 것이니, 이 일을 너희들이 이
제 역사할 때가 되었거늘,
29 어찌하여 너희들은 그 일에 동참하지
아니하며, 이를 사탄이요, 이단이요,
사악한 짓이라 하여 이가 세상에 존재
하지 못하도록 역행하고 있는가?
30 그 죄는 지금까지 이루어 놓은 역사의
공보다 더 크고 무섭다는 것을 잊지
말도록 그리하라.

5,204 번째 하나님 말씀

2003년 2월 25일 11시 18분

1 사랑하는 나의 아들아!
2 "네, 아버님! 말씀하옵소서."
3 나의 피조물 만백성은 이 세상에 살아
가면서 제 것보다 더 소중한 것은 없
다 생각하느니라.
4 그리하여 좋든 나쁘든 제 것이 먼저
소중하며 제 것이 귀하다 생각하는 것
이니,
5 제 것은 소중하나 그 반면에 남의 것
은 소중한 줄 모르며 귀한 줄 모르고
사는 것이 너희들이니라.
6 그러나 나의 법전을 읽고 깨달으며 나
의 아들을 따르는 제자 너희들은 제
것이 소중하며 남의 것은 소중하지 않
다는 그와 같은 생각을 갖는 것이 아
니라,
7 제 것보다 남의 것이 더 소중하며 귀
하다는 것을 깨닫고, 그와 같은 행함
으로 살아가는 것이 나로부터 선택된
백성 너희들이 가져야 하는 마음임을

알아야 할 것이니라.
8 너희들이 이와 같은 마음을 가지고 사
는 것이 일반 백성과 나로부터 선택되
어 부름을 받은 백성과의 그 차이점이
니, 이 이치 하나를 깨닫고 살아가야
하며,
9 그와 같은 마음을 가지고 살아갈 때,
너희들이 천사와 사탄이라는 그 이유
를 알 수 있으며 그 한계를 알 수 있거
늘,
10 그 이치 하나도 깨닫지 못하고 사는
것이 지금의 백성들이니라.
11 남들은 남의 것이 소중하지 아니하다
생각해도, 나로부터 깨달은 백성 너희
들은 남의 것이 더 소중하다는 그와
같은 마음을 가지고 그리 보고 다스리
는 그와 같은 마음의 자세로 살아가는
것이 그들과의 차별화임이니,
12 그와 같은 삶을 사는 데 주저하지 말
며, 그와 같은 삶을 버리고 살아서는
아니 됨을 알아야 할 것이니라.
13 너희들은 남으로부터 무엇을 얻으며,
남으로부터 거둬들이며, 남으로부터
이익을 구하는 그와 같은 마음을 갖고
사는 것이 아니요,
14 남에게 나누어 주며 베풀어 주며, 베
풀어 줌을 즐거움으로 사는 것이 곧
너희들이 나로부터 선택된 백성이요,
내가 선택한 백성이니,
15 그와 같은 마음의 자세가 변하지 않고
살아가야 할 것이니라.
16 수시로 악이라는 그 뿌리가 너희들을
흔들어 놓음이니,
17 너희들이 평소에는 이와 같은 아름다
운 마음을 가지고 사나, 순간에 무너
짐이니, 무너져서는 아니 됨이니라.
18 절대 무너지지 않는 굳건한 마음으로
너희들을 지탱하는 것이 다른 백성의
마음과 다름이니라.
19 사탄들이 흔들고 유혹할 때 넘어지는
것은 일반 백성이 가는 길이요,
20 나의 법전을 읽고 깨우친 백성이요,
나로부터 선택되어 쓰이고자 하여 부
름을 받은 너희들은 그와 같은 흔들림
이 있어서는 아니 됨을 알아야 할 것
이니라.
21 너희들이 즐거움에, 사악한 것에 흔들
리고 넘어지는 그 순간에, 넘어지지
않는 자는 천국의 길이요, 넘어지는
것은 지옥의 안내장을 갖고 가는 것이
니,
22 너희들은 어찌하여 이 세상의 천국에
오는 안내장을 받는 것은 그리 두려워
하며 꺼리면서, 가서는 안 되는 지옥
으로 가는 안내장을 받기를 즐거워하
고 그리 가는가?
23 이는 너희들이 순간에 넘어지는 마음
이요, 흔들리는 마음이니,
24 이는 곧 나 여호와에 대한 믿음이 약
하며 진실한 믿음이 없는 것이 너희들
임을 알아야 할 것이니라.
25 사랑하는 나의 아들아!
26 나의 법전을 정독하고 또 정독하면 이
와 같은 흔들림이 없음을 알아야 할
것이니라.
27 이제 너의 제자들이요, 나를 따르는
백성, 너희들이 법전을 읽어 깨우친
경지가 높음이니,
28 이제 너희들은 나의 법전을 읽어서 그
저 외우는 그와 같은 방법으로써 나의

법전을 읽어도 안 되며, 외우는 것으
로써 공부해도 안 되는 이치를 알라.
29 너희들은 나의 법전을 그저 앵무새처
럼 암송하고 외우는 그와 같은 마음으
로 법전을 보지 말라.
30 그 속에 변화되고 내가 이루고자 하는
그 뜻을 알고 깨닫는 그와 같은 방법
으로 나의 법전을 공부하는 것이 너희
들이니라.
31 그리하여 그 속에서 내가 이루고자 하
며 너희들에게 원하고자 하며 너희들
에게 주고자 하는 것을 얻는 방법으로
써 공부해야 할 것이니라.
32 너희들이 나의 법전을 암송하고 암기
하는 그것으로써는 되지 않는다는 것
은 바로 무슨 뜻인지 알겠는가?
33 내가 열여섯 권의 법전에 주는 것은
참진리 하나를 가르침이니라.
34 그러나 그 진리는 하나가 아니니라.
35 하나에서 둘로 변하며, 둘이 넷으로
변하며, 넷이 여덟으로 변하며, 그와
같이 계속 변하여 전진하는 것이 나의
진리이니,
36 너희들이 진리를 결정지어서도 안 되
며, 이것이라 못을 박아서도 깨달음을
얻을 수 없는 것이니,
37 너희들이 나의 법전을 암송하며 그 암
송한 것을 그것만이 최고라 지키는
그와 같은 믿음으로 가는 것이 아니요,
38 나의 법전을 가슴에 안고 정독하면서,
하나를 내렸던 열여섯 권의 기초에 있
는 그 진리 속에서 너희들이 그 아름
다운 진리를 하나 둘 계속 깨우쳐 올
라가며 전진하여 나에게 오는 그와 같
은 진리의 변화의 역사를 너희들이 깨
달아야 하기 때문이니,
39 너희들은 이제 암송하는 것으로 법전
을 공부하는 것이 아니요, 그 속에 들
어 있는 하나 위에 열 개가 있고, 열
개 위에 백 개가 있는 깨달음을 바라
다볼 수 있는 그와 같이 변화되는 믿
음이요,
40 그를 들여다볼 수 있는 그 믿음을 가
지고 공부해야 할 것이니라.
41 내가 지금 너희들에게 가르치는 진리
는 하나를 가르침이니라.
42 바로 그 하나 위에 두 개, 세 개의 역
사함을 바라볼 줄 아는 나의 아들딸이
되어 너희들이 나에게 오는 것이며,
나의 뜻을 깨닫고 알고 가는 백성임을
잊지 말라, 사랑하는 나의 아들딸들아!
43 진리는 답이 없으며 결론이 없다 내가
말하지 아니하였는가?
44 내가 하나를 가르친 그 진리가 이것만
이 옳다 생각하며 쥐고 놓지 못하는
그와 같은 백성이 되어서는 안 되느니
라.
45 그들이 바로 무엇이더냐?
46 그저 성서를 잡고 공부하며, 그저 예
수의 보혈로써 구원받았다 매달리는
그들이 바로 그것이니라.
47 너희들은 그와 같은 믿음을 가지고 가
는 백성이 되어서는 아니 되느니라.
48 나의 법전을 암송하고 외우는 데 그
모든 생각을 두고 그와 같이 공부해서
는 안 되느니라.
49 거기에 하나를 던져 놓은 그 진리로써
그보다 더 높은 둘이 있고 열이 있고
백이 있다는 그 깨달음을 얻는 그와
같은 방법으로 법전을 정독하여 공부

하고 깨우쳐 나에게 오르는 길을 보도
록 하라, 사랑하는 나의 아들딸들아!
50 그를 볼 수 있는 것이 나로부터 선택
된 백성이며 지도자로서 갈 수 있는
자들임을 잊지 말라.
51 내가 너희들을 사랑하노라, 사랑하는
나의 아들딸들아!

5,205 번째 하나님 말씀

2003년 2월 25일 11시 24분

1 사랑하는 나의 아들아!
2 "네, 아버님! 말씀하옵소서."
3 내가 너희들에게 뭐라 깨우쳐 주었던
가?
4 나의 아들 예수와 너희들과 어떠한 차
별을 두고 생각하지 말며, 그 차별화
를 두고 생각하지 말며 믿음의 길을
오라 내가 너희들에게 그리 말하였느
니라.
5 너희들은 나의 아들과 동등한 입장에
서 깨달음의 길을 가며 나에게 오르는
길을 올 수 있도록 그리하라 하였음이
니라.
6 예수처럼 너희들이 순종하며 나의 계
명대로 살아갈 때 나의 성령이 너희들
에게 임함이니,
7 그것이 곧 너희들과 예수를 내가 동등
하게 보는 것이라 했으며, 똑같은 아
들이라 그리하지 않았던가?
8 그리하여 내가 예수를 너희들과 차별
화를 두지 않도록 하였으며, 예수가
또한 너희들에게 그리 전하였음이니
라.
9 그리하여 예수는 너희들과 형제며, 제
뜻대로 모두를 임하지 아니하며 나 여
호와의 뜻에 따라 만백성에게 전하는
그 대임을 맡은 자라, 그리 예수가 낮
은 자로서의 그 자세를 다 전하여 주
었거늘,
10 지금의 모든 종교 집단들이 어찌 가고
있는가?
11 그들은 바로 예수를 신격화하고자 했
으며,
12 '구주 예수여, 영광의 예수여!' 그리
부르짖으며, 예수를 부르는 것만이 구
원을 받는 길이라 그리 착각하고 지금
달려가고 있음이니라.
13 나의 아들이 더 높은 자가 아니요, 더
위대한 자가 아니요,
14 그의 뜻대로 모두를 임하는 것이 아니
요, 나 여호와의 명을 받아 움직이는
너희들과 똑같은 나의 아들이라 그리
말하였으며,
15 너희들이 그리 순종하며 성령이 임하
여 그득 찼을 때, 너희들도 똑같은 나
의 아들딸과 같다 그리 말하고 예수도
그를 그리 전했거늘,
16 어찌하여 너희들은 그리도 예수를 신
격화하며, 감히 나 여호와와 같은 삼
위일체라 그리 말하며 그리 가르치는
가?
17 너희들은 여기서 깨달아야 할 것이니
라.
18 너희들이 예수처럼 변화되면 그 성령
이 곧 내가 너희들에게 임하게 되는
것이니,
19 너희들이 예수가 했던 그 행위요, 예
수가 살았던 그 삶이요, 예수가 역사
했던 그것을 배우고 그대로 따르며 행

하는 것이 구원의 길이요, 나에게 올
수 있는 길이라는 이치를 어찌하여 모
르는가?
20 말로써 그저 예수를 신격화해 놓고,
그를 부르짖고 그를 찬송하며 너희들
이 기도할 때마다 '주여, 주여!' 그리
부르짖는 그것으로써 너희들이 구원
을 받을 수 없다는 것을, 그 엄연한 사
실을 이제 알아야 할 것이거늘,
21 어찌하여 너희들은 고개를 흔들어 이
를 부인하며 그 말을 듣지 아니하는가?
22 너희들이 구원을 받고자 하면 나의 아
들을 영광된 예수요, 구세주라 부르지
말고,
23 예수가 행했던 그 모든 업적을 그대로
행하면 나의 성령이 너희들에게 임하
여짐이니,
24 그것이 구원을 받는 길이요, 나에게
오르는 길이라는 것을 너희들은 알라.
25 내가 너희들에게 간곡히 부탁하고 또
이리 간곡히 전함이니, 이 뜻을 읽는
자, 바로 깨달음을 얻도록 그리하라.

5,206 번째 하나님 말씀

2003년 2월 25일 11시 31분

1 사랑하는 나의 아들아!
2 "네, 아버님! 말씀하옵소서."
3 네가 나를 부르며 나에게 기도하며 경
배하니, 내가 나의 성령을 태운 그 모
두를 너에게 내려보냄이니라.
4 그리하여 네가 노력하는 만큼, 기도하
는 만큼 너에게 기쁨과 행복과 축복이
있는 것이니,
5 너는 쉬지 말고 노력하는 그 길을 달
려가는 자세가 되어야 할 것이니라.
6 네가 나의 법전 160권을 세상에 만들
어 냄으로 인하여 만백성이 그때부터
더 무서운 변화를 이룰 것이며, 그들
이 나의 법전을 읽고 깨우칠 것이니,
7 네가 만백성을 구하는 그 애절한 마음
으로써 기도하고 또 경배의 기도를 드
리라.
8 그랬을 때 너는 기쁨을 스스로 얻지
않는가?
9 그 속에서 네가 기쁨과 축복과 영광을
스스로 얻는 그와 같은 삶으로 살아가
야 함을 잊지 말라, 사랑하는 나의 아
들아!
10 지금의 모든 종교 지도자, 그리고 나
의 복음을 전한다 하는 그 백성, 그들
부터 어찌 살아가야 하는가?
11 너희들은 그들에게 전하도록 그리하
라.
12 만백성을 구원의 길로 인도한다는 종
교 지도자, 그리고 복음을 전파하여
나의 사랑하는 백성을 구한다는 자,
그들부터 짓는 그 죄를 먼저 털도록
그리하며,
13 죄사함을 먼저 받는 그 아름다운 삶으
로 전환하도록 그리 가르쳐 주라.
14 너희들이 죄사함 받는 것은 말로써 부
르짖는 것이 아니요, 선함을 행하는
것이요, 선함을 실천하는 것만이 죄사
함을 받는 길이라는 그 진실한 뜻, 그
소중한 한 가지를 그들 손에 너희들이
쥐여 주도록 그리하라, 사랑하는 아들
딸들아!
15 저희가 가고 있는 그 길을 먼저 들여
다보도록 그리 가르쳐 주라.

16 그리고 저희들이 말로써 구원이요, 말로써 하늘에 오르는 길이라 부르짖지 말며 말로써 복음을 전하지 말라 하라.

17 그들이 전하는 그 복음 자체가 손으로 지은 성전에 가야 구원을 받는다 그리 가르치느니 그것이 잘못되었음이니라.

18 복음을 전하는 자, 너희들이 스스로 먼저 지금까지 살아온 그 죄만큼, 그보다 열배 백배 선한 마음으로 살아가는 그 변화된 삶이요, 용서받는 삶의 길을 먼저 가도록 그리 그들에게 깨우쳐 주도록 하라.

19 나의 성령이요, 나의 뜻을 가슴에 하나도 담은 것이 없는 그들이 어찌하여 선량하고 착한 나의 백성을 구원의 길로 인도한다 그리 말하는가?

20 그들의 가슴속에는 나의 보통 백성이 살아가는 그것만큼도 아름다운 마음이 담겨 있지 않다 하였음이니라.

21 그러한 자들이 복음을 전하며 이끄는 것이 무엇인가?

22 만백성을 지옥으로 이끌어 가고 있으니,

23 저 자신부터 변화되는 삶을 살도록 노력하라, 그리고 먼저 변하라 그리 가르쳐 주라.

24 그리고 그들의 가슴속에 있는 선과 악의 싸움에서, 악을 뿌리칠 수 있는 저 자신의 능력부터 기르라 그리 말하라.

25 악과 싸워서 악을 뿌리칠 수 있는 그와 같은 능력이요, 자신도 없으며 그리 행하지도 못하는 자들이,

26 악의 사탄이요, 악의 자식이요, 악의 구렁텅이에 빠져 있는 자들이 어찌 나의 복음으로써 만백성을 구한다 그리 하고 다니는가?

27 내가 너희들에게 말하여 전하지 아니하였는가?

28 이 세상에 나를 믿지 않는 백성의 그 순수한 마음 때문에 이 세상이 지탱되었다 내가 그리 말하지 아니하였더냐?

29 제 것만이 최고라고 부르짖는 종교 지도자, 너희들이 조금만 더 그 종족이 늘어난다면 이 세상은 하나도 지탱할 수 없다 하지 않았느냐?

30 열 명이 모여 각자 열 명이 제 뜻이 최고라고 부르짖을 때, 거기에는 하나도 이루어지는 것이 없다 내가 가르쳐 주지 아니하였더냐?

31 그러니 지금의 종교 집단들이 열이면 열, 천이면 천, 다 제 것이 최고라 부르짖으니, 이 세상이 이렇게 사악해졌음이니라.

32 그리하여 모두가 다 깨져 풍비박산 직전에 있음이니,

33 믿지 않는 백성, 제 것이 최고요, 제가 가는 믿음이 최고라 부르짖지 않는 순진하고 착한 나의 백성이 존재하기 때문에 그나마 그들로 인하여 이 지상의 뿌리가 존재하는 것이니라.

34 믿음의 길을 가며 제 것만을 부르짖는 너희들 때문에 이 지상이 존재하며 오늘에 내가 너희들의 손을 놓지 아니하는 것이 아니라,

35 그저 말없이 기다리며 제 것이 최고라 말하지 아니하고 내세우지 않는 그 백성 때문에 내가 재앙을 내리지 않고 있다는 것을 너희들이 거꾸로 알아듣고 거꾸로 깨달아 그 이치를 알도록,

36 그 복음을 전하는 자, 그들에게 먼저 저 자신의 죄를 용서받으며, 제가 서 있는 길을 먼저 보며, 악과 선의 싸움에서 악을 뿌리치는 그와 같은 능력을 먼저 배양시키라 하라.

37 그와 같은 능력이 없는 자들이 나의 백성을 구원의 길로 인도하는 것이 그 얼마나 무서운 결과를 낳고 있으며, 만백성을 지옥으로 안내하는 사악한 짓을 하고 있는가?

38 끝없이 일어나는 악의 생각을, 나의 성령을 먼저 가슴에 담아 그 악을 누르는 것은 나의 성령으로써 그득히 너희들에게 채워져야 함이니,

39 너희들 스스로 선함을 행하여 나의 성령이 너희들의 가슴에 전해지도록, 그리고 자리 잡도록 하는 그것부터 먼저 전하도록 하라.

40 너희들이 만백성에게 복음을 전하는 오늘의 그 삶이 어떠한 어리석은 삶인지 아는가?

41 너희들이 정답을 가지고 가르치는 자가 아니요, 오답을 가지고 가르치는 선생과 똑같으니,

42 오답을 가지고 선생이 가르치니 그 제자들이 바로 배울 수 없다 내가 수십 번 얘기했듯이,

43 지금 복음을 가지고 전하는 자, 그리고 단상에 서서 설교하며 나의 피조물 만백성을 하늘로 인도하는 그와 같은 역사를 이룬다는 자, 재물을 바치면 구원을 받는다는 자, 그와 같은 자들이 바로 사악한 사탄의 자식이니 그리 알라.

5,207 번째 하나님 말씀

2003년 2월 25일 12시 02분

1 사랑하는 나의 아들아!

2 "네, 아버님! 말씀하옵소서."

3 지금 이 지상의 한 작은 토굴에 앉아 나의 아들이 나의 성령이라 하여 내가 내리는 그 모두를 받아 만백성을 구하는 법전을 만들며, 160권의 대장서를 써 가는 그 역사가 시작되었음이니,

4 그리하여 16권의 법전이 세상에 전해지니, 그를 보는 백성이 이는 사탄이요, 사악한 자의 장난이라 말하느니라.

5 그리고 모든 종교 집단들은 저희들이 가지고 있는 그 집단의 조직의 힘과 물리적인 그와 같은 방대함을 가지고 '하나의 어린 것이 장난하다가 시들어 지겠지'라고 생각하며 지금은 그리 볼 것이나,

6 그러나 너희들은 여기서 주저하지 말며 두려워하지 말라.

7 내가 너희들에게 깨우쳐 주었듯이, 너희들이 육의 세상에서 살며 인간이 만든 그 모두는 하나도 가져갈 수 없으며 가져갈 필요도 없으며, 하늘에 그 모두는 가져올 수도 없다 그리 말하였음이니라.

8 그리고 너희들이 재물을 하늘에 많이 쌓아 놓는 것이 구원을 받는다 부르짖으나,

9 너희들이 그 재물 하나 하늘에 쌓아 놓을 능력이 없으며, 쌓아 놓을 곳이 없으며, 쌓아 놓지도 못한다 하였음이니라.

10 또한, 너희들 인간의 능력이 천재요,

아무리 좋은 말이요, 명석한 머리를
가지고 세상의 어떤 것을 만들어 내고
과학 문명이 시대를 변화시킨다 해도,
11 그것은 인간의 세상에서 이루어지는
것이며, 인간 한계의 머리에서 이루어
지는 것이며, 내가 너희들에게 준 능
력의 범위 내에서 이루어지는 것이라
내가 너희들에게 깨우쳐 주었듯이,
12 너희들이 아무리 큰 집단이요, 종교
집단이요, 물질적인 힘을 가지고 있으
며 방대한 조직이라 하여도 그것은 인
간 너희들이 벗어나지 못하는 그 한계
에서 이루어지는 것이요,
13 나 여호와의 뜻이요, 하늘의 뜻에서
이루어지는 것이 아니기에, 그들이 무
너지는 것은 그저 백사장에 모래성을
쌓은 것처럼, 파도가 밀려와 쓸어 가
듯이 바로 쓰러지고 무너질 수가 있음
이니,
14 나의 아들을 따르는 제자들이요, 나의
법전을 읽는 백성, 너희들은 두려워하
지 말라.
15 그들이 저희들의 집단이요, 저희들의
방대함을 믿으며 저희들이 수없이 지
어 놓은 그 성전의 힘을 가지고 저희
들이 지탱할 것 같으며 감히 대적할
자 없다 그리 말하나,
16 너희들은 그렇지 아니함을 알아야 할
것이니라.
17 그보다 더 큰 것이요, 더한 역사라도
내가 하루아침에 그 모두를 무너지게
할 것이니,
18 너희들은 이 길을 가는 데 주저하지
말며, 내가 이룬다는 역사는 반드시
이루어짐을 알라.
19 저희들의 무력이요, 집단의 힘이요,
재물의 힘이요, 물질의 힘, 그것이 다
누구의 것이던가?
20 나 여호와의 것을 가지고 그리 씀이
며, 그를 가지고 제 것인 양, 사유재산
인 것처럼 저희들이 그 힘을 믿고 그
리하나,
21 그 힘은 결코 견딜 수 없으며, 그는 진
정한 참진리요, 역사의 순리 앞에 존
재할 수 없다는 것을,
22 위대한 진리요, 나의 성령 앞에 그는
아무것도 아니며, 그저 바람에 날리는
낙엽만큼도 그 무게가 없다는 것을 알
라.
23 사랑하는 나의 아들아, 두려워하지 말
며 겁먹지 말라.
24 차라리 그들이 들여다보지 아니하며,
아이의 장난이요, 사탄의 장난이요,
잠깐 켜졌다 꺼지는 촛불처럼 나의 법
전을 생각하는 그들이기에, 오늘의 너
희들이 역사하기 쉬움을 알라.

5,208 번째 하나님 말씀

2003년 2월 25일 12시 07분

1 사랑하는 나의 아들아!
2 "네 아버님! 말씀하옵소서."
3 너희들이 참진리의 뜻대로 살아가는
것, 그것이 바로 무엇인지 너희들은
알고 있는가?
4 나의 진리대로 사는 것이요, 그것이
곧 나에게 오르는 길임을 너희들은 알
아야 할 것이니라.
5 너희들에게 참진리요, 나에게 오르는
길은 또한 무엇이던가?

6 너희들이 정직하고 바르게 사는 것,
그 길만이 곧바로 나에게 오를 수 있
는 곧은길이라는 것을 알아야 할 것이
니라.
7 세상사 살면서 세속적인 삶에 도덕적
으로 한 점의 부끄러움이 없는 삶이
요, 하나의 부끄러움이 없이 그와 같
이 행하고 사는 것, 그것이 바로 곧은
삶이며 정직한 삶이니라.
8 남에게 피해를 주며 남에게 부담을 주
며 남에게 고통을 주며 그와 같이 사
는 것은 정직한 삶이 아니요, 바른 삶
이 아니지 않던가?
9 그와 같은 길을 가는 자는 곧바른 길
을 올 수가 없음이니라.
10 너희들이 정직하게 사는 그것만이 곧
은길이요, 나에게 오를 수 있는 길이
라는 것을 알아야 할 것이며, 그리 살
아가는 삶을 살도록 그리하라.
11 작은 것부터 큰 것에 이르기까지 너희
들이 바른 자세, 정직한 마음가짐을
가지고 살아가는 것이 바로 나에게 오
르는 곧은길이며 바른길이라는 것을
잊지 말라.
12 너희들이 나의 십계명을 지키며 나의
율법을 지키며, 그리고 성경의 참진리
를 이해하며 나의 법전을 정독하고 그
대로 살려고 노력하는 것, 그것만이
너희들이 하늘에 오르는 곧은길이요,
바른길이니라.
13 그 외에 너희들이 잠시라도 다른 생각
을 하며 다른 방법으로써 하늘에 오를
수 있는 곧은길이 있다 생각하는 것은
너희들의 오만이요, 자만임을 알아야
할 것이니라.
14 그리하여 지금 너희들이 나의 법전을
읽고 그리 지키고 사는 것만이 하늘에
오르는 길이요, 그리하여 내가 법전이
라 명하였으며,
15 이 법전이 심판의 시대의 한 장을 열
어 가는 그 시작임을 너희들은 알아야
할 것이니라.
16 너희들은 구약과 신약을 정독해도 나
의 법전을 이해하기 어려우며,
17 내가 간단하게 풀어서 내려보내는 이
법전의 뜻을 알 수 없으며,
18 그를 행함에 견딜 수 없는 고통 속에
서 인내하고 따라올 백성이 별로 없음
이니라.
19 이는 너희들이 신약과 구약을 정독해
도 그 뜻을 알지 못하는데, 그 외에 나
의 법전까지 보고 따르자니 너무나도
어렵고 힘든 길이기에, 너희들이 이
길을 올 수 없으며 사전에 포기하는
백성임을 알아야 할 것이니라.
20 그러나 너희들이 구약과 신약의 참진
리를 알고 뜻을 안다면 그보다 쉽게
나에게 오르는 간단한 길이 있다는 것
을 모를 것이니라.
21 그를 깨달으면 얼마나 편안하며 쉬운
것이 나에게 오르는 길인가를 알게 될
것이니라.
22 너희들이 구약과 신약을 정독해도 하
늘에 오르는 그 간편한 길이요, 편안
한 길을 모름이니라.
23 그리고 너희들은 나의 법전에 속해 있
는 것을 이해 못 함이니라.
24 그러나 반대로 나의 법전을 가슴에 안
고 정독하여 깨우쳤을 때, 너희들은
구약에서 원하는 것이 무엇이며, 신약

에서 너희들에게 깨우쳐 주고자 하는
것이 무엇인지 그 참뜻을 알게 되며,
25 하늘에 오르는 길이 가장 편안하고 평
탄한 길로써 가장 쉬운 역사의 삶이
이루어지는 것이라는 것을 알 것이니
라.
26 하늘에 오르는 길이 힘들고 어려운 고
통의 길이 아니요, 너희들이 간단히
지키고 행하면 얼마나 편안하고 순탄
한 길인가를 알게 될 것이니라.
27 그리하여 내가 '새로운 성경'이라 명
하여 나의 말을 기록하여 이 법전을
세상에 내려보냄이니라.
28 참진리보다 위대한 것은 없으며, 참진
리의 길에 들어서기 시작하면 그보다
행복하고 쉬운 것이 없음이니라.
29 바로 쉬움이란 무엇이던가?
30 행복함을 알기 때문이니라.
31 너희들이 진리를 따라 행하는 길만이
하늘에 오르는 바른길이요, 나에게 오
를 수 있는 길이라는 것을 잊지 말라.
32 바로 정직함이요, 곧음이요, 그리고
진리에 따라서 깨닫고 하늘에 올라와
야 함이니,
33 그 진리에 눈이 뜨게 되며 그를 보고
듣고 읽을 수 있는 것이 나의 법전임
을 잊지 말라.

5,209 번째 하나님 말씀

2003년 2월 25일 12시 14분

1 사랑하는 나의 아들아!
2 "네, 아버님! 말씀하옵소서."
3 너희들의 그 믿음의 골격이 무엇이며,
지금 가고 있는 길이 무엇이던가?
4 나의 아들 예수가 부르짖고 전했던 그
뜻과는 전혀 관계도 없으며, 내가 원
하는 길과는 정반대의 방향으로 지금
달려가는 것이 너희들의 믿음이요, 너
희들이 가는 형국이라 하였음이니라.
5 그러니 너희들이 지금 수천 년 동안
믿어 온 그 역사의 길이 나의 아들 예
수가 원했던 길이 아니요, 내가 원했
던 길이 아니고, 반대의 길로 감이니,
6 너희들이 하늘에 오르는 길을 달려오
는 것이 아니요, 지옥으로 가는 길을
달려가고 있는 것이 아니던가?
7 너희들은 이를 그렇지 아니하다 반박
하며 거부할 것이며,
8 그리 말하는 나의 아들을 사탄이요,
사악한 자요, 이 세상을 혼란케 하는
양의 가죽을 쓴 이리라 그리 공격할
것이니라.
9 그러나 너희들은 들어야 할 것이니라.
10 나의 사랑하는 예수가 세상에 나가 죽
음으로 항거할 때, 무어라 말하였는가?
11 나의 백성과 예수는 똑같은 자라 말하
였으며, 형제라 말하였으며, 동등한
자라 그리 말하였음이니라.
12 그리고 예수는 기록하여 전하였음이
니라.
13 오로지 나의 아들 예수가 스스로 제
뜻으로 행하며 제 생각으로 행하는 것
이 아니요,
14 창조주인 나 여호와요, 아버지라는 내
가 보내준 그 뜻에 의해 그는 행하며
그를 따라 순종했음이니라.
15 그리고 그는 아무런 능력도 없으며,
제 임의로 그 능력을 바란 것이 없으
며,

16 오로지 창조주 나 여호와의 뜻에 의해
모두를 이루도록 해 달라 그는 기도했
음이니라.
17 그리고 제 뜻이요, 제 생각을 기억하
지 말아 달라 그리 애절하게 기도한
것이 나의 아들 예수가 간 길이니라.
18 그러나 지금 믿음의 길을 가는 너희
들은 어찌하여 그 반대의 길로 가느냐
내가 말하지 않았던가?
19 예수는 나 여호와가 내린 대로, 내가
보낸 대로 행하며, 제 뜻대로 행하지
아니하며 나의 뜻대로 하여 달라 그
리했느니라.
20 그리고 제 생각이요, 제 뜻을 기억하
지 말아 달라 나 여호와에게 간곡히
그는 기도하였음이니라.
21 그러한 예수를 너희들은 나 여호와와
동등한 자리에 놓지 못하여 병이 나
있으며,
22 오로지 그것만을 위해 광분하는 그와
같은 삶을 사는 것이니라.
23 창조주 예수요, 구세주 예수요, 나 여
호와와 동등하다 말하는 너희들은 어
떠하던가?
24 그 길을 위해서 너희들은 지금까지 죽
기 아니면 살기로 몸부림을 쳐 왔음이
니라.
25 더욱이 나 여호와의 성령이요, 나의
가르침으로 구원을 받는다 아니 하고,
26 예수가 흘린 보혈로써 구원을 받는다
너희들이 그리하니,
27 나 여호와는 뒷전이요, 나 여호와는
아무런 관계도 없으며 나의 성령은 관
계없이,
28 오직 예수의 흘린 보혈로써 너희들의
죄를 대속했으니 구원을 받는다 그리
말하는 것이 너희들이니라.
29 나보다 더 높게 하고자 하는 것이 예
수를 받드는 지금의 형국이 아니던가?
30 그와 같이 만들지 못해서 너희들이 지
금 심지어는 무어라 말하는가?
31 나와 동등한 자요, 나보다 더 높은 예
수를 만들지 못하여 안달하는 너희들
은 감히 그와 같은 행위를 할 수 있다
면 하고도 남을 자들이니라.
32 그리하여 나의 아들과 내가 삼위일체
요, 동등하다 하여 동등한 자요, 똑같
은 위치에 있다 부르짖고 있으며,
33 삼위일체요, 창조주 내가 나의 아들과
똑같은 자이니, 너희들은 똑같이 그리
생각하며 예수만을 믿고 예수만을 부
르짖으면 구원받는다는 그를 만백성
에게 전하지 못하여 병이나 안달하는
것이며,
34 너희들이 복음을 전하고 나의 뜻을 전
한다는 것이 바로 무엇을 전하는가?
35 나의 성령을 전함이 아니요, 나의 뜻
을 전함이 아니요, 내가 이루고자 하
는 그 역사를 전함이 아니요, 나의 성
령을 너희들이 받아들여 만백성의 가
슴에 나의 성령을 심는 것이 아니요,
36 예수는 나 여호와와 동등한 자며, 삼
위일체며, 오로지 예수만을 받들면 구
원을 받는다 너희들이 그 길을 전하며
그것이 복음이라 지금 부르짖고 있으
니,
37 그것이 너희들이 사악한 자들이며 나
와 관계없는 그 뜻으로 간다 내가 말
하는 것이 여기 있음을 알아야 할 것
이니라.

38 지금의 너희들의 믿음의 본체가, 너희
들이 가고 있는 그것이 바로 무엇이던
가?
39 참진리요, 성령의 깨달음이요, 나의
뜻을 따르는 것이 아니라,
40 그저 나의 아들과 내가 삼위일체요,
똑같은 자라 하며, 그러니 그것만을
믿으라 지금 소리 지르는 것이니,
41 너희들이 나의 아들 예수에게 얼마나
무서운 형벌을 가하는 것이며, 나의
아들 예수를 고통스럽게 하는 것인가
를 알아야 할 것이니라.
42 죽음으로써 너희들을 구원하고자 했
던 나의 아들 예수를 너희들이 나와
동등한 자라 말하며 나보다 더 높은
자라 말하며 나와 똑같은 자라 만들지
못하여 병이나 몸부림치는 너희들의
그 추한 형태를 보면서,
43 나의 아들 예수가 몸 둘 바를 모르며
그 무서운 형벌을 받고 있는 것을 잊
지 말며,
44 그와 같이 하지 못하여 너희들은 나
까지 능멸하는 것이니,
45 너희들은 성경을 읽는 것보다, 성경의
그 이치를 깨우치는 것보다, '예수, 예
수, 예수!'를 부르는 것이 구원을 받는
것이라 그리 말하나니,
46 너희들은 성경의 참진리를 깨달으며
내가 내리는 나의 법전의 뜻을 알며
나 여호와가 원하는 것을 깨닫고 그
길을 행하며 그 길을 향하여 따라오는
것이 구원을 받는 길임을 알라.
47 이제 내가 나의 사랑하는 아들의 그
제자들을 통하여,
48 '예수, 예수, 예수!'를 부르짖으면서
복음을 전하며, 그리고 예수가 나와
똑같다는 것을 전하고자 몸부림치고
병이 난 너희들에게,
49 창조주 나는 따로 있으며, 보낸 자가
따로 있으며, 예수는 명받은 자라는
것을 내가 깨우쳐 주고자 상세히 이리
기록하여 전하니,
50 이를 읽고도 나와 예수, 나의 아들과
나와의 관계를 너희들이 정립하지 못
한다면,
51 너희들은 그저 예수를 부르짖다, 그리
고 예수를 나보다 높은 자로 만들다,
삼위일체라 부르짖다 지옥으로 가는
길을 간다는 것을 잊지 말라.

5,210 번째 하나님 말씀

2003년 2월 25일 15시 21분

1 사랑하는 나의 아들아!
2 "네, 아버님! 말씀하옵소서."
3 너희 형제 중에 정신이 잘못되어 오락
가락하는 그 형제에게 물어보라.
4 그가 너희들과 같이 바른 삶을 살지
못하며 정신적으로 흔들리며 정신적
인 바른 자세로 살지 못하는, 너희들
이 말하는 정신병에 걸린 자에게 물어
보라.
5 그는 그 삶이 정확한 삶이며, 가장 정
도의 삶이요, 아름다운 삶이라 그리
생각할 것이니라.
6 너희들이 볼 때 그는 모자라는 정신이
상자로서, 저 자신을 가누지 못하고
사는 그와 같은 그 형제가,
7 그는 제가 정상적으로 사는 것이며,
정상적이 아니다 말하는 너희들이 잘

못된 것이라 그리 생각하며 그리 너희
들을 핍박할 것이니라.
8 그것이 바로 너희들의 생각의 차이이
며 살아가는 마음의 자세이니라.
9 지금 수천 년 동안 흘러오면서 나의
종교 집단 그들이 완벽한 뿌리를 내렸
으며 저희들만이 구원의 길이요, 하늘
에 오르는 길이라 말하며, 그를 바꾸
지 못하며 돌아다보지 못하는 자,
10 그리고 구원받았다 말하는 그들이 바
로 잘못 가는 자들이며, 잘못 깨우치
는 백성이니라.
11 그러면서 저희들만이 옳다 생각하고
남의 것을 들여다보지 아니하며 남의
가르침을 듣지 않으려 하는 것이 지금
의 종교 집단이요, 세뇌된 자들이 가
는 길이니라.
12 그러니 과연 그들의 마음의 자세가 어
디 있으며 그들이 살아가는 형태가 어
디 있는가?
13 내가 너희들에게 물어보고자 함이니
라.
14 지금 1년이요, 2년이라는 그 짧은 기
간에 나의 법전을 읽고 깨우친 백성,
그리고 나의 강론을 들어 스스로 변하
고자 하는 백성, 너희들이 지폐 석 장
이 있다 하자.
15 그리고 믿음의 길을 가고 있는 지금
의 종교 지도자 너희들도 지폐 석 장
이 있다 하자.
16 똑같은 여건에서 어려운 사람이 너희
에게 지폐 한 장을 달라고 할 때, 과연
너희들은 몇 장을 줄 수 있는 것인가?
17 지금의 종교 지도자에게 그곳에서 저
만 위대하다고 배우는 백성 너희들은
그들에게 하나의 지폐도 주기가 어려
울 것이니라.
18 그리하여 마지못해 준다면, 달라는 하
나의 지폐만 줄 수 있을 것이니라.
19 그러나 나의 법전을 읽고 깨우친 백성
이요, 나의 아들을 따르는 그 제자들
은 하나의 지폐를 달라고 할 때,
20 똑같이 어렵고 형편이 어려운 상황에
서 그 지폐 석 장을 가지고 서로 나누
어 쓰자 하면 나의 아들이요, 나의 아
들을 따르는 그 제자들은 두말없이 그
석 장의 지폐를 꺼내어서, 하나를 달
라 하는 그 형제에게 두 장을 줄 것이
니라.
21 그것이 너희들과 다른 점임을 알아야
할 것이니라.
22 2년도 안 되는 그 짧은 기간에 나의
법전이요, 나의 새로운 성경을 듣고
배운 백성, 그리고 나의 아들로부터
강론을 들은 제자들이 그와 같이 아름
다운 모습으로 살아가거늘,
23 10년, 20년, 평생 하늘에 오르고자 믿
음의 길을 가는 백성이 그와 같이 하
지 못한다 하면,
24 과연 너희들은 누가 더 아름다운 백성
이며 누가 나의 뜻에 사는 백성인가?
25 그러면서도 지금 너희들은 구원을 받
는 자요, 너희들만이 하늘에 오르는
길이요, 너희들이 아니면 그 누구도
구원받지 못한다는 그와 같은 행위를
할 것이니라.
26 내가 나의 법전에 지금의 나의 아들
을 따르는 백성의 변화된 마음과 너희
들의 마음을 기록하니, 너희들은 그럴
것이니라.

27 육의 행동은 아무것도 아니요, 그 지
폐 한 장을 더 주고 안 주는 것은 아무
런 관계가 없는 것이며,
28 다만, 믿음의 길을 가는 것은 나를 찾
으며 나 여호와를 부르는 것이요, 나
의 아들 이름으로 보혈로써 구원받는
다 소리 지르고 광란의 춤을 추는 것
만이 너희들이 구원을 받는 것이요,
29 지폐 한 장을 더 주고 안 주는 것은 누
구나 다 할 수 있으며 그것은 자기도
할 수 있는 일이라 그리 말할 것이니
라.
30 그러나 너희들이 셋 중에 두 개를 주
고 제가 하나를 갖는 그와 같이 할 수
있는 마음, 그것도 제 것을 상대방에
게 두 개를 주고 제가 하나만을 가지
는 그와 같은 마음, 그리 변하는 그 역
사의 행동을 하기가 그리 쉽지 아니
함이니라.
31 많은 시간 속에 고통과 깨달음과 변화
가 없으면 그를 할 수 없는 것이 너희
들이니,
32 그것이 나의 법전을 읽고 1년이요, 2
년 그 안에 깨우친 백성이 살아가는
모습이요, 변화된 역사니,
33 과연 그와 같이 변하는 나의 백성이
진정한 나 여호와의 뜻에 사는 것인가?
34 20년, 30년을 살았으면서도 그리하지
못하는 자, 말로써는 그것은 사랑이
아니요, 하늘에 오르는 실천하는 길이
아니라 그리 변명하는 너희들이 과연
나의 뜻을 따르는 백성이며,
35 너희들이 가는 길이 하늘에 오르는 길
이요, 진정한 가르침의 길이라 지금도
너희들이 그리 말할 수 있는가?
36 20년, 30년 나의 성경을 가지고 공부
했으며 하늘에 오르는 길을 연구했다
는 너희들은 그 세 닢 가진 지폐를 세
장을 다 주고도 남는 그와 같은 마음
으로 변해 있어야 하며,
37 그와 같이 아낌없이 사는 삶을 살아갈
수 있는 백성이 되어야 할 것이니,
38 너희들은 지금 얼마나 잘못하며 사악
한 자인가?
39 지옥으로 가는 행위를 하고 있으면서
말로만 구원을 받는다 수다를 떠는 불
쌍한 백성이라는 그 뜻이 여기 있음을
알라.

5,211 번째 하나님 말씀

2003년 2월 25일 15시 27분

1 사랑하는 나의 아들아!
2 "네, 아버님! 말씀하옵소서."
3 너희들이 지금의 살아가는 그 삶이 아
무리 잘못된 길을 가고 있으며 악의
자식으로서 악의 구렁텅이에 빠져서
살아간다 하여도 두려워하지 말며 겁
먹지 말라.
4 너희들은 변화될 수 있으며, 변화되어
나에게 돌아올 수 있는 그와 같은 기
회가 있음이니,
5 지금 좌절하며 너무 두려워하지 말라.
6 너희들이 두려워하며 용기를 잃고, 돌
아오는 그와 같은 길을 가지 못한다
면, 그보다 더 불행한 것은 없음을 알
아야 할 것이니라.
7 나의 사랑하는 백성 너희들은 내가 다
똑같이 사랑하는 나의 아들딸이라 하
였음이니,

8 너희가 회개하고 반성하며 그리고 내
가 마지막 시대에 나의 성령을 태워
내리는 나의 법전을 읽고 깨우쳐 내가
이루고자 하는 그 뜻을 따라 그를 접
하고 행하고 산다 하면,
9 그 길을 깨우쳐 나에게 온다면, 나 여
호와는 항상 너희들을 기다리고 있다
는 것을 잊어서는 아니 될 것이니라.
10 나는 어떠한 상황에서도 어떠한 시점
에서도 너희들을 버리고 손을 놓음이
아니니라.
11 너희들이 회개하고 깨우쳐 오고자 한
다면, 그리고 나의 법전을 접하며 그
내용을 읽고 그것이 나 여호와의 뜻이
라 깨닫는 백성은 어떠한 어려운 고통
과 시련 속에서도 결코 내가 손을 놓
지 아니하고,
12 돌아올 수 있는 자는 돌아올 수 있도
록 기다린다는 것을 너희들은 잊지 말
라.
13 너희들이 그리 알아야 할 것이니라.
14 너희들이 어떠한 고통과 어떠한 시련
속에 살아가면서도 변하고자 하며 나
여호와의 품에 오고자 나를 그리워하
며 정녕 노력하는 자, 그리고 참진리
의 뜻을 따라가는 자,
15 그리고 잘못 가는 종교 지도자의 육신
을 위해 부귀영화를 위하여 무엇을 달
라, 이루어 달라는 그 욕심을 가르치
는 그들의 가르침이 아니요,
16 가족 단위로 기도하며 혼자 기도하며,
그리고 조용히 나 여호와에게 오는 길
이 무엇인가, 나의 성경을 정독해서
읽고 또 읽어 그 뜻을 깨우치는 자가
된다면,
17 그렇다면 너희들은 나의 법전을 보게
될 것이며,
18 나의 법전을 읽고 또 깨우쳤을 때, 너
희들은 성서의 그 깊이를 더 알 수 있
을 것이니라.
19 그러니 그와 같은 백성은 사탄도 감히
무너트리지 못하며 유혹하지 못함을
알라.
20 나에게 돌아오고자 하는 진정한 마음
을 가지고 살아가는 자, 그리고 성서
를 진정으로 읽고 깨우치는 자,
21 잘못 가르치는 자들이 눈을 막으며 귀
를 막는 그와 같은 강론이요, 설교를
듣지 아니하고 가는 백성,
22 그러면서 스스로 다락방에서 기도하
며 나를 경배하며 나를 간곡히 부르며
기다리는 백성,
23 너희 스스로 자신이 일어서고자 하는
그와 같은 백성은 절대로 사탄이 범하
지 못하며, 그들이 지옥 불로 끌어가
지 못함을 너희들은 알아야 할 것이니
라.
24 나의 품에 오고자 변화하며 노력하는
백성, 그는 구원의 길에 들어서며 구
원의 길을 달려 오고 있는 백성이기
때문에, 그 사악한 자들도 너희들을
건드리지 못하며 끌고 가지 못한다는
것이 거기에 있음이니라.
25 너희들이 나에게 오르고자 하여 그 진
리의 길을 향하여 달려올 때는 너희들
을 넘어트리지 못하며 끌어가지 못하
며 유혹하지 못하는 것이 사탄임을 알
라.
26 그 누구도 나 여호와의 뜻을 거역하며
나를 이길 수 있는 것은 아무것도 세

상에 없기 때문이며, 아무리 사탄이
득세하고 저희들이 많은 사악한 자들
을 이끌고 있다 하여도, 감히 나를 거
역하며 나를 이길 수 없는 것이 그들
이라는 것을 너의 제자들에게 깨우쳐
주도록 그리하라, 사랑하는 나의 아들
아!

5,212 번째 하나님 말씀

2003년 2월 25일 15시 32분

1 사랑하는 나의 아들아!
2 "네, 아버님! 말씀하옵소서."
3 지금 심판의 제3의 시대의 역사를 열
지 아니할 수가 없으며, 너희들 스스
로 이와 같은 심판의 시대를 열도록
그리 살아왔음이니라.
4 모세의 역사의 그 기적 속에서도 그
백성이 바로 서지 못했으며 그들이 광
란의 짓으로써 은혜에 거부하였으며,
5 나의 은혜에 보답하는 것이 아니요,
나를 능멸하며 나를 욕하는 그와 같은
행위를 했으며,
6 예수의 시대요, 신약 시대 또한 그 백
성이 어찌했던가?
7 나를 믿고 나를 따르는 자들이 나의
뜻을 전하는 나의 아들을 팔았으며 등
을 돌렸으며,
8 그리고 그를 죽이라 그리 선동한 자들
이 나의 뜻에 따라 하늘에 오른다는
그 백성이니,
9 나의 피조물 만백성을 깨우쳐 하늘에
인도한다는 지금의 종교 지도자 너희
들과 같은 자들이니라.
10 그것이 바로 무엇이더냐?
11 그들은 회당에서 백성을 가르쳤으며,
너희들은 오늘 교회요, 성전이라는 곳
에 모아 놓고 세를 과시하며 지금의
믿음의 길을 달려가고 있는 그와 같
은 작태이니라.
12 그들도 그 시대에 나의 아들 예수를
그리 죽이라 부르짖은 것은 저희들의
기득권이 무너지며 저희들이 가고 있
는 모든 권한을 다 박탈당하는 그 무
서움 때문에 그러했느니라.
13 종과 주인이 없으며 모든 백성은 동등
한 하나님의 아들이요, 딸이라 그리
부르짖는 그 뜻을 그들이 받아들일 수
없었듯이,
14 지금 너희들이 가고 있는 믿음이 잘못
되었으며 제3의 시대요, 새로운 심판
의 시대를 열어 가니, 이 법전만이 구
원을 받는 길이라 그리 부르짖는 나의
아들을,
15 너희들이 나의 예수를 그와 같이 죽게
했듯이, 또한 오늘의 시대에 너희들이
그리하고자 하는 것이 아니던가?
16 그러하니 너희들을 더 기다릴 수 없으
며, 심판의 시대를 열어 내가 너희들
을 다스리지 아니하면 아니 되도록 너
희들이 그리 만들었기 때문이니 그리
알라.
17 나의 피조물 만백성이 나로부터 생명
의 은혜를 받아 세상에 나간 너희들이
나 여호와의 뜻대로 원상 복구하는
마음의 자세로 돌아오는 것이 아니요,
18 너희들은 나로부터 너무나도 멀리 등
을 돌렸으며, 너희들은 나에게서 너무
나도 멀리 떨어져 나가는 그 길을 가
고 있음이니라.

19 그러니 내가 더 이상 너희들을 그대로
놔둘 수 없으며, 멀리멀리 가고 있는
너희들을 그대로 가도록 놔둘 수가 없
기에, 내가 지금 심판의 시대를 열었
음을 너희들은 알아야 할 것이니,
20 이 모두는 너희들이 자초한 일임을
알라.
21 나 여호와가 멀리 가고 있는 너희들
을 구원하고자 해도,
22 내가 아무리 소리쳐 불러도 너희들은
듣지 아니하며, 귀를 열어 들으려 하
지 아니하며,
23 귀를 닫고 그저 그 길을 달려가고 있
지 아니하는가?
24 그와 같은 자를 내가 더 이상 볼 수 없
으며,
25 나의 성령의 법전이요, 새로운 성경이
이 시대처럼 절실히 필요하며 꼭 내
려와야 하는 그 시대는 지금까지는 없
었음이니라.
26 구약 시대에도, 신약 시대의 2천 년의
역사가 흐르는 동안에도 나의 법전이
요, 내가 새로운 심판의 역사를 여는
지금처럼 그리 필요한 때가 없었으며,
그리 요구된 때가 없었음을 알아야 할
것이니라.
27 이제 내가 더 이상 기다릴 수 없으며
너희들을 돌려세울 길이 없기에, 내가
심판으로써 너희들을 다스리며,
28 정녕 나의 목소리를 듣지 아니하며 내
가 부르는 소리를 귀담아듣지 않는
너희들을 돌려세울 수 있고 바로 세울
수 있는 것은 심판의 역사밖에 없음이
니라.
29 너희들이 지옥을 가는 자들의 울부짖
는 그 소리를 들으며, 너희들이 지금
까지 왔던 그 믿음이 잘못되었다는 그
들의 부르짖는 그 소리를 들었을 때,
30 너희들은 뒤를 돌아다보며 나의 음성
에 귀를 기울일 것이니,
31 그와 같이 너희들을 뒤돌아보게 하며
바로 세울 수 있는 것은 바로 나의 법
전뿐이요,
32 나의 법전을 읽고 깨우친 백성 너희들
이 어찌 살아가느냐에 따라서 그 모두
가 좌우됨을 알아야 할 것이니라.
33 그리하여 너희들이 소중한 자라 그리
말하였느니라.
34 모든 나의 역사 속에서 나의 선지자
요, 나의 제사장이요, 나에게 명을 받
은 그 모두는 다 편안하고 안전하며
남들보다 부유한 환경에서 태어나 그
길을 간 자들이 없느니라.
35 어렵고 힘든 속에서 태어났으며, 그
생활 속에서 그들은 깨달음을 얻었으
며, 나에게 오르는 길을 보았으며, 나
로부터 명을 받아 나의 종으로서 역사
했음이니,
36 오늘의 너희들의 고통은 아무것도 아
님을 알라.
37 오늘의 고통이 만백성을 구하는 그 영
광된 기쁨이라는 것을 잊지 말며,
38 너희들이 나의 법전을 전하며 스스로
변하는 그 역사에 최선을 다하는 나의
백성으로 다시 태어나는, 거듭나는 그
와 같은 삶을 살아야 함을 잊지 말라.

5,213 번째 하나님 말씀

2003년 2월 25일 15시 39분

1 사랑하는 나의 아들아!
2 "네, 아버님! 말씀하옵소서."
3 내가 너에게 말하여 가르치기를, 사랑
의 실천함이 무엇이라 말하였더냐?
4 너희들이 한 덩이의 밥을 먹지 못하
면 죽어 가는 그와 같은 처지에 놓였
을 때,
5 너희들이 그 밥을 취하지 아니하고 남
에게 주어 남을 살릴 수 있는 그와 같
은 행동이 나에게 오르는 길이며 너희
들이 사랑을 베푸는 삶이라 내가 그리
말하였느니라.
6 그러나 지금 너희들은 과연 어찌 살아
가고 있는가?
7 지금 수천 년 동안 하늘에 오르는 길
이요, 사랑을 베풀며 만백성을 구한다
가르치는 그 종교 지도자들이요,
8 그곳을 따르는 신도라 말하며 너희들
은 구원을 받았다 그리 소리 지르고
울부짖으며 너희들의 우월감에 젖어
있는 그 정신병자들의 그 집단은 과연
어찌하는가?
9 너희들은 나 여호와가 하나 남은 밥을
달라 해도, 창조주인 내가 달라 해도
나에게 주지 않는 그와 같은 자들일
것이니라.
10 나를 애타게 부르고 나의 아들을 수없
이 부르고 불러, 나의 아들 예수를 구
세주요, 영광의 주요, 너희들을 구원
하는 주라 그리 부르짖고 발버둥친 너
희들은,
11 나의 아들 예수가 '내가 예수니, 네가
그 밥을 먹지 말고 나에게 달라' 해도
주지 않는 것이 너희들의 마음이요,
너희들의 형태이니라.
12 너희들이 바로 이기주의자이며, 저만
을 생각하며 저만이 귀하게 살아가도
록 그리 만들었음이니,
13 저만이 소중하며 남을 생각하지 아니
하며 이웃을 바라보지 못하는 그와 같
은 마음이 너희들도 모르는 사이에 그
리 육성되었고 그리 길들여 왔기 때
문이니라.
14 너희들이 먹이를 주어서 길들이는 짐
승은 그 가르친 것을 그대로 행하고
그대로 따라가니, 너희들 인간을 그리
만들어 놓았음이니라.
15 그러니 너희들이 사랑을 모르며 나눔
을 모르며, 제가 더 소중하며, 저보다
더 소중하고 귀한 것을 모르며 귀한
줄을 모르니,
16 나 여호와가 마지막 한 덩어리 있는
밥을, 너희들이 먹지 않으면 죽는 그
밥을 '내가 여호와 하나님이니, 창조
주인 나에게 달라.' 해도 주지 않는 것
이 지금 믿음의 길을 가고 있는 종교
집단이요, 지도자요, 그 신도라 말하
는 자들이니라.
17 그리고 보혈로써 은혜 받았다는 예수
가 달라고 해도 그를 주지 않는 것이
너희들일 것이니라.
18 너희들의 마음이 그렇게 되어 있으며,
그와 같이 메말라 있으며, 그와 같이
훈련받아져 있으며,
19 너희들도 모르는 사이에 그리 훈련되
었기에, 무의식적으로 거절하는 그와
같은 마음이 깊이 뿌리내려 있는 것이

너희들의 지금의 형태이니라.
20 그러나 너희들은 들어야 할 것이니라.
21 나의 아들의 작은 성전에서 나의 가르
침을 들어 변한 백성, 그리고 나의 법
전을 읽고 깨우친 그들은 나 여호와라
말하지 아니하여도, 예수라 말하지 아
니하여도,
22 달라 할 때, 그들은 저의 죽음을 두려
워하지 아니할 것이니라.
23 그래서 그들은 그 밥을 줄 수 있음이
니라.
24 그리고 이웃에게 줄 수 있는 것이 나
의 아들을 따르는 제자 그들이니라.
25 그들은 바로 오늘보다 내일의 삶을 아
름답게 살고자 노력했으며, 변하고자
노력했으며,
26 나의 성령이요, 나의 뜻인 그 법전을
지키고 살고자 노력하였으며,
27 십계명대로 살고자 노력하였으며, 십
계명을 지키고자 발버둥쳤으며,
28 그러기에 그들은 자신 있게 나에게
올 수 있기에, 죽음을 두려워하지 아
니하며 죽음을 무서워하지 아니하는
것이니라.
29 그러나 지금의 믿음의 길을 가는 너
희들 신도들은 그저 죄를 짓고 용서를
빌었으며, 또 그리고 용서를 빌고 또
죄를 지었으며,
30 그와 같이 확실한 답이 없는 그 속에
서 그와 같은 행위를 했으며,
31 그리고 사랑이 없이 메마르게 그리 가
르쳤으며, 저만을 위해 사는 그와 같
은 삶을 가르쳤기에,
32 너희들은 불안하고 두려워서 그와 같
은 용기가 없음이니라.
33 이것이 진정한 진리요, 나 여호와의
품에, 나에게 오르는 백성이요, 참진
리를 따라 깨우침을 얻은 백성이요,
그리고 나로부터 선택된 백성과의 차
이이니라.
34 선택되지 않은 백성은 천년만년 나를
부르며 나의 아들을 부르며 믿음의 길
을 간다 해도 행하지 못함이니라.
35 너희들이 그리 가르치지 아니하였던
가?
36 행함은 중요한 것이 아니라 그리 가르
쳐 그들의 머릿속에 그것이 젖어 있음
이니라.
37 그러나 나의 아들을 따르는 제자요,
그 만백성은 천 번 만 번 말로 하는 것
보다 행함이 중요하며, 말로써 믿음의
길을 가는 것은 구원을 받는 것이 아
니요, 수다를 떨다 너희들이 지옥으로
간다 그리 들었기 때문에,
38 그들은 행동으로 할 줄 알며 행동으로
옮길 줄 알기에, 그는 마지막 남은 그
밥 한 덩어리를 죽어 가는 다른 사람
에게 줄 수 있으며,
39 내가 나 여호와라 아니 해도 그들은
줄 수 있으며, 예수라 하지 아니하여
도 그들은 줄 수 있는 그 마음이요, 행
동의 훈련을 받아 왔음이니라.
40 그러나 너희들은 모든 것이 다 행동은
다음이요, 믿음이 우선이라 하니, 너
희들은 그 밥을 줄 수 없음이니라.
41 이를 주고 안 주는 것은 구원을 받고
안 받는 것이 아니기 때문에, 제가 먼
저 살겠다는 생각이요, 제가 먹는다고
해서 죄가 되는 것이 아니며,
42 남을 살리지 않고 제가 산다고 해도,

행동과는 관계없으니, 이는 아무런 관
계가 없는 것이요,
43 자비요, 사랑을 베푸는 것이 아니요,
먹는 것은 죄가 아니기에 제가 먹어야
한다고 먹는, 그와 같이 사악하게 훈
련되어 있으며 너희들도 모르게 그리
변화되어 있나니,
44 이것이 바로 몇십 년 동안 구원의 길
이라 달려온 너희들과 몇천 년의 역사
와 뿌리를 가지고 지금까지 흘러오는
종교 집단이요, 지도자요, 성도라는
자들의 행위이며 그 추악한 행동이니
라.
45 그러나 지금 며칠 되지 아니하며 몇
년 되지 않는 나의 아들을 따르는 그
제자들은, 행함이 중요하다 듣고 배웠
던 그들은,
46 행함이 중요하기에, 제가 먹기 전에
남을 주고 먹여 살리는 그와 같은 것
을 할 수 있음이니,
47 그것이 바로 훈련이요, 진정한 참진리
요, 깨우침이요, 바른길을 가는 백성
의 자세임을 너희들이 보고 들으라.
48 이는 엄연한 차별화의 역사임을 너희
들은 알라.
49 나의 아들을 따르는 그 제자들이요,
나의 법전을 읽고 진정 깨우친 백성은
오늘보다 내일이 더 변하며, 또 하루
가 더 참으로 그들은 더 깨우치며 또
변하며,
50 선함을 행하는 것이 하늘에 오르는 것
이라 하여 몸에 배고 배어 굳어진 그
들이기에 그리 행할 수 있는 그 엄청
난 차이는 바로 무엇이더냐?
51 지옥과 천당으로 흘러가는 너희들의
그 모습이니 그리 알라.

부 록

【하나님께서 가르쳐 주신 운동】

천재지변이 일어날 때, 동물이나 미물들은 미리 알고 대피하지만, 인간은 알지 못하고 큰 화를 당합니다. 하나님께서 인간에게 가장 높은 지혜를 주시고 완벽하게 창조해 주셨기에 동물들보다 더 잘 알 수 있지만, 욕심으로 마음이 혼탁해져서 한 치 앞을 보지 못하는 것입니다.

마찬가지로, 인간은 누구나 스스로 필요한 운동을 해서 건강을 지킬 수 있도록 하나님께서 만들어 주셨습니다. 우리의 머리에서 우리 몸에 필요한 동작을 해 달라고 끊임없이 신호를 보내지만, 인간이 혼탁하게 살아서 그 신호를 알아채지 못합니다. 그러니 자연스럽게 자기 몸이 원하는 그 신호를 따라서 운동하는 것이 하나님께서 가르쳐 주신 운동 방법입니다. 바로, 우리의 영이 육을 이끄는 운동입니다.

▶ 하나님 운동법

1. 눈을 감고, 발을 어깨너비로 벌리고 바르게 선다.
2. 몸에 힘을 풀고, 허리를 숙이면서 손과 머리를 아래로 내린다.
3. 허리를 펴고 싶을 때, 천천히 펴면서 하고 싶은 동작을 하면 운동이 시작된다. (사람마다 다르다.)
4. 멈추지 말고, 어떤 동작이든지 자기 몸의 느낌대로 계속 이어서 한다.

▶ 참고 사항

① 눈을 감은 상태로 아무 생각 하지 않고, 자기 몸의 느낌대로 움직입니다.
② 마음을 비우고, 욕심을 버리고, 지난날의 잘못을 반성하면서 몇 차례 시도하다 보면, 자기도 모르게 하고 싶은 동작이 끊임없이 생깁니다.
③ 운동 장소는 방 안이든 운동장이든 관계없으며, 걷거나 달리고 싶을 때는 눈을 떠도 됩니다.
④ 매일 40분 이상, 주 4회 이상, 3개월 이상 하면 음식 조절에 들어갑니다.
- 음식으로 생긴 병은 음식으로 치료하게 되며, 어떤 음식을 먹어야 하는지 스스로 알게 됩니다.
(자기 몸에 필요한 음식만 먹고 싶어집니다.)
⑤ 사랑하는 사람과 함께 운동하면 서로 치료해 주기도 합니다.
⑥ 운동을 하다가 몸의 어느 한 부분을 계속 손으로 자극한다면 그쪽에 이상이 있는 것이니, 의사에게 상담을 받고 적절한 치료를 받으면 됩니다.
⑦ 다이어트 및 기타 건강관리에 효과적입니다.
⑧ 꾸준히 운동하여 영이 맑아지면, 자신의 과거와 미래를 스스로 보게 됩니다.

누구나 스스로 하실 수 있습니다.

간행사

《새로운 성경》은:

· 새로운 성경은, 하나님께서 선량하고 선한 자를 선택하여 십계명을 암송하도록 하시고, 십계명을 암송한 다음에 음성으로써 들려주시는 말씀을 듣고 그대로 카세트테이프에 녹음해서 받아쓴 책입니다.

· 90분짜리 녹음테이프 700여 개에 달하는 말씀으로, 1999년 8월부터 2004년 7월까지 총 160권(권당 288쪽)을 완성하였으며, 그 이후에도 현재까지 계속 말씀을 내려 주고 계십니다.

· 새로운 성경은 "하늘을 두루마리 삼고 바닷물을 먹물 삼아 쓰고 써도 다 못 쓴다"는, 끝없이 방대한 하나님의 말씀이 두루마리로 직접 내려오는 것입니다. 이러한 새로운 성경은 구약과 신약을 폐하려는 것이 아니라 "인봉된 성서의 비유의 뜻"을 상세히 설명하여 완성하고자 하나님께서 직접 내려 주신 말씀입니다.

《새로운 성경》의 구성:

· 제 목: 2013년, 160권 모음집을 발간하면서, 본 도서의 제목을 "하나님! 말씀하옵소서"에서 《새로운 성경》 으로 명해 주셨습니다.

· 단행본: 각 권당 288쪽(신국판) 책이 160권까지 시리즈로 출판됩니다.
(모음집은 단행본을 16권씩 묶어서, 총 10부로 구성됩니다.)

《새로운 성경》의 성경적 근거:

· 신약 성경 [요한복음] 16장 13절에 "진리의 성령이 오시면 그가 너희를 모든 진리 가운데로 인도하시리니 그가 자의로 말하지 않고, 오직 듣는 것만을 말하며" 하신 말씀처럼 하나님의 음성을 들은 것만 기록하였으며,

· "장래 일을 너희에게 알리시리라" 하신 말씀과 같이 개인, 나라, 인류의 "장래"일을 하나님께서 알려 주시는 것만 기록하여 책으로 만들었습니다.

《새로운 성경》의 기록 방법:

· 1999년 8월부터 하나님께서 저에게 들려주시는 음성을 기록하였습니다. 처음에는 제가 들은 말씀을 불러 주면 저의 아내가 기록하여, 2000년 1월 29일에 1권 초판이 세상에 나왔습니다. 2000년 4월부터는 주시는 말씀을 받아 녹음기에 기록하여 시리즈로 출간하기 시작하였습니다.

· 녹음을 시작하면서 하나님의 말씀을 받는 데 가속도가 붙었고, 2001년 5월 3일에 1부(1~16권까지)를 인쇄하여 출판하였으며, 2004년 7월까지 총160권 분량의 말씀을 받아 기록하였습니다.

하나님께서 저에게 주신 것은:

· 첫째, 만백성을 상대로 내려 주시는 "기도", 둘째, 수시로 내려 주시는 "묵상", 셋째, 개인의 과거, 현재, 미래를 알려 주시는 "개인 기도", 넷째, 개인의 건강을 위해서 내려 주시는 "음식 처방", 다섯째, 하나님께서 가르쳐 주신 "운동"등이 있습니다. 이 중에 첫 번째, "기도"를 책으로 편찬하였습니다. 사람의 생사, 개인의 미래에 관한 천기는 수록하지 말라 하셨습니다.

강론 안내:

· 하나님께서는 지금도 매일 저에게 새로운 하늘의 비밀의 말씀을 내려 주고 계십니다. 수시로 내려 주시는 말씀을 정리해서 제자를 육성하라는 말씀에 따라 매주 강론을 하고 있습니다. 누구나 무료로 들으실 수 있습니다. (book160.com)

《새로운 성경》을 읽는 분들에게 드리는 선물:

· 개인 기도: 개인의 과거, 현재, 미래에 관하여 말씀을 내려 주십니다.

· 음식 처방: 사람은 음식을 먹고살다가 건강을 잃으니, 음식과 운동으로 건강을 되찾는 방법을 알려 드립니다. 단, 하나님이 계심을 믿고, 십계명을 지키겠다고 진실로 서약하는 분들께 알려드립니다.

《새로운 성경》의 은혜와 기적:

· 새로운 성경 전160권은 16권씩 묶어서 총 10부의 모음집으로 구성됩니다. 모음집 한 부를 읽고 깨우치는 자에게 하나님께서 다음과 같은 기적이 있다고 하셨습니다.

· "첫째, 그가 죽어 하늘에 갔을 때 그의 죄를 묻지 아니하며, 구원을 받는 위대한 은혜가 있으며, 둘째, 그의 소원과 소망이 이루어지고, 셋째, 죽은 자(부모, 형제, 자식, 사랑하고 은혜 입은 분)의 이름으로 구입한 책을 읽고 누군가 한 사람이 깨우칠 때, 그 죽은 자가 지옥에서 천국으로 구원을 받게 되며, 넷째, 유산, 중절 수술 등으로 태어나지 못한 아이를 위하여 구입한 책을 보고 한 명이 깨우쳤을 때, 그 아이가 사람으로 다시 한 번 태어나는 은혜를 받는다."

· "새로운 성경"을 3회 이상 정성을 다해 정독하는 자, 성서의 비밀을 알게 되고, 세상의 이치를 알게 되며, 세상을 지배하고 통제할 수 있는 지혜를 다 얻게 된다고 하셨습니다. 이 책은 만백성이 정독하고 이웃에게 전하여, 평생 가슴에 묻은 슬픔과 고통의 짐을 벗고 미래를 위한 힘찬 삶을 살아가도록 하는 책입니다.

끝으로

· 하나님께서는 흰 눈이 세상을 덮듯이 새로운 성경을 온 세상에 전하라고 하셨습니다. 《새로운 성경》 을 각국어로 번역해서 온 인류에게 구원의 길을 깨우쳐 주고, 그 수익으로 가난하고 어려운 백성을 구제하여, 만백성의 영과 육을 함께 구원하는 선지자의 임무를 수행하라고 저에게 명하셨습니다.

· 하늘에서 내려 주신 말씀의 보화를 만백성에게 나누어 주는 것이 선지자의 임무라고 하셨습니다. 새로운 성경을 통해서 얻는 재물을 사용할 곳도 하나님께서 일일이 명해 주십니다. 모든 재물은 저의 자의로 쓸 수 없고, 하나님께서 명하시는 대로만 쓰여집니다.

· 어떤 명분으로든 십일조나 각종 헌금을 거두어들이지 말라 하셨으며, 국내뿐 아니라 각국에 성전과 단독 서점을 운영하며, 한국의 많은 젊은이들을 전 세계에 지도자로 내보내라고 하셨습니다.

· 우리는 세계적으로 새로운 성경을 보급하며 어려운 이들을 돕는 역사를 해 나갈 것입니다. 지금까지 비록 몇 명 안 되는 제자들과 함께 이러한 일을 역사했지만, 앞으로도 계속 하나님께서 기뻐하시는 일들을 해 나갈 것입니다. 부족한 저희에게 여러분들의 지혜와 성원을 보내 주시기를 바랍니다. 많은 분들의 참여와 도움을 간절히 기다립니다. 감사합니다.

한국어로 내려온 《새로운 성경》 단행본을 출간하며
2016년 4월 10일

발행인 **김 용 철**

한국어로 내려온

새로운 **성 경** · 5부 · 제70권

지은이 하나님 말씀
대역자 김용철

초판인쇄 1쇄 2017년 4월 3일

펴낸 곳 도서출판 하얀마음
등록번호 제 10-2107호 (2001년 2월 14일)
주소 서울시 노원구 덕릉로86길5, 2층
전화번호 02) 313-1114
팩스 02) 393-5554
전자우편 book160@hanmail.net
편집위원 조나영 김미향 이석교
제작지원 김창현 김지영

도서상담 1600-7527
ISBN 978-89-5875-170-0 (04230)
978-89-5875-100-7 (세 트)

값 10,000원
잘못된 책은 구입하신 곳에서 바꾸어 드립니다.

※이 책은 10부로 제작되며, 각 부 16권씩 총160권으로 구성됩니다.※

1부	2부	3부	4부	**5부**	6부	7부	8부	9부	10부
1권	17권	33권	49권	65권	81권	97권	113권	129권	145권
2권	18권	34권	50권	66권	82권	98권	114권	130권	146권
3권	19권	35권	51권	67권	83권	99권	115권	131권	147권
4권	20권	36권	52권	68권	84권	100권	116권	132권	148권
5권	21권	37권	53권	69권	85권	101권	117권	133권	149권
6권	22권	38권	54권	70권	86권	102권	118권	134권	150권
7권	23권	39권	55권	71권	87권	103권	119권	135권	151권
8권	24권	40권	56권	72권	88권	104권	120권	136권	152권
9권	25권	41권	57권	73권	89권	105권	121권	137권	153권
10권	26권	42권	58권	74권	90권	106권	122권	138권	154권
11권	27권	43권	59권	75권	91권	107권	123권	139권	155권
12권	28권	44권	60권	76권	92권	108권	124권	140권	156권
13권	29권	45권	61권	77권	93권	109권	125권	141권	157권
14권	30권	46권	62권	78권	94권	110권	126권	142권	158권
15권	31권	47권	63권	79권	95권	111권	127권	143권	159권
16권	32권	48권	64권	80권	96권	112권	128권	144권	160권